중국 고전서사의
문화지형과 현대 의의

중국 고전서사의
문화지형과 현대 의의

– 신화·소설서사를 중심으로

정재서(이화여대 중문과 교수)

들어가는 말

　상상력, 이미지, 스토리는 근대의 불온한 단어들이었으나 이제 화려하게 귀환한 지 오래이다. 이에 힘입어 서사 혹은 그로부터 유래한 서사적 상상력 또한 그 위력을 유감없이 발휘하는 시대이다. 이른바 스토리 산업 곧 문화산업의 흥기가 그 훌륭한 예증이 아닌가!

　그러나 서사의 봄은 오늘만의 것이 아니다. 오래된 미래처럼 그것은 이미 과거 동아시아에서 다양한 이야기 형식을 통해 문화 전 분야에서 찬란하게 꽃을 피운 바 있다.

　이 책에서는 중국 고전서사가 문학, 철학, 종교, 여성 등 각 분야에서 기약한 바의 의미를 어떻게 효과적으로 구현하고 있는지 신화, 소설서사를 중심으로 그 지형(地形)을 그려보고자 한다. 아울러 고전학적 지견(知見)을 박물관의 골동품이나 박제물로만 인식하지 않는 것은 이 책의 기본 입장이다. 이에 따라 이 책의 논의는 자연스럽게 고대 서사에서 당대의 현안으로 향하게 될 것이다.

　이 책은 총 4부로 구성되어 있다. 우선 제1부 「문학과 철학 사이」에서는 뛰어난 사상가이자 문인인 갈홍(葛洪)과 안지추(顏之推)의 학문적, 인간적 입지를 다루게 될 것이다. 『포박자(抱朴子)』와 『신선전(神仙傳)』의 저자 갈홍과 『안씨가훈(顏氏家訓)』과 『원혼지(冤魂志)』의 저자인 안지추는 모두 고대 중국의 뛰어난 스토리텔러였다.

　제2부 「신화와 문화 사이」에서는 먼저 강증산(姜甑山)의 중국신화 수

용과 한국신화에 표현된 천인합일(天人合一)의 자연관을 살펴보게 될 것인데 이를 통해 중국신화의 동아시아 문화로의 외연(外延)과 그 의의를 확인하고자 한다. 다음으로 『수신기(搜神記)』에 담긴 시애설화(屍愛說話)를 유형별로 분석한 후 그것이 중국의 문화전통과 어떠한 상관성을 지니는지 검토하고자 한다.

제3부 「서사 속의 여성들」에서는 『열녀전(列女傳)』의 효녀 제영(緹縈)과 『수신기』의 효녀 이기(李寄) 설화 등을 통해 효행 이면에 감춰진 폭력의 의미를, 전기(傳奇) 소설에 담긴 어현기(魚玄機), 섭은낭(聶隱娘) 설화를 통해 성적 정체성과 에로티즘의 문제를 검토하게 될 것이다.

끝으로 제4부 「고전학으로 보는 오늘」에서는 과거의 성당(盛唐) 제국이, 현대의 제국으로 굴기(崛起)하려 하는 중국에 주는 시사가 어떠한 것인지, 도교서사적 상상력이 신자유주의 이후 새로운 대안으로 떠오른 생명자본주의의 자양이 될 수 있을 것인지, 한중 문화갈등의 역사적 연원과 해결 방안은 무엇인지 등 뜨거운 현안들에 대해 고전학적 진단 및 처방이 내려질 것이다.

모쪼록 위와 같은 다양한 논의들의 결과를 통해 중국 고전서사가 지닌 문화적 잠력(潛力)을 확인하고 그것이 지닌 정태적(靜態的) 의미뿐만 아니라 오늘과 미래에도 살아 뜀뛰는 문화적 동력(動力)을 획득하게 되길 기대하면서 서문에 대신한다.

2015년 단풍이 봄꽃보다 붉은 11월
북한산록(北漢山麓) 우거(寓居)에서

저자 정재서 올림

III. 서사 속의 여성들

IV. 고전학으로 보는 오늘

결론

Ⅰ. 문학과 철학 사이

1. 갈홍(葛洪), 도인인가? 문인인가?
-『포박자(抱朴子)』의 문학성 탐구

소크라테스와 소피스트의 대립을 철학과 수사학의 투쟁으로 본다면 고대 그리스는 수사학의 시대에서 철학의 시대로 진입하였고, 이후 근대에 이르기까지 장구한 기간 동안 철학이 우위를 점했다가 최근 다시 수사학이 복권되는 조짐을 보이고 있다고 말할 수 있을 것이다. 수사학의 복권은 곧 문학의 복권을 의미하기도 하는데, 우리는 형이상학의 중요한 준거(準據)들을 해체한 후기 구조주의 철학자들의 언설에서 그러한 조짐을 엿볼 수 있다. 서양만큼 대립적은 아니지만 동양권에서도 문학과 철학, 즉 문학과 경학(經學)은 길항 혹은 보완 관계에 있었다.

플라톤이 시인을 이상국가에서 추방했음에 반하여 공자가 시학을 치국의 요도(要道)로 옹호한 것은 이 시기에 문학과 철학이 하나의 학술체계 안에서 의좋게 동거하고 있었음을 의미한다. 위진남북조(魏晉南北朝) 시대에 이르러 문학은 경학으로부터의 독립을 모색하기 시작하는데, 양(梁) 소통(蕭統)의 『문선(文選)』은 당시 고무된 문학의 자율성을 한껏 웅변하는 앤솔로지였다.[1] 이러한 문학 우위의 추세는 당대(唐代)의 '시부취사(詩賦取士)' 과거제에 이르러 절정에 달한다. 그러나 한유(韓愈)의 고문운동(古文運動) 이후 경학이 다시 부상하여 송대(宋代)에 이르면 주돈이(周敦頤)의 '문이재도(文以載道)'론, 나아가 이정(二程)의 '작문해도(作文害道)'론 등에 의해 문학은 근대 이전까지 경학의 도구적 위치를 벗어나지 못하였다.

하지만 이러한 역사적 추세에도 불구하고 개인적 차원에서 동양 지식인의 이상형은 공자가 일찍이 제시한 "문질빈빈(文質彬彬: 꾸밈과 바탕이 조화를 이룬다)"한 군자의 범주를 넘지 않았는데[2] '문질빈빈'은 결국 문학적 감수성과 철학적 덕성을 겸비한 모습이 아닐 수 없다. 다시 말해 동양권의 경우 역사적, 집단적으로는 문학과 철학이 다소 길항하는 관계로 나타났지만 이상적, 개인적인 차원에서는 양자의 행복한 조우(遭遇)를 꿈꾸었던 것이다.

갈홍(葛洪)이 살았던 진대(晋代)는 문학사상, 이른바 태강문학(太康文學)[3]이 굴기(崛起)했던 시기로 문학이 본격적으로 자율성을 추구하는 시점이었다. 이 시기에 저성(著成)된 『포박자(抱朴子)』는 갈홍이 당대(當代)의 문학적 기풍 위에서 문학과 철학에 대해 어떻게 상호공존의 바람직한 관계 맺기를 시도했는지를 잘 보여주고 있다. 이 글에서는 이러한 관계성을 염두에 두고 갈홍의 문학관을 위시하여 그의 필생의 대작인 『포박자』의 문학적 특성을 여러 측면에서 검토해 보고자 한다.

---

1) 蕭統은 『文選』을 편집할 때 經, 史, 子에 속하는 글을 빼고 순수 문예 작품만을 가려 실었다.
2) 『論語』 「雍也」: "質勝文則野, 文勝質則史, 文質彬彬, 然後君子."
3) 西晉 武帝 太康 年間의 문학으로 陸機, 張華, 潘岳, 左思 등에 의해 주도되었으며 형식화의 길을 걸었다.

1) 갈홍의 문학관 그리고 저작

갈홍이 진작부터 문학에 큰 관심을 지니고 있었다는 사실은 「자서(自敍)」의 다음과 같은 언급으로부터 알 수 있다.

나는 젊었을 적에 결코 출세하지 않겠다는 뜻을 굳힌 바 있다. 매양 소보(巢父), 허유(許由), 자주지보(子州支父), 북인무택(北人無擇), 석호(石戶), 이강(二姜), 양원(兩袁), 법진(法眞), 신도반(申屠蟠) 등의 전기를 읽을 때마다 항상 책을 덮고 책상을 앞으로 밀어놓고 그들의 사람됨을 흠모하였다. 염원하는 바는 오경(五經)을 깊이 연구하고 한 권의 자서(子書)를 저술하여 후세 사람들로 하여금 내가 문유(文儒)였다는 사실을 알게끔 하는 것뿐이었다.

(洪小有定志, 決不出身. 每覽巢許子州北人石戶二姜兩袁法眞子龍之傳, 嘗廢書前席, 慕其爲人. 念精治五經, 著一部子書, 令後世知其爲文儒而已.)[4]

윗글에서 갈홍이 추구하는 문유(文儒)란 무엇인가? 이 말은 왕충(王充)의 『논형(論衡)』에서 유래했다. 왕충은 "창작자를 문유(文儒)라 하고 경전을 풀이하는 자를 세유(世儒)라 한다.(著作者爲文儒, 說經者爲世儒)"고 말한 바 있는데[5] 이때의 문유란 단순히 경전을 해석하는 경지를 벗어나 독창적인 글쓰기를 할 수 있는 사람을 지칭한 것이다. 그렇다면 독창적인 글쓰기의 목표는 무엇인가? 그것은 자서(子書)로서 사상, 철학 방면의

---

4) 『抱朴子・外篇』, 卷50, 「自敍」.

5) 王充, 『論衡』, 卷82, 「書解」.

개인 저작을 말한다. 갈홍은 이에 대해서도 언급한 바가 있다.

15, 16살 때 나는 지어놓은 시, 부, 잡문에 대해 이것들이 세상에서 유행될 수 있으리라고 스스로 생각하였지만 스무 살이 되자 다시 자세히 검토해 보니 너무나도 마음에 들지 않았다. …스무 살을 좀 넘자 자잘한 소품은 시간과 노력을 허비할 뿐 나 나름의 언설을 세우는 것만 같지 못하다고 생각하여 자서 창작에 착수하였다.

(洪年十五六時, 所作詩賦雜文, 當時自謂可行於代. 至于弱冠, 更詳省之, 殊多不稱意. …洪年二十餘, 乃計作細碎小文, 妨棄功日, 未若立一家之言, 乃草創子書.)6)

결국 갈홍은 순수 문예 작품보다는 자신의 주의, 주장이 담긴 독창적인 산문 저작을 생산하겠다는 결심을 하고 『포박자』를 찬술(撰述)하게 된 것이다. 그런데 그는 이러한 창작 과정에서 무엇보다도 문학적 능력의 필요성을 절감하고 세속적인 학자 곧 세유(世儒)가 아닌 문학적인 학자, 곧 문유(文儒)가 되기를 소망했던 것이리라.

갈홍의 이러한 소망은 사실 근거가 있다. 그의 문학 형성에 영향을 주었던 전대(前代)의 인물로는 양웅(揚雄), 왕충, 육기(陸機) 등을 거론하는데, 특히 양웅과 왕충은 『법언(法言)』, 『태현(太玄)』, 『논형』 등 각기 독자적인 저술을 남겼고, 이들 책은 『포박자』의 문체, 구성, 사상 등에 적지 아니 영향을 미친 것으로 알려져 있다.7)

---

6) 『抱朴子·外篇』, 卷50, 「自敍」.
7) 王充, 揚雄 등의 저작이 『포박자』에 미친 영향 관계에 대해서는 大淵忍爾, 「抱朴子硏究序說」 『岡山大學法文學部學術紀要』(1956), No.5, 石島快隆, 「葛洪の儒家及び道家思想

갈홍을 위요(圍繞)한 문학적 환경을 살펴보고 이제 그의 문학에 대한 근본적 인식이 어떠했는지 살펴볼 단계에 이르렀다. 문답체로 이루어진 글에서 어떤 이가 문학과 덕행의 우열을 물어보자 갈홍은 이렇게 대답한다.

덕행은 사실로서 드러나는 것이므로 그 우열을 알기 쉽지만 문학은 미묘하여 그 본체를 알기 어렵다. 대저 쉽게 알 수 있는 것은 거친 것이고, 알기 어려운 것은 정미(精微)한 것이다. 거칠기 때문에 심사하는 데에는 기준이 있고, 정미하기 때문에 감정은 한결같지 않다. 따라서 나는 쉽게 알 수 있는 거친 것을 버리고 알기 어려운 정미한 것을 논하였다. 이 또한 지당하지 않은가?

(德行爲有事, 優劣易見. 文章微妙, 其體難識. 夫易見者, 粗也. 難識者, 精也. 夫唯粗也, 故銓衡有定焉, 夫唯精也, 故品藻難一焉. 故吾捨易見之粗, 而論難識之精, 不亦可乎.)8)

문학이 미묘한 것이기 때문에 파악하기 쉬운 덕행보다 우월하다는 발언은 상당히 파격적이다. 문학에 대한 이러한 발언에는 도를 미묘하고 황홀한 것으로 간주한 바 있는 노자(老子)의 언급이 겹쳐 있다.9) 아닌 게 아니라 "夫唯…故"와 같이 『도덕경(道德經)』에서 자주 보이는 구문은 이러한 심증을 강화시킨다. 갈홍은 이어서 문학이 존재해야 할 이유에

の系列とその系譜的意義について」『駒澤大學研究紀要』(1959), No.17 참조.

8) 『抱朴子·外篇』, 卷32, 「尙博」.

9) 정재서, 「葛洪文學論研究 – '抱朴子·內外篇'의 통일성에 입각하여」(서울대 중문과 석사 학위논문, 1981), pp.52–53 참조.

대해 다음과 같이 역설한다.

> 통발은 버릴 수 있는 것이긴 하지만 고기가 아직 잡히지 않았으면 통
> 발이 없어서는 안 된다. 문학은 없앨 수 있는 것이긴 하지만 도가 아직
> 시행되지 않았으면 문학이 없어서는 안 된다.
>
> (筌可以棄而魚未獲, 則不得無筌. 文可以廢而道未行, 則不得無文.)[10]

장자(莊子)의 이른바 "득어망전(得魚忘筌: 물고기를 잡으면 통발을 버린다)"
의 비유를 반전(反轉)시켜 갈홍은 문학이 도의 전달과 확산을 위해 불가
결한 수단임을 강조한다. 갈홍은 이처럼 기존의 도가에서 주장되었던 언
어무용론(言語無用論) 내지 문학무용론(文學無用論)에 동의하지 않고, 도
리어 문학의 본질을 도의 그것과 동일시하여 그 지위를 제고시키거나 문
학의 효용성을 극대화함으로써 그 가치를 고평(高評)하였다.

갈홍은 왕성한 저술 활동을 했던 모양으로 『진서(晋書)·갈홍전(葛洪
傳)』에서는 "작품을 창작한 것이 반고(班固), 사마천(司馬遷)보다 풍부하
다.(著述篇章, 富於班馬)"라고 특필하였으나, 대부분 일실(逸失)되고 현재까
지 전해지는 것은 『포박자』 70권(내편 20권, 외편 50권)과 『신선전(神仙傳)』
10권, 『주후비급방(肘後備急方)』 등이 있으며 『서경잡기(西京雜記)』는 작자
문제가 미결로 남아 있다. 그밖에 유서(類書)에 흩어져 있는 『포박자』 일
문(佚文) 145칙(則)이 있다.

---

10) 위의 책.

2) 『포박자』의 문학적 특성

(1) 문체

『포박자』의 문체는 내편의 경우 소박한 한위(漢魏) 고문(古文)을 바탕으로 하고 있으나 외편은 당시에 유행하던 화려한 변려체(駢儷體) 산문을 기본으로 하고 있다. 변려체 산문은 대개 4자와 6자의 문구로 되어 있다. 문구는 꼭 대우(對偶)를 이루고 압운(押韻)을 하며 다량의 전고(典故)를 사용하는 등 화려함의 극치를 다한다. 내편 중에서도 권(卷)1, 「창현(暢玄)」편은 변려문으로 되어 있는데, 위진 남북조 시대의 명문으로 손꼽힐 만큼 문학성이 뛰어난 작품이다. 아래에 그 일부를 예시(例示)해 보기로 한다.

　　현(玄)이란 자연의 시조이며 만물의 근본이다. 어둑하니 그 깊음이여, 그리하여 미(微)라고 부르고 아득하니 그 멀음이여, 그리하여 묘(妙)라고 부른다. 그 높이는 하늘 꼭대기를 뒤덮고 그 너비는 온 땅끝을 감싼다. 그것은 해와 달보다도 빛나고 번갯불보다도 빠르다. 때로는 번쩍이며 빛처럼 지나가고 때로는 나부끼며 별처럼 흘러간다. 때로는 일렁이며 못물처럼 맑고 때로는 자욱하게 구름처럼 뜬다. 그것은 만물을 통하여 유(有)가 되고 정적에 의탁하여 무(無)가 된다. 그것은 황천에 빠져들어 아래로 가라앉기도 하고 북극성을 뛰어넘어 위에서 떠돌기도 한다. 쇠나 돌도 그것의 단단함에 비길 수 없는가 하면 함초롬한 이슬도 그것의 부드러움엔 견줄 수 없다. 그것은 네모졌으나 곱자에 들어맞지 않고 둥글어도 그림쇠로 잴 수 없다. 그것은 가까이와도 보이지 않으며 멀리 가면 쫓을 수 없다. 하늘은 그것 때문에 높고 땅은 그것 때문에 낮으며 구름은 그것 때문에 떠다니고 비는 그것 때문에 내린다. 그것은 원초적인 기운을 잉태하여 하늘과 땅을 빚어내고 창조의 그 순간을 육성하여 만물을 만들어 낸다. 그것은 28수(宿)의 별자리를 운행케 하여 개벽의 어둑한 기운을 조성하고 신령스러운 기미를 다그쳐서 춘·하·추·동의 기운을 일게 한다. 그것은 허무의 원리를 저으기 장악하여 찬란한 모습으로 펼쳐나게 하고 흐린 것을 아래로 맑은 것을 드높여 하수(河水)와 위수(渭水)의 물을 조절한다. 그것은 더하여도 넘치지 않고 떠내도 다하지 않으며 주어도 영화롭지 아니하고 빼앗아도 초췌해지지 않는다. 그러므로 현(玄)이 존재하면 그 즐거움이 무궁하나 현(玄)이 떠나가면 형체는 부서지고 정신은 사라진다.

(玄者, 自然之始祖, 而萬殊之大宗也. 眇昧乎其深也, 故稱微焉. 綿邈乎其遠也, 故稱妙焉. 其高則冠蓋乎九霄, 其曠則籠罩乎八隅. 光乎日月, 迅乎電馳. 或倏爍而景逝, 或飄淪而星流, 或混漾於淵澄, 或雰霏而雲浮. 因兆類而爲有, 託潛寂而爲無. 淪大幽而下沈, 淩辰極而上游. 金石不能比其剛, 湛露不能等其柔. 方而不矩, 圓而不規. 來焉莫見, 往焉莫追. 乾以之高, 坤以之卑, 雲以之行, 雨以之施. 胞胎元一, 範鑄兩儀, 吐納大始, 鼓冶億類, 個旋四七, 匠成草昧, 轡策靈機, 吹噓四氣, 幽括沖默, 舒闡粲尉, 抑濁揚淸, 斟酌河渭, 增之不溢, 挹之不匱, 與之不榮, 奪之不瘁. 故玄之所在, 其樂不窮. 玄之所去, 器弊神逝.)[11]

여기서의 '현(玄)'이란 우주원리 혹은 궁극적 실재로서 노자의 도에 다름 아니다. 갈홍은 의도적으로 내편의 첫 장을 이른바 개종명의장(開宗明義章)으로 삼아 선도(仙道)의 기본 철학을 제시하였는데, 이를 위해 가장

---

11) 『抱朴子·內篇』, 卷1, 「暢玄」.

형식미가 뛰어난 변려체 산문을 구사하여 '현'의 본질과 작용을 아름답고 실감나게 묘사하였다. 가령 "어둑하니 그 깊음이여, 그리하여 미(微)라고 부르고 아득하니 그 멀음이여, 그리하여 묘(妙)라고 부른다.(眇昧乎其深也, 故稱微焉. 綿邈乎其遠也, 故稱妙焉.)"와 같이 글자 수가 4·6으로 맞추어져 있고 의미상으로 대구를 이룸으로써 리듬감을 추구하고 있는 것을 볼 수 있다. 이는 소통(蕭統)이 제시한 위진 남북조 시대 모범적인 문장의 조건이라 할 "내용은 깊은 생각에서 나오고, 의미는 아름다운 수사로 귀결되는(事出於沈思, 義歸乎翰藻)"[12] 경지의 전범이라 할 만하다.

다음으로 『포박자』에서는 내편과 외편 모두 문답체 혹은 대화체의 문체 형식을 취하고 있다. 시종일관 "누군가 물었다(或問)"에 대해 "포박자가 말했다(抱朴子曰)" 혹은 "포박자가 대답해 말했다(抱朴子答曰)"라는 형식으로 논의를 전개하고 있는데 이러한 형식은 고대 사상가의 개인 저술에서 흔히 찾아 볼 수 있는 것이지만, 『포박자』의 경우 특별히 갈홍이 추숭(追崇)했던 한대 제유(諸儒), 예컨대 양웅, 왕충, 왕부(王符) 등의 저작에서 그 형식과 정신을 본받은 것으로 추리된다. 왕충과 양웅에 대한 다음과 같은 상찬(賞讚)은 이러한 가정을 뒷받침한다.

내가 평소에 생각해온 바이지만 왕충이 논형 80여 편을 지었는데 실로 그는 누구도 겨룰 수 없는 천재이다.
(余雅謂王仲任作論衡八十餘篇, 爲冠倫大才.)[13]

양웅은 통달한 사람이어서 재주가 높고 사상도 깊다. 그의 풍부하고

---

12) 蕭統, 『文選·序』.
13) 『抱朴子·外篇』, 卷34, 「喩蔽」.

뛰어난 재주는 하늘로부터 받은 것이다.

(揚雲通人, 才高思遠. 英瞻之富, 稟之自天.)14)

(2) 형식기교

갈홍은 고전문학에 대한 소양이 깊었을 뿐만 아니라 문학의 형식이 진보한다는 문학진화론의 입장에서15) 당대의 문학 경향도 민감하게 저술에 반영하였다. 『포박자』에서 전개된, 몇 가지 주목할 만한 형식기교를 들어보면 다음과 같다.

첫째로, 가공인물의 설정이다. 외편, 권1, 「가둔(嘉遯)」편에서는 '회빙선생(懷冰先生)', 권35, 「수척(守堉)」편에서는 '잠거선생(潛居先生)', 권36, 「안빈(安貧)」편에서는 '낙천선생(樂天先生)', 권49, 「지지(知止)」편에서는 '현박선생(玄泊先生)' 등의 가공인물을 설정하였는데, 이들은 모두 도가적 은일자(隱逸者)로 사실상 갈홍 자신을 대변하는 인물들이다. 이들을 통해 현실 문제에 대한 자유롭고 대담한 토론이 가능하도록 하였다. 이러한 가공인물의 설정은 사마상여(司馬相如)의 「자허부(子虛賦)」와 「상림부(上林賦)」 등 한대 부체(賦體)에서의 자허(子虛), 오유선생(烏有先生), 무시공(亡是公) 등의 가공인물로부터 유래했다.

둘째로, 운문과 산문의 병용(倂用)이다. 『포박자』에서는 산문의 단조로움을 피하기 위해, 혹은 분위기를 고조시키기 위해 운문을 삽입하는 경

---

14) 『抱朴子·外篇』, 卷24, 「酒戒」.

15) 가령 갈홍은 "『尙書』는 정사를 모아놓은 것이지만 근대의 우수한 글들 예컨대 詔策, 軍書, 奏議 등의 맑고 아름다움만 같지 못하다.(且夫尙書者, 政事之集也. 然未若近代之優文詔策軍書奏議之淸富贍麗也.)"고 하여 형식미를 기준으로 문학의 진보를 긍정한다. 이에 관해서는 정재서, 「葛洪文學論硏究 - '抱朴子·內外篇'의 통일성에 입각하여」 (서울대 중문과 석사학위논문, 1981), pp.29-47 참조.

우가 많다. 운문은 『시경(詩經)』 등의 시구를 활용하기도 하고 직접 창작을 하기도 하였다. 어떤 사람이 불로장생을 얻기 위해 알아야 할 두 개의 산에 대해 물어보자 갈홍은 다음과 같이 운문으로 대답한다.

저 태원산(太元山)은,

알기는 어려우나 찾는 것은 쉽다.

하늘에도 없고, 땅에도 없으며,

물속에 잠겨 있지도 않고 떠 있지도 않다.

외지고 멀며,

높고 험준하다.

화락(和樂)한 기운이 가득하여,

정신과 마음이 함께 노닌다.

옥난간을 둘러친 깊은 우물은,

쉼 없이 주변을 적신다.

120개의 선관(仙官)이 있고,

관청이 서로 이어져 있다.

리(離)와 감(坎)이 나란히 자리하고,

검은 지초(芝草)가 일만 포기.

붉은 나무가 홀로 자라고 있는데,

그 열매는 모두 기이하다.

금과 옥이 산처럼 쌓여 있고,

모퉁이에서 단 샘물이 흘러내린다.

나이를 되돌리고 싶은 사람이

그 맑은 물을 떠 마신다.

그대가 이 도를 닦을 수만 있다면,

왕자교(王子喬)와 적송자(赤松子)를 짝할 수 있으리.

이것이 첫 번째 산이다.

장곡산(長谷山)은,

아득한 곳에 높이 솟아 있다.

오묘한 기운이 흩날리고,

옥액(玉液)이 스며 나온다.

황금의 연못과 자줏빛 방이,

이 산 모퉁이에 있다.

어리석은 자가 함부로 가면,

도착하자 모두 죽어서 돌아온다.

도를 터득한 사람만이

그 산에 올라도 늙지 않는다.

황정(黃精)을 캐먹고,

하늘을 날게 된다.

이것이 두 번째 산이다.

(夫太元之山, 難知易求, 不天不地, 不沈不浮, 絶險綿邈, 崔嵬崎嶇, 和氣絪縕,
神意並游, 玉井泓邃, 灌漑匪休, 百二十官, 曹府相由, 離坎列位, 玄芝萬株, 絳樹
特生, 其寶皆殊, 金玉嵯峨, 醴泉出隅, 還年之士, 挹其淸流, 子能修之, 喬松可儔,
此一山也. 長谷之山, 杳杳巍巍, 玄氣飄飄, 玉液霏霏, 金池紫房, 在乎其隈, 愚人
妄往, 至皆死歸, 有道之士, 登之不衰, 採服黃精, 以致天飛, 此二山也.)[16]

---

16) 『抱朴子·內篇』, 卷6, 「微旨」.

태원산과 장곡산은 각기 머리와 코(혹은 男根) 등 신체의 부위를 가리키는데, 이들 신체를 내관(內觀)하는 상황을 마치 두 개의 산을 답사하듯이 읊은 것이다. 즉 신체 내부의 상단전[離], 하단전[坎], 체내신[體內神-120官], 타액[醴泉], 정액[玉液] 등 내단 수련의 경로를 문학적 기법을 구사하여 시가 형식으로 표현하였다. 태원산 시는 '求', '浮', '嶇', '遊', '休', '由', '株', '殊', '隅', '流', '儔' 등, 장곡산 시는 '巍', '霏', '隈', '歸', '衰', '飛' 등의 글자로 압운되어 있다.

산문 속의 운문은 특정한 사실을 강조하거나 주의를 환기하는 효과를 자아낸다. 이러한 운문 협용(夾用)의 기법은 『좌전(左傳)』 등 고대 산문에서 비롯하여 갈홍과 동시대인인 간보(干寶)의 『수신기(搜神記)』 같은 소설 작품에서도 자주 보이며, 당대(唐代)에는 변문(變文)이라는 서사양식으로 정립된다. 그리고 송대(宋代) 이후에는 강창(講唱) 문학의 기본 형식이 되어 소설, 희곡으로 발전하기에 이른다. 『포박자』 내의 운문 협용은 갈홍이 자신의 취지를 보다 효과적으로 전달하기 위하여 고도의 문학적 기교를 발휘하였음을 보여준다.

셋째로, 비유의 대량 사용이다. 특히 외편의 경우 변려문으로 이루어진 탓도 있지만, 대량의 전고가 비유를 위해 활용되었다. 아울러 갈홍은 특별히 외편의 권38, 「박유(博喩)」, 권39, 「광비(廣譬)」편에서 비유의 사례만을 집중적으로 제시하였는데, 그의 문학적, 수사학적 재능을 뽐낸 일종의 현학(衒學) 취향으로 보아도 좋을 것이다. 가령 "자신보다 나은 사람을 시기하는 사람과 악을 미워하는 현인의 추천에 대해 의논하는 것은 갖옷의 제작을 여우와 함께 상의하는 것과 같다.(與妬勝己者而謀擧疾惡之賢, 是與狐議治裘也.)"[17]와 같은 비유는 절묘하다. 그러나 비유를 남발한 나머지 모순된 경우도 눈에 띈다. 한쪽에서는 "남위(南威), 청금(青琴)

은 미의 극치이지만 반드시 화려한 꾸밈을 거쳐 더욱 아름다운 것이다. 안회(顏回), 자공(子貢), 자유(子游), 자하(子夏)는 타고난 재능이 뛰어나지만 실상은 고전을 통해 지혜를 넓힌 것이다.(南威靑琴姣冶之極, 而必俟盛飾以增麗. 回賜游夏, 雖天才雋朗, 而實須墳誥以廣智.)"라고 했는가 하면 다른 한편에서는 "남위, 서시(西施)의 아름다움은 분과 연지를 발라 그런 것이 아니다. …이 때문에 빼어난 기량을 지닌 사람은 풍채를 다듬어 뛰려고 하지 않는다.(威施之豓, 粉黛無以加. …是以懷英逸之量者, 不務風格以示異.)"라고 하여 상반된 비유를 제시하고 있는 것이 보인다. 그럼에도 갈홍이 전고와 대우 등 수식성이 강한 변려체 문장을 능숙히 구사하여 다양하고 풍부한 비유를 생산하고 있는 것은 그가 당시의 첨단 문학풍조인 유미주의(唯美主義)에 깊이 경도되었기 때문이다. 이것은 갈홍이 유미주의 문학의 선구자인 서진(西晉)의 대시인 육기를 상찬하고 있는 점에서도 엿볼 수 있다. 육기는 그의 「문부(文賦)」에서 "시는 정감을 좇아 화려하다.(詩緣情而綺靡)"고 정의하였듯이 문학의 형식미를 강조하였는데 갈홍은 그를 이렇게 경모(敬慕)한 바 있다.

　　육선생의 글은 곤륜산에 쌓인 옥과 같아서 야광주 아님이 없다. 우리가 그의 글을 판별하지 못함은 마치 난장이가 바다를 헤아림과 같이 잘 할 수 없는 바이다.

　　(陸君之文, 猶玄圃之積玉, 無非夜光. 吾生之不別陸文, 猶侏儒測海, 非所長也.)18)

---

17) 『抱朴子·外篇』, 卷38, 「博喩」.

18) 『抱朴子·外篇』, 佚文.

(3) 설화주의

도교는 설화주의의 입장에 서 있다. 무격(巫覡)의 후신인 방사(方士)는 그들이 지녔던 이야기꾼의 성격을 계승하였다. 리오타르(J-F. Lyotard)에 의하면 설화적 지식은 논증에 의존하지 않고 전달의 화용론(話用論)에 의해 스스로 신뢰를 획득한다.[19] 원시 도교에서 새외(塞外)의 지식인인 방사는 관방의 체계적 담론보다 설화적 지식을 선호하며 이에 따라 설화를 통해 자신의 신념을 유포해왔다. 이렇게 보면 현실적인 측면에서 사실상 『도장(道藏)』은 불사(不死)에 관한 방대한 설화체계라 해도 과언이 아니다.[20]

갈홍은 내편의 권2 「논선(論仙)」, 권3 「대속(對俗)」편 등에서 득선의 가능성을 강조하면서 신선가학론(神仙可學論)을 전개하는데, 이러한 논리의 구체적 증거로서 고대의 신선들에 대한 설화자료를 제시한다. 그의 설화에 대한 신념은 다음과 같다.

유향(劉向)은 박학한 사람으로 미묘한 경지를 탐구하고 심원한 곳까지 섭렵하여, 이치를 생각하면 진위를 구별하고 존재를 구명하고야 만다. 그가 지은 『열선전(列仙傳)』에는 신선 70여 명이 기록되어 있는데 정말로 그런 사실이 없었다면 그가 무엇 때문에 날조했겠는가? 아득한 옛날의 일을 우리는 결코 목격할 수 없다. 언제나 지난날의 기록과 전하는 이야기에 의존할 수밖에 없는데 『열선전』이 분명히 존재해 있는 것을 보면 신선은 반드시 있을 것이다.

---

19) 장 프랑수아 리오타르, 『포스트모던적 조건』(서울: 서광사, 1992), 이현복 역, pp.67-68.
20) 정재서, 『不死의 신화와 사상』(서울: 민음사, 1994), p.17.

(劉向博學, 則究微極妙, 經深涉遠, 思理則淸澄眞僞, 硏覈有無. 其所撰列仙傳,

仙人七十有餘, 誠無其事, 妄造何爲乎. 邃古之事, 何可親見. 皆賴記籍, 傳聞於往

耳. 列仙傳炳然, 其必有矣.)[21]

갈홍이 신뢰하는『열선전』의 저자 유향은 본래 경학자이지만 전한(前

漢) 선제(宣帝) 때 단약(丹藥)의 제조를 시도했다가 실패한 적이 있는, 선

도(仙道)에 심취했던 인물이다.[22] 중요한 것은 그가 설화주의자라는 점

이다. 그의 대부분의 업적은『열선전』을 비롯하여『설원(說苑)』,『열녀전

(列女傳)』,『효자전(孝子傳)』등 설화를 집성하는 작업에 있다. 그는 설화

가 자신의 이념을 유포하는 데에 무엇보다도 효과적이라는 것을 깨달았

던 것 같다. 그러한 깨달음의 이면에는 당연히 설화에 대한 믿음이 존재

했을 것이고 그 믿음 때문에 설화적 지식의 산물인 선도에 관심을 가졌

을 것이다.

　뿐만 아니라 갈홍 역시 신선설화집인『신선전』의 찬술자이기도 하다.

『신선전』은『포박자』에서 전개된 신선이론을 입증하기 위한 보조문헌이

라 할 수 있는데 우리는 이 책의 서문을 통해서도 갈홍의 강력한 설화

주의를 엿볼 수 있다.

　내가『포박자·내편』을 저술하여 신선의 일을 논한 것이 모두 20권이

나 된다. 제자인 등승(滕升)이 내게 물었다. "선생님은 신선이 가능하며

---

21)『抱朴子·內篇』, 卷2,「論仙」.

22)『漢書·劉向傳』: "字子政. 淮南枕中鴻苑秘書言神仙, 使鬼物爲黃金之術. 向父德治淮南

獄, 得其書, 向幼而讀誦以爲奇." 갈홍에게도 다음과 같은 언급이 있다.『抱朴子·內篇』,

卷2,「論仙」: "劉向父德治淮南王獄中得此書, 非爲師授也. 向本不解道術, 偶偏見此書,

便謂其意盡在紙上, 是以作金不成耳."

불사를 배울 수 있다고 말씀하셨습니다만 과연 그런 사람이 있겠습니까?" 내가 대답해 말했다. "옛날 진(秦)나라의 대부 완창(阮倉)이 기록한 것에 수백 명이 있으며 유향(劉向)이 지은 것에도 71여 명이나 있다. 대개 신선은 깊이 숨어 세상과는 다른 부류이므로 일반에 알려진 사람은 천분의 일도 안 된다. …나는 지금 옛날의 신선으로서 선경(仙經)과 복식방(服食方) 및 백가서(百家書)에 보이는 사람, 돌아가신 스승님이 말씀하신 사람, 늙은 학자가 얘기한 사람 등을 수집하여 10권으로 만들어 이를 지혜와 식견 높은 선비에게 전하고자 한다. 세속에 얽매어 사색이 오묘한 데 이르지 못한 사람에게는 굳이 이를 보여주지 않을 것이다. 유향이 지은 것은 너무나도 간략하여 훌륭한 사적이 드러나지 못하고 있음을 알 수 있다. 이 책이 비록 지극히 기묘한 것들을 다 실었다고는 할 수 없지만 그래도 대략은 갖추고 있다. 유향이 많은 것을 놓친 것에 비하면 그래도 나은 점이 있다고 가만히 생각해 본다."

(洪著內篇, 論神仙之事, 凡二十卷. 弟子滕升問曰, 先生曰神仙可得, 不死可學, 古之得仙者, 豈有其人乎. 答曰, 昔秦大夫阮倉所記, 有數百人. 劉向所撰, 又七十一人. 蓋神仙幽隱, 與世異流. 世之所聞者, 猶千不及一者也. ……余今復抄集古之仙者, 見于仙經服食方及百家之書, 先師所說, 耆儒所論, 以爲十卷, 以傳知眞識遠之士. 其繫俗之思不經微者, 亦不强以示之矣. 則知劉向所述, 殊甚簡略, 美事不擧. 此傳雖深妙奇異, 不可盡載, 猶存大體. 竊謂有愈于向多所遺棄也.)[23]

갈홍이 『신선전』의 근거로 제시하는 자료들은 "선경(仙經)과 복식방(服食方) 및 백가서(百家書)에 보이는 사람, 돌아가신 스승님이 말씀하신 사

---

23) 葛洪, 『神仙傳·序』.

람, 늙은 학자가 이야기한 사람" 등으로 주로 전문(傳聞) 곧 설화자료들이다. 갈홍은 나아가 유향마저 비판하며 자신의 저작이 더욱 풍부한 설화성을 지니고 있다고 자부한다. 실제로 『신선전』에서는 노자, 팽조(彭祖) 등 『열선전』에 수록된 동일한 인물에 대해 훨씬 더 내용을 증익(增益)하고 섬세한 묘사를 가하고 있어 갈홍의 그러한 입장을 확인할 수 있다.24)

3) 『포박자』의 후대 문학에의 영향

앞서 말했듯이 『포박자』는 당시의 첨단 문학경향을 대표하는 변려문의 깊은 영향 하에 저술된 작품이다. 이러한 문학성과 아울러 『포박자』의 내용은 내편의 경우 신선, 도가적 환상이 횡일(橫溢)하고 외편은 현실에 대한 다양한 비판과 처방이 제기되어 낭만주의든, 사실주의든 후대 문인들의 상상력을 크게 자극하였다. 문학 형식이 진보한다는 문학진화론, 문학의 내용과 형식을 아울러 존중해야 한다는 문덕병중론(文德並重論), 언문일치론 등 그의 개성적인 문학관이 소통, 유협(劉勰), 원굉도(袁宏道) 등 후대의 문학비평가들에게 적지 않은 영향을 미친 것에 대해서는 이미 논의가 이루어진 바 있지만 정작 그의 작품인 『포박자』 자체가 문학 창작에 끼친 영향에 대해서는 탐구가 소홀한 편이다.

『포박자』는 당대(唐代) 이전의 대표적 도서(道書)로서 수도인 뿐만 아니라 문인들도 많이 탐독하였다. 이 책은 세련된 문학작품으로서도 손색이 없기 때문에 창작에 영감을 주어 후대의 저명한 문인들의 작품 속에서

---

24) 『열선전』으로부터 『신선전』에 이르는 신선설화의 변모 양상에 대해서는 內山知也, 「仙傳の展開」 『大東文化大紀要』(1974), No. 13, pp.110-111 참조.

『포박자』를 수용한 사례를 다수 살펴볼 수 있다. 가령 이백(李白)은 「춘야 연도리원서(春夜宴桃李園序)」에서 "따사한 봄은 나를 아름다운 경치로 불러내고, 천지는 내게 글 솜씨를 빌려주었네.(陽春召我以烟景, 大塊假我以文章)"라고 읊었는데 이 구절은 내편 「자서(自序)」의 "하물며 천지가 내게 짧은 날개를 주고, 조물주가 내게 둔한 다리를 빌려주었음에랴.(豈況大塊稟我以尋常之短羽, 造化假我於至駑之蹇足)"라는 구절의 환골탈태(換骨奪胎)로 보인다. 이 밖에도 두보(杜甫), 진자앙(陳子昻) 등의 시구에서도 『포박자』의 문장을 수용하여 시화(詩化)한 흔적을 찾아볼 수 있다. 특히 소식(蘇軾)은 도연명(陶淵明)을 추숭하여 지은 『독산해경(讀山海經)』 13수 중에서 10수를 『포박자』에 근거하여 음영(吟詠)함으로써 이 책에 대한 애호가 지극함을 표명했다.[25]

소설 창작 방면에 미친 『포박자』의 영향은 더욱 클 것으로 생각된다. 당대의 대표적 소설양식인 전기(傳奇) 작품의 80% 이상이 도교적 성향을 지니고 있다는 통계가 있고[26] 중국 고전소설의 대부분이 크든 작든 신선, 도술 등의 상상력과 무관하지 않음을 볼 때 도서 중에서 도교를 문학적으로 가장 잘 표현하여 대중적 감화력이 큰 『포박자』의 영향력을 짐작하기 어렵지 않다. 가령 당대의 우수한 전기 소설인 왕도(王度)의 『고경기(古鏡記)』는 신비한 동경(銅鏡)을 갖고 천하를 주유하면서 재난을 구제하고 요괴를 퇴치하는 내용인데 아마 이러한 상상력은 『포박자』의 다음과 같은 내용으로부터 환기되었을 가능성이 크다.

---

25) 이상의 사례들에 대해서는 王利器, 『葛洪論』(臺北: 五南圖書出版公司, 1997), pp.118-133 참조.
26) 劉瑛, 『唐代傳奇研究』(臺北: 正中書局, 1982), p.24.

만물 중의 늙은 것은 그 정령이 사람의 형체를 빌어 사람의 눈을 현혹시키고 항상 사람을 시험할 수 있지만 다만 거울 속에서만은 그 참모습을 바꿀 수 없다. 이 때문에 옛날의 입산 수도자는 모두 직경이 아홉 치 이상 되는 깨끗한 거울을 등에 짊어졌는데 이렇게 하면 오래 묵은 요괴가 감히 접근하지 못하였다. 혹시 시험하러 오는 자가 있을 것 같으면 거울 속에 비춰보아야 한다. 그것이 신선이거나 산속의 신령님이면 거울에 비추어도 여전히 사람의 형체일 것이고 만약에 새나 짐승 따위의 삿된 요괴라면 그 모습이 다 거울 속에 드러날 것이다.

(又萬物之老者, 其精悉能假託人形, 以眩惑人目而常試人, 唯不能於鏡中易其眞形耳. 是以古之入山道士, 皆以明鏡徑九寸已上, 懸於背後, 則老魅不敢近人. 或有來試人者, 則當顧視鏡中. 其是仙人及山中好神者, 顧鏡中故如人形. 若是鳥獸邪魅, 則其形貌皆見鏡中矣.)[27]

맺는말

지금까지 『포박자』의 문학성을 크게 갈홍의 문학관과 『포박자』의 문학적 특성, 후대 문학에의 영향 등의 관점에서 탐구해 보았다. 그 결과 갈홍은 문학진화론 등의 진보적인 문학관을 지녔고 이러한 관념은 『포박자』에서 변려문과 같이 형식미를 추구하는 문체로 표현되었음을 알 수 있었다. 아울러 갈홍은 자신의 취지를 웅변하기 위하여 가공인물의 설정, 운문과 산문의 병용 등의 기법을 활용하였으며 설화를 통한 전달의

---

27) 『抱朴子·內篇』, 卷17 「登涉」.

화용론을 적극 발휘하였다. 『포박자』의 풍부한 신선, 도가적 상상력과 다양한 문학적 장치들은 후대의 시, 소설 창작에 적지 않은 영향을 미쳤는데 우리는 이백, 두보, 소식 등 당송대(唐宋代) 저명 시인의 작품과 소설 등에서 이를 확인할 수 있었다.

사람은 죽어 정신은 스러지고 조박(糟粕)만 죽백(竹帛)에 남아 있다고 한탄하나 결국 어떠한 입론도 문학 곧 글쓰기를 통해 존재한다. 평생 문유(文儒)가 되기를 소망했던 갈홍은 『포박자』라는 '아름답고 내용 깊은 (辭義兼備)'[28] 저작을 통해 마침내 그러한 경지에 도달하였다. 이렇게 볼 때 갈홍은 단순한 도인이 아니라 문인으로 읽혀져야 할 여지를 충분히 지니고 있음을 알 수 있다.

여기에서 나아가 우리는 보다 근원적인 차원에서 도교 문건을 문학적으로 접근해야 할 필요성을 느끼는데 갈홍은 이미 도교의 본질을 상상의 힘에서 유래하는 문학적인 것으로 파악하고 있었다. 뒤랑(G. Durand)의 표현을 빌면 도인이야말로 가장 '상징적 상상력'에 충실한 인간이라 할 것이다. 주체는 글쓰기를 온전히 통제하지 못한다. 글쓰기는 주체의 사유로부터 끊임없이 미끄러진다. 도교 문건 자양(字樣)의 사상과 논리를 넘어서는 언외지치(言外之致)를 감득(感得)하기 위해 우리는 시적 혹은 설화적 차원에서의 문학적 독해를 필요로 한다.

---

28) 『抱朴子·外篇』, 卷40「辭義」편에서 이러한 취지를 천명한다.

2. 안지추(顏之推)의 사상 및 처세관

- 갈홍(葛洪)과의 비교를 통하여

　　중국 역사상 유례없는 혼란기였던 위진남북조(魏晉南北朝) 시대를 살았던 안지추(顏之推, 531-591 전후)는 자신의 신산(辛酸)했던 삶을 반추(反芻)하며 시대 상황에 대한 인식과 더불어 생존을 위한 지혜와 지식 등을 담은 개인저술 『안씨가훈(顏氏家訓)』을 남겼다. 이른바 가훈문학의 원조이기도 한 이 책은 단순히 교훈적인 내용을 넘어 당시의 문학, 역사, 철학, 언어, 사회, 민속 등에 대한 풍부한 지식을 담고 있어 역래(歷來)로 많은 논구가 이루어졌다.

　　『안씨가훈』을 통한 안지추에 대한 국내외의 주요 연구경향을 살펴보면 그가 지닌 유교, 불교사상 등에 대한 연구, 독자적 문학관에 대한 연구, 가훈서로서 지니는 교육적 내용과 가치에 대한 연구, 난세를 헤쳐 나갔던 그의 처세술에 대한 연구, 책에 담긴 언어학적 지식에 대한 연구, 당시의 풍속, 사회상에 대한 연구, 그를 통해 본 남북조 귀족의 실상에 대한 연구 등 다양한 방면에 이르고 있다.

이 글에서는 기존의 이러한 연구 성과들을 딛고 안지추의 사상과 그것에 기초한 처세관을 살펴보고자 한다. 이 과정에서 안지추와 비슷한 난세를 성공적으로 살았던 신선, 도교학자 갈홍(葛洪, 283-343)의 경우를 그의 저작『포박자(抱朴子)』를 통해 안지추와 비교, 검토함으로써 서로 대조적인 입장에 서있었던 양자 공통의 생존논리를 밝혀보고자 한다. 결과적으로 이러한 작업은『안씨가훈』을 통해 발휘된 안지추의 사상 및 처세관이 난세의 지혜로서 보편성을 지녔음을 인증하는 것이 될 것이다.

1) 안지추의 생애와『안씨가훈(顔氏家訓)』

안지추의 생애

안지추(顔之推)는 자(字)가 개(介)이고 양(梁) 무제(武帝) 중대통(中大通) 3년(531)에 강릉(江陵)에서 태어났다.[29] 자는 이름과 상관하여 지어지는데 그의 자인 개(介)와 이름 지추(之推)를 합치면 개지추(介之推)가 된다. 개지추는 춘추시대 진문공(晉文公) 때 부당한 논공행상에 반대하고 스스로 불에 타죽어 오늘날 한식(寒食) 명절의 유래가 된 고결한 인사이다. 안지추의 집안은 아성(亞聖) 안회(顔回)를 선조로 하고, 누대(累代)에 걸쳐 유교를 가업으로 삼은 산동(山東) 낭야(琅邪)의 망족(望族)이었으나, 후일 진(晉)의 동천(東遷)에 따라 강남으로 이주하였다. 안지추의 조부인 안견원(顔見遠)은 제(齊)·양(梁) 교체기에 제의 관료로 순절(殉節)하였고, 부친인 안협(顔協)은 양의 상동왕(湘東王) 소역(蕭繹) 막하(幕下)의 재학

---

29) 안지추의 생애에 대한 正史 기록은『北齊書』「顔之推傳」에 있다.

(才學)이 뛰어난 번신(藩臣)이었다. 이로 보아 안씨 일문은 강남의 명문거족(名門巨族)은 아니었으나 그런대로 가학을 배경으로 귀족의 지위를 유지한 가문이었음을 알 수 있다.

안지추는 유년기에 엄하면서도 자상한 가정교육을 받았던 듯 『안씨가훈』「서치(序致)」편에서 이렇게 회고하고 있다.

> 우리 집안의 가풍과 가르침은 평소 엄정하였다. 예전에 나도 일곱, 여덟 살 무렵부터 가르침을 받아 매일 두 형님의 뒤를 따라 아침, 저녁으로 부모님의 방이 더운지, 차지는 않은지 살펴 드렸으며, 절도 있는 걸음걸이와 조용한 말씨며 단정한 모습 등을 익혔는데 조심스럽고 공경함이 마치 엄한 임금님을 뵙듯이 하였다. (부모님은) 부드러운 말로 지시하고 내가 좋아하는 것에 대해 물었으며, 모자란 것은 격려하고, 잘한 것은 고무하기를 더할 나위 없이 간절하고 정성스레 하셨다.
>
> (吾家風敎, 素爲整密. 昔在齠齔, 便蒙誨誘, 每從兩兄, 曉夕溫凊, 規行矩步, 安辭定色, 鏘鏘翼翼, 若朝嚴君焉. 賜以優言, 問所好尙, 勵短引長, 莫不懇篤.)[30]

안지추가 9살 때 아버지 안협이 별세하면서 안지추는 형의 손에 맡겨지는데, 이후 소년기에 잠시 방황하였다가 곧 아버지의 뒤를 이어 상동왕의 막하에서 국좌상시(國佐常侍) 등의 벼슬을 살게 된다. 그러나 후경(侯景)의 난이 일어나면서 상동왕의 세자 소방제(蕭方諸)를 수행하던 안지추는 세자가 피살되고 함께 처형될 위기에 놓인다. 이때 후경 군 행대낭중(行臺郎中)인 왕칙(王則)의 도움으로 간신히 목숨을 건진 안지추는

---

30) 『顏氏家訓』, 제1편, 「序致」. 번역은 顏之推, 『譯註 顏氏家訓(1,2)』(서울: 전통문화연구회, 2011), 정재서 · 노경희 역주에 의거함. 이하의 경우도 마찬가지.

강릉으로 돌아가 새로 즉위한 원제(元帝, 과거의 상동왕) 밑에서 산기시랑(散騎侍郎), 원외랑(員外郎) 등의 관직을 맡았다.

원제 밑에서의 벼슬살이도 잠깐, 다시 양은 서위(西魏)의 침공을 당하여 강릉이 함락되고 원제가 피살되는 비극적인 사태가 벌어진다. 안지추는 서위 군의 포로가 되어 북방의 장안(長安)으로 끌려가던 중 대장군 이현경(李顯慶)에게 능력을 인정받아 홍농(弘農)에서 서한(書翰)을 담당하는 일을 하게 되어 노비의 신세는 면하였다. 홍농에서 1년 여간 생활을 하던 안지추는 기회를 보아 탈출하였으나 양이 망하고 진(陳)이 건국하는 바람에 돌아갈 곳을 잃어 북제(北齊)에 정착한다. 북제의 문선제(文宣帝)는 안지추에게 봉조청(奉朝請)의 벼슬을 내리는 등 중용하였다. 이후 문학을 애호하는 후주(後主) 때에 한족계(漢族系) 중신(重臣)인 조정(祖珽)의 건의에 의해 문림관(文林館)이라는 문학기관이 생기자 안지추는 이곳에 대조문림관(待詔文林館)으로 참여하여 중서사인(中書舍人), 황문시랑(黃門侍郎) 등의 고위직에 이르기까지 『문림관시부(文林館詩府)』, 『수문전어람(修文殿御覽)』, 『속문장유별(續文章流別)』을 편찬하는 등 문화 활동을 주도한다. 그러나 후주의 실정(失政)으로 577년, 북제는 북주에 의해 멸망하고 안지추 등 문림관의 문인 17명은 북주로 압송된다.

안지추는 북주에서 어사상사(御史上士)로 등용되었다가 581년, 수(隋)가 중국을 통일하자 문제(文帝) 개황(開皇) 연간(581-600)에 학사(學士)가 된다. 이후 그는 육법언(陸法言)의 『절운(切言)』 편찬에 참여하고, 백관(百官)의 급여를 개정하는 일과 역법(曆法) 제정과 관련한 일 등 다양한 학술활동과 제도 정비 작업에 만년을 보낸 것으로 보인다. 그의 졸년(卒年)에 대해 정확한 연대를 알 수는 없지만, 대략 590년 이후 600년 이전일 것으로 추정된다.

안지추는 사로(思魯), 민초(愍楚), 유진(遊秦) 등의 세 아들을 두었는데, 장남 안사로는 수에서 벼슬을 하다가 당(唐)에 들어와 기실참군(記室參軍)을 지냈으며 안민초는 수에서 통사사인(通事舍人)을 지내고『증속음략(證俗音略)』2권을 지었으며, 안유진은 수에서 전교비각(典校秘閣)을 지내고, 당 고조(高祖) 때에 자사(刺史)를 지냈으며『한서결의(漢書決疑)』를 지었다. 안사로의 장남이자 안지추의 장손인 안사고(顔師古)는『한서(漢書)』의 주석가로 유명하며, 6대손 안진경(顔眞卿)은 명필로 이름을 떨쳤다.

안지추는 그의 작명의 근거가 된 개지추와 같이 명분을 위해 죽음도 불사하는 삶을 살지는 않았다. 그는 자신이 몸을 담았던 나라가 세 번이나 멸망당하는 것을 지켜보았고 세 번이나 포로의 몸이 되어 생사의 갈림길에 놓이기도 하였다. 파란만장이라는 표현이 무색할 정도로 극한적인 위기가 거듭되는 삶에서 그는 개지추와 같은 고절(高節)의 길을 버리고 굴신수분(屈身守分)의 행로를 택함으로써 안신입명(安身立命)에 성공했을 뿐만 아니라 후손에 이르러 가문의 번영까지 이룩할 수 있었다. 이것은 위진남북조 시대에 활약했던 지식인들의 상당수가 정쟁(政爭), 전란(戰亂) 등에 의해 비명횡사하고 와석종신(臥席終身)하지 못했던 사례에 비추어 이례적인 일로, 바로 여기에서 그의 사상과 처세관은 빛을 발한다 할 것이다. 아울러 후손들에게 난세의 지침을 제시한『안씨가훈』은 당대에 이르러 후손들이 영달(榮達)하여 그 진가가 입증됨으로써 이른바 검증받은 책이 된 셈인데 그 의미와 가치는 한 시대에 그치지 않고 모든 어려운 시대에 통용될 것이다.

2) 『안씨가훈』의 성립 및 내용

안지추의 모든 사상을 담고 있고 그로 인해 안지추를 불후의 인물로 자리 잡게 한 고전이 『안씨가훈』이다. 안지추는 이 책의 집필 동기를 다음과 같이 밝히고 있다.

내가 이제 다시금 이런 책을 짓는 까닭은 감히 사물에 법도를 세우고 세상에 모범을 보이기 위해서가 아니라, 오로지 집안을 바로잡고 자손을 이끌고 타이르기 위해서이다. 무릇 똑같이 말을 하더라도 친한 사람의 말은 미덥고, 똑같이 명령을 하더라도 따르던 사람의 명령은 행하기 마련이다. 아이의 심한 장난을 그치도록 하는 데에는 스승의 훈계보다 평소 돌보던 여종의 이끎이 낫고, 평범한 사람들의 형제간 다툼을 그치게 하는 데에는 요순 임금의 도리보다 아내의 달램이 낫다. 이 책이 너희들에게 여종이나 아내보다 지혜로운 것으로 미덥게 여겨지기를 바란다.

(吾今所以復爲此者, 非敢軌物範世也, 業以整齊門內, 提撕子孫. 夫同言而言, 信其所親, 同命而行, 行其所服. 今童子之暴謔, 則師友之誡, 不如傅婢之指揮, 止凡人之鬪哄, 則堯舜之道, 不如寡妻之誨諭. 吾望此書爲汝曹之所信, 猶賢於傅婢寡妻耳.)[31]

안지추는 난세를 살아가는 삶의 지혜를 자손들에게 전하기 위해 『안씨가훈』을 집필하게 된 것임을 분명히 말하고 있다. 그리고 그 책은 엄숙

---

31) 『顔氏家訓』, 제1편, 「序致」.

한 이론에 의해서가 아니라 후손에 대한 자애와 염려를 바탕으로 지어진 것임을 강조하고 있다. 여기에서 우리는 안지추의 현실주의적인 태도를 엿볼 수 있다.

먼저 『안씨가훈』의 구성을 살펴보면 총 20편의 글이 7권으로 나뉘어 있다. 20편 개개의 항목을 보면 치밀하진 않지만, 대강의 집필 구상에 의해 내용을 구분하고 있음을 알 수 있다. 제1. 「서치(序致)」편은 전서(全書)의 집필 목적을 밝히는 서문에 해당되는 내용이고, 제2. 「교자(敎子)」편부터 제5. 「치가(治家)」편까지는 자식, 형제, 아내 등 가정 내의 교육에 관한 내용이며, 제6. 「풍조(風操)」편부터 제19. 「잡예(雜藝)」편까지는 세상으로 나와 사대부로서 지녀야 할 인격, 처신, 학문적 소양, 기예 등에 관한 내용이고, 제20. 「종제(終制)」편은 삶을 어떻게 마무리할 것인가에 대한 내용으로 전서의 대미(大尾)를 장식하고 있다. 결국 『안씨가훈』은 유교의 자기완성 단계인 수신(修身)-제가(齊家)-치국(治國)-평천하(平天下)의 수순(手順)에 은연중 상응하여 전서의 내용을 구성하고 있는 셈이다. 각 편의 내용을 간추려 보면 다음과 같다.

1. 서치(序致): 저술의 목적을 담은 서문.

2. 교자(敎子): 자식 교육의 중요성과 그 방법을 서술한 교육론.

3. 형제(兄弟): 형제간의 우애를 지키기 위한 방법론.

4. 후취(後娶): 재혼의 여러 가지 문제들.

5. 치가(治家): 가정을 다스리는 방법론.

6. 풍조(風操): 사대부의 처신법과 생활태도, 남북의 풍속 비교.

7. 모현(慕賢): 인재의 중요성.

8. 면학(勉學): 학문의 목적과 방법.

9. 문장(文章): 문학의 본질과 작가론, 창작론, 비평론.

10. 명실(名實): 명성과 실질과의 관계론.

11. 섭무(涉務): 실무능력의 배양.

12. 생사(省事): 불필요한 것에 대한 관심을 줄이고 집중할 것.

13. 지족(止足): 분수에 맞는 삶.

14. 계병(誡兵): 군사(軍事)에 대한 경계.

15. 양생(養生): 신선술(神仙術)에 대한 견해.

16. 귀심(歸心): 불교 신앙의 옹호.

17. 서증(書證): 문자학(文字學), 훈고학(訓詁學), 교감학(校勘學) 등 고전
    연구 방법론.

18. 음사(音辭): 음운론(音韻論)의 역사와 방법, 남북 음운의 차이.

19. 잡예(雜藝): 서예, 회화, 활쏘기, 점복(占卜), 음악, 바둑, 투호(投壺) 등
    의 기예론.

20. 종제(終制): 장례와 제사에 관한 유언

　

전체 내용을 살펴보면 집안의 대소사로부터 학문과 기예, 군사와 종
교, 인생관 등에 대한 적절한 교훈, 실제 경험담 등으로서 『안씨가훈』은
결국 난세를 살아가야 할 자손들에게 유익한 지침을 집대성한 것이라고
볼 수 있다.

　『안씨가훈』의 교주본(校註本)으로는 청대(淸代) 건륭(乾隆) 연간에 조희
명(趙曦明)이 주석을 단 것이 있고, 그의 벗 노문초(盧文弨)가 그것에 보
주(補註)를 단 포경당본(抱經堂本)이 있는데, 이 포경당본이 대표적 판본
으로 행세하였다. 근대 이후 대만에서 주법고(周法高)가 앞서의 주석에
자신의 보정(補正)을 덧붙여 『안씨가훈휘주(顔氏家訓彙註)』를 편찬하였

고, 다시 대륙에서 왕이기(王利器)가 조희명 이래 제가(諸家)와 자신의 주석을 집대성한 『안씨가훈집해(顔氏家訓集解)』를 완성하였다. 한, 중, 일 3국에서 나온 수십 종의 『안씨가훈』 번역본은 모두 이들 교주본을 저본(底本)으로 이루어진 것이다.[32]

3) 안지추의 사상 및 처세관

안지추의 대표 저작인 『안씨가훈』에 대해 『구당서(舊唐書)』 「경적지(經籍志)」와 『송사(宋史)』 「예문지(藝文志)」 등에서는 모두 유가(儒家)로 저록(著錄)하고 있으나, 『사고전서총목(四庫全書總目)』에서는 잡가(雜家)로 분류하고 있어 과거 안지추의 사상을 보는 관점이 일치되지 않았음을 알수 있다. 그럼에도 오늘날 안지추의 중심 사상을 유교로 보는 견해가 지배적인 것은 비록 남북조시대에 현학(玄學)과 불교가 유행하고 유교가쇠퇴했다고 하나 아성 안회를 선조로 한 안지추의 가업 배경과 그가 지닌 유교 관료주의 및 현실주의 등을 고려해서이다. 가령 그는 「계병(誡兵)」편에서 유교적인 가치를 존중해온 사대부 집안의 전통을 계승하여가급적 군사(軍事)에는 관여하지 말 것을 당부하는데, 다음과 같은 언급에는 가업인 유교에 대한 자부심이 담겨 있다.

안씨 선조들은 본디 추로(鄒魯) 지역에서 살다가 일부는 나뉘어 제 지역으로 들어가서 대대로 유가의 올바른 도리를 가업으로 삼고 살아왔

---

32) 이상의 내용은 顔之推, 『譯註 顔氏家訓(1)』(서울: 전통문화연구회, 2011), 정재서·노경희 역주의 「해제」 참조.

음이 각종 기록에 두루 나와 있다. 공자의 문인으로 승당(昇堂)한 이가 72인인데 안씨가 그중에 여덟이며 진(秦), 한(漢), 위(魏), 진(晉)에서 제(齊), 양(梁)에 이르기까지 용병(用兵)으로 현달(顯達)한 이는 없었다.

(顏氏之先, 本乎鄒魯, 或分入齊, 世以儒雅爲業, 遍在書記. 仲尼門徒, 昇堂者 七十有二, 顏氏居八人焉. 秦漢魏晉, 下逮齊梁, 未有用兵以取達者.) 33)

그러나 안지추의 유교는 공허한 장구지학(章句之學)이 아니라 이용후생(利用厚生)의 실천적인 유교이었다. 34) 그는 특히 「면학(勉學)」편에서 이 점을 강조하여 독서와 학문행위가 난세에 살아남기 위한 중요한 방편이 됨을 역설한다.

무릇 육경(六經)의 요지를 밝히고 백가(百家)의 서적을 섭렵하는 것이 설사 덕행을 증익(增益)시키거나 풍속을 고무(鼓舞)시켜 줄 수는 없다 치더라도, 오히려 한 가지 기예(伎藝)로 삼아 그것으로 자신이 살아갈 밑천을 얻을 수는 있다. 부모와 형제도 영원히 의지할 수는 없고 향리 나 국가도 항구히 보전될 수는 없는 것이어서, 하루아침에 떠도는 신세 가 되면 비호해줄 사람이라고는 아무도 없어서 마땅히 홀로 자신에게서 방도를 찾아야 할 뿐이다. 속담에 이르기를 "천만금 쌓아놓은 재물도 제 몸에 지닌 하찮은 기예만 못하다."라고 하였다. 기예 가운데서 쉽게 익힐 수 있으면서도 귀하게 여겨질 만한 것으로서는 독서를 능가할 것 이 없다.

(夫明六經之指, 涉百家之書, 縱不能增益德行, 敦厲風俗, 猶爲一藝, 得以自資.

---

33) 『顏氏家訓』, 제14편, 「誡兵」.
34) 노인숙, 「顏氏家訓」의 유학적 특징」 『동양철학연구』(2009), 제60집, p.293.

父兄不可常依, 鄕國不可常保, 一旦遊離, 無人庇廕, 當自求諸身耳. 諺曰, 積財千

萬, 不如薄伎在身. 伎之易習而可貴者, 無過讀書也.)[35]

　안지추의 이러한 현실주의적인 태도는 불교, 도교 등 당시 유교와 대

립적인 위치에 있던 종교에 대해서도 포용적인 입장을 갖게 하였다. 특

히 그는 「귀심(歸心)」편에서 불교를 내교(內敎), 유교를 외교(外敎)라 불러

유불을 체용(體用)관계로 파악하거나,[36] 불교의 계율인 오금(五禁)을 유

교의 오상(五常)과 동일한 것으로 파악하고, 불살생(不殺生)의 마음을 인

(仁)의 정신과 일치하는 것으로 이해하는 등 유불의 회통(會通)을 모색하

기도 하며,[37] 「종제(終制)」편에서는 심지어 제사를 폐하고 불교식으로 추

념(追念)하라는 유언을 하는 등[38] 불교에 대한 정신적 의지(依支)를 드러

내기도 하였다. 나아가 안지추는 불교를 대중적으로 포교하기 위하여 불

교설화집인 『원혼지(冤魂志)』를 편찬하기도 하였는데,[39] 그의 이러한 불

교에의 경도(傾倒)는 일부 학자들로 하여금 그의 내면상태를 사상 혹은

문화심리상의 모순으로 진단케 하는 근거가 되었다.[40]

---

35) 『顏氏家訓』, 제8편, 「勉學」.

36) 이러한 命名은 당시에 통행되었던 것으로 안지추의 創案은 아니나 불교에 비중을 두는
　　문맥에서 주목할 필요가 있다.

37) 『顏氏家訓』, 제16편, 「歸心」: "內外兩敎, 本爲一體, 漸極爲異, 深淺不同. 內典初門, 設
　　五種禁, 外典仁義禮智信, 皆與之符."

38) 『顏氏家訓』, 제20편, 「終制」: "四時祭祀, 周孔所敎, 欲人勿死其親, 不忘孝道也, 求諸
　　內典, 則無益焉, 殺生爲之, 翻增罪累. 若報罔極之德, 霜露之悲, 有時齋供, 及七月半盂
　　蘭盆, 望於汝也."

39) 『冤魂志』는 全 5卷으로 불교를 宣揚하는 취지를 지녔으나 冥界에 관한 이야기는 거의
　　없어 다른 志怪 작품들과 구별된다. 오히려 당시의 혼란한 세태를 반영하는 이야기들
　　이 다수 있어 주목된다. 王枝忠, 「顏之推與『冤魂志』」『文學史話』, pp.45-46.

40) 이와 관련된 논구로는 陳東霞, 「從顏氏家訓看顏之推的思想矛盾」『松遼學刊(社會科學

불교와 달리 도교에 대해 그는 선별적 수용의 입장을 취하였다. 가령 위진 이래 유행한 청담(淸談)의 기풍에 대해서는 다음과 같이 비판한다.

무릇 노자(老子)와 장자(莊子)의 책은 대개 진성(眞性)을 보전하고 본성을 함양하는 것이니 외물(外物) 때문에 자신에게 누를 끼치려 하지 않는다. …하안(何晏)과 왕필(王弼)이 노장(老莊)을 본받아 전술(傳述)하자 마침내 서로 번갈아 크게 떠받들어 그림자가 따라붙고 풀들이 한데로 쓰러지듯이 모두가 신농씨(神農氏)와 황제(黃帝)의 교화가 제 몸에 있다고 여길 뿐 주공(周公)과 공자의 학업은 포기하고 도외시하였다. …그 나머지 속세의 더러움에 속박되고 명리(名利)의 아래에 허우적거리던 이들에 대해 어찌 일일이 다 거론하겠는가. 그저 그들은 고상한 담론의 형식으로 허황된 이치를 탐색하느라 주인과 손이 서로 묻고 답하며 마음과 귀를 즐겁게 할 뿐이었으니 세상을 구제하고 풍속을 바로잡을 요체(要諦)는 아니었던 것이다.

(夫老莊之書, 蓋全眞養性, 不肯以物累己也…何晏王弼, 祖述玄宗, 遞相誇尙, 景附草靡, 皆以農黃之化, 在乎己身, 周孔之業, 棄之度外…其餘桎梏塵滓之中, 顚仆名利之下者, 豈可備言乎. 直取其淸談雅論, 剖玄析微, 賓主往復, 娛心悅耳, 非濟世成俗之要也.)[41]

안지추는 이처럼 청담을 공리공담(空理空談)으로 배척하였으나 「지족(止足)」편에서는 "욕심을 줄이고 만족을 아는(少欲知足)" 노자의 취지를

版)』(1999), 第3期 참조.

41) 『顔氏家訓』, 제8편, 「勉學」.

고취하고 「양생(養生)」편에서는 아래와 같이 도교의 양생, 신선술(神仙術)에 대해 긍정적인 입장을 표명하였다.

　신선의 일은 다 거짓일 수는 없겠지만 다만 사람의 수명이 하늘에 달려 있어 어쩌면 신선을 만나기가 어려운 것인지도 모른다. …정신을 보양하고 호흡을 잘 조절하며 생활을 절제하고 기온에 잘 적응하면서 음식을 가려먹고 약물을 잘 써서 천수를 누려 요절하지 않는 일이라면 나는 아무런 이의가 없다.

　(神仙之事, 未可全誣, 但性命在天, 或難鍾値…若其愛養神明, 調護氣息, 愼節起臥, 均適寒暄, 禁忌食飮, 將餌藥物, 遂其所稟, 不爲夭折者, 吾無間然.) 42)

안지추의 이러한 사상적 다기(多岐)함과 복잡성은 그의 내면상태의 모순으로 파악해야 할 것이 아니라 크게는 그 원인을 위진남북조 시대의 사상적 경향이었던 유, 불, 도 삼교합일(三敎合一) 사조에서 찾아야 하고 작게는 난세에 처한 안지추 자신의 실천적 처세철학에서 구해야 할 것이다. 다시 말해 안지추는 가업이자 삼교 중에서 가장 현실적 성격이 강한 유교를 생활의 원리로 삼고 불교의 종교적 취지에 마음을 의지하였으며, 도교의 양생, 신선술을 건강 유지의 방법으로 활용하였는데, 이는 그가 무엇보다도 난세에서의 생명 보전 곧 생존을 최우선 가치로 두었기 때문이다.

---

42) 『顏氏家訓』, 제15편, 「養生」.

4) 갈홍과의 비교

갈홍(葛洪)은 자가 치천(稚川)으로 단양(丹陽) 구용(句容) 사람이다. 포박자(抱朴子)는 별호인 동시에 그의 저서 이름이기도 하다. 그는 서진(西晉) 무제(武帝) 태강(太康) 4년(283)에 태어나 동진(東晋) 강제(康帝) 건원(建元) 원년(343)에 졸한 것으로 추정된다.[43] 그가 살았던 시기 역시 난세로 팔왕(八王)의 난, 호족(胡族)의 침입 등에 의해 서진이 붕괴하고 남도(南渡)하여 동진이 성립되는 등 안지추 당시보다 상황이 그리 좋을 것 없었다. 갈홍은 젊었을 때 신선가 포정(鮑靚), 정사원(鄭思遠) 등을 사사하여 비술(秘術)을 전수받은 후 『포박자』를 저술하였다. 그리고 불사약인 금단(金丹)을 제조하기 위해 고향을 떠나 광주(廣州)의 나부산(羅浮山)에 정착하였다. 그는 10여 년간 그곳에서 신선술에 전념하여 마침내 신선이 되었다고 한다.[44] 이후 갈홍의 후손은 갈소보(葛巢甫) 등의 신선가를 배출하여 갈씨도(葛氏道)라는 도교의 계파를 형성한다. 갈홍 역시 안지추처럼 난세에 삶을 잘 보전하고 그 영향을 후손에 긍정적으로 미친 케이스라 하겠다.

안지추는 이미 「지족」편, 「양생」편 등에서 도교에 대한 관심과 수용을 표시했지만, 그가 직접 갈홍의 저작인 『포박자』를 읽고 그 영향을 받아 언급했으리라고 추측되는 대목으로는, 가령 「양생」편에서 "신선의 일이 다 거짓일 수는 없겠으나(神仙之事, 未可全誣)"라고 말한 것을 들 수 있다.

---

43) 『晋書』「葛洪傳」에 의하면 80세에 仙去한 것으로 되어 있으나, 오늘날 대부분의 고증은 60세에 생을 마친 것으로 집약되고 있다. 갈홍의 年譜에 대해서는 陳飛龍, 『葛洪之文論及其生平』(臺北: 文史哲出版社, 1980), pp.47-94 참조.

44) 『晋書』「葛洪傳」에서는 갈홍의 최후를 다음과 같이 묘사하고 있다. "洪坐至日中, 兀然若睡而卒…視其顔色如生, 體亦柔軟. 擧尸入棺, 甚輕如空衣, 世以爲尸解得仙云."

이 대목은 아마 『포박자』 「논선(論仙)」편 등에서 전개된 신선실재론(神仙實在論) 및 신선가학론(神仙可學論)의 영향 하에 서술된 것으로 보인다. 그러나 보다 확실한 근거는 다음의 글이다.

나는 일찍이 이가 아파서 흔들리며 빠지려 하고, 차고 더운 것을 먹거나 마시면 늘 통증 때문에 괴로웠다. 『포박자』에서 치아 단단하게 하는 법을 보았더니 아침에 이를 300번 두드리면 좋다고 하기에 며칠 그대로 하였더니 바로 효험이 있어 지금도 내내 그렇게 하고 있다. 이러한 사소한 방법들은 손해 볼 일도 없고 하니 잘 익혀놓을 만하다.

(吾嘗患齒, 搖動欲落, 飮食熱冷, 皆苦疼痛. 見抱朴子牢齒之法, 早期叩齒三百下爲良, 行之數日, 卽便平愈, 今恒持之. 此輩小術, 無損扵事, 亦可脩也.)[45]

한 가지 흥미로운 것은 안지추의 아버지 안협이 진대(晋代)의 신선설화를 수록한 『진선전(晋仙傳)』이라는 책을 지었다는 사실이다. 비록 이 책은 일실(逸失)되어 전하지 않으나 이를 통해 안지추의 집안에 도교적인 기풍(氣風)이 얼마간 존재했을 가능성을 생각해 볼 수 있다. 안지추의 도교에 대한 비교적 관대한 태도는 이러한 사정과 관련이 있을 것이다.

갈홍은 안지추와는 달리 삼국시대의 유명한 방사(方士)인 갈현(葛玄)를 종조부로 둔 도교 가문에서 성장하고 그 교육을 받았으므로 도교를 근본으로 하고 그 위에 실천적인 삶도 고려하여 유교를 보완적인 위치에 놓는 사상체계를 형성하였다. 『포박자』, 「자서(自敍)」편에서는 내편과 외편으로 구성되어 있는 『포박자』의 내용에 대해 이렇게 말하고 있다.

---

45) 『顔氏家訓』, 제15편, 「養生」.

내편은 신선이 되는 방법이나 약물, 귀신과 요괴의 변화, 건강 유지와
장수, 사기(邪氣)나 재앙을 물리치는 법 등의 일을 말하여 도가에 속하
고 외편은 세상에서의 성공과 실패, 세상일의 옳고 그름을 말하여 유가
에 속한다.

(其內篇言神仙方藥鬼怪變化養生延年禳邪却禍之事, 屬道家. 其外篇言人間
得失世事臧否, 屬儒家.)[46]

이러한 도본유말(道本儒末)의 입장은 안지추가 불교를 내교로, 유교를
외교로 간주하였던 상황과 비슷하다. 갈홍은 또한 안지추가 유교의 비현
실적 장구지학을 공격하고 도교의 공리공담을 비판하였던 것과 마찬가
지로 동일한 실천적인 차원에서 이들 양자를 취급한다. 그는 장구지학에
대해 "얽매인 무리들은 얕고 좁은 범위에 갇혀 글자 해석에 집착해 기이
한 것이면 깔보거나 우습게 여기고 급하지 않은 것이라고 말한다.(拘繫之
徒, 桎梏淺隘之中, 挈瓶訓詁之間, 輕奇賤異, 謂爲不急.)"[47]라고 비판하는 한편
위진 시대의 청담 풍조에 대해서도 이와 같이 개탄한다.

종일토록 도의(道義)에 대한 언급은 없고 밤새도록 도움 되는 교훈은
없다. 『노자』와 『장자』를 함부로 인용하여 멋대로 하는 것이 좋다고 여
긴다. 큰 행동은 사소한 예의를 돌아보지 않는다든가, 통달한 사람은 규
율에 구애되지 않는다고 한다. 오만하고 방종한 것을 두고 도를 체득한
것이라고 말한다. 아아, 애석하다. 어찌 슬프지 아니한가.

(終日無及義之言, 徹夜無箴規之益. 誣引老莊, 貴於率任. 大行不顧細禮, 至人

---

46) 『抱朴子·外篇』, 卷50, 「自敍」.
47) 『抱朴子·外篇』, 卷32, 「尙博」.

不拘檢括. 嘯傲縱逸, 謂之體道. 嗚呼惜乎, 豈不哀哉.) **48)**

갈홍은 청담에 대한 개탄에 그치지 않고 실용주의적 관점에서 도교 내부의 장자 사상을 비판하기까지 한다. 이것은 그가 연단(錬丹)과 양생을 행하는 신선가로서 보다 기술적이고 실천적인 사상 경향을 지녔기 때문이다.

항상 원망스럽게 여기는 바이지만 장자는 세상의 일을 속박이라고 스스로 뽐내는 언행을 하였다. 그는 칠원(漆園)에 살면서 맹랑한 이야기를 많이 했는데, 이것은 마치 귀신 그리는 일을 좋아하고 개나 말을 그리는 일을 싫어하는 것과 같다. 충정(忠貞)을 하찮게 여기고 인의(仁義)를 헐뜯었는데, 호랑이를 조각하고 용을 그려서 바람과 구름을 불러올 수 없고, 널조각에 쓴 억만(億萬)이라는 숫자가 돈 없는 것을 구제할 수 없고, 어린애들의 죽마(竹馬)가 다리가 벗겨지는 병을 고칠 수 없고, 책상 위에 가득 놓인 흙 쟁반이 배고픔에 아무런 이득이 없는 것과 마찬가지라고 말할 수 있다.

(常恨莊生言行自伐, 桎梏世業, 身居漆園而多誕談. 好畫鬼魅, 憎圖狗馬. 狹細忠貞, 貶毁仁義. 可謂彫虎畫龍, 難以徵風雲, 空板億萬, 不能救無錢, 孺子之竹馬, 不免於脚剝, 土枅之盈案, 無益於腹虛也.) **49)**

갈홍은 여기에서 장자의 언설을 공론(空論)이라 비판하고 오히려 충정

48) 『抱朴子·外篇』, 卷25, 「疾謬」.
49) 『抱朴子·外篇』, 卷42, 「應嘲」.

(忠貞), 인의(仁義) 등 유교의 덕목을 옹호하는 발언을 하고 있다. 양자는 문학관에서도 비슷한 경향을 보여준다. 가령 안지추는 문학과 덕행을 아울러 존중하는 문덕병중론(文德並重論)을 주장한다.[50]

> (문학은) 조정의 헌장(憲章)과 군대의 명령서, 인의를 펼쳐 드러내고 공덕을 찾아내어 밝히는 일, 백성을 다스리고 나라를 세우는 일 등 베풀어 쓸 데가 많다. 성령(性靈)을 도야하고 조용히 풍자하며 그 오묘한 재미에 빠져드는 것 또한 즐거운 일이니 행하고 남은 힘이 있으면 익혀볼 만하다. 하지만 예로부터 문인들은 경박함에 빠진 이들이 많다. 굴원(屈原)은 재주를 드러내어 자신을 높이고 임금을 폭로하였으며 송옥(宋玉)은 용모가 고와서 광대 취급을 받았고, 동방삭(東方朔)은 골계가 점잖지 못했고 사마상여(司馬相如)는 재물을 훔치고 지조가 없었다.
>
> (朝廷憲章, 軍旅書誥, 敷顯仁義, 發明功德, 牧民建國, 施用多途. 至於陶冶性靈, 從容諷諫, 入其滋味, 亦樂事也. 行有餘力, 則可習之. 然而自古文人, 多陷輕薄, 屈原露才揚己, 顯暴君過, 宋玉體貌容冶, 見遇俳優, 東方曼倩, 滑稽不雅, 司馬長卿, 竊貲無操.)[51]

안지추는 문학의 효용을 인정하면서도 문인들의 경박한 행위를 비판하여 문학적 재능과 더불어 덕행을 지닐 것을 강조하였다. 갈홍에게는 이미 이러한 관점이 있다.

---

50) 안지추의 문학관에 대해서는 노경희, 「顏之推文學論硏究」(서울대 중문과 석사학위논문, 1983) 및 楊海帆, 「顏氏家訓文學思想硏究」(河北大學 碩士學位論文, 2006), pp.34-36 등 참조.
51) 『顏氏家訓』, 제9편, 「文章」.

통발은 버릴 수 있는 것이긴 하지만, 고기가 아직 잡히지 않았으면 통발이 없어서는 안 된다. 문학은 없앨 수 있는 것이긴 하지만, 도가 아직 시행되지 않았으면 문학이 없어서는 안 된다.

(筌可以棄而魚未獲, 則不得無筌. 文可以廢而道未行, 則不得無文.)[52]

갈홍은 이처럼 문학이 도의 실현을 위해 불가결한 것임을 주장하면서도 동한(東漢) 말기의 문인 이형(禰衡)을 행실이 경박하다는 이유로 혹평[53]하는 등 문인의 덕행에 대해서는 보수적인 자세를 견지한다. 그리하여 궁극적으로는 "덕행과 문학은 군자의 근본이다.(德行文學者, 君子之本也.)"[54]라든가 "문학과 덕행은 10척과 1장의 관계와 같다.(文章之與德行, 猶十尺之如一丈.)"[55]라고 단언함과 같이 양자를 동시에 존중하는 태도를 보여준 바 있다.[56]

이상 여러 방면에서의 검토와 비교를 통하여 우리는 갈홍이 신선을 목표로 하는 도교에 뜻을 두고 있으면서도 난세의 상황에서 현실 생존의 토대를 무시할 수 없다는 인식에서 도교 내부의 공리공담을 비판하고 유교 현실주의를 보완책으로 취택했음을 알 수 있다. 이러한 입장은 비록 근본 사상은 다르지만 안지추의 그것과 큰 차이가 없다 할 것이다.[57]

---

52) 『抱朴子·外篇』, 卷32, 「尙博」.

53) 『抱朴子·外篇』, 卷47, 「彈禰」.

54) 『抱朴子·外篇』, 卷41, 「循本」.

55) 『抱朴子·外篇』, 卷32, 「尙博」.

56) 陳飛龍, 『葛洪之文論及其生平』(臺北: 文史哲出版社, 1980), pp.17-21 및 정재서, 「葛洪文學論硏究」(서울대 중문과 석사학위논문, 1981), pp.48-56 참조.

57) 물론 사소한 事案에서까지 양자가 의견을 같이 하는 것은 아니다. 가령 갈홍이 揚雄을 성인급의 인물로 崇仰했음에 반하여 안지추는 이런 태도를 비웃는다. 『顔氏家訓』, 제9편, 「文章」: "(揚雄)著劇秦美新, 妄投於閣, 周章怖惕, 不達天命, 童子之爲耳. 桓譚以

맺는말

위진남북조라는 유례없는 난세의 지식인인 안지추는 세 번 나라가 망하고, 세 번 포로가 되는 신세를 겪는 위기의 연속 상황에서도 유자(儒者)로서의 정체성을 지키며 능히 자신의 몸을 보전했을 뿐만 아니라 『안씨가훈』을 통해 그 노하우를 전해 자손의 영달까지 도모하였다. 『안씨가훈』에 담긴 그의 사상을 살펴보면 안지추는 이용후생의 실천 유교를 바탕으로 도교 양생술을 건강 유지의 방법으로 수용하였으며 불교를 심령의 최후 귀숙처(歸宿處)로 삼았는데, 이에 앞서 장구지학, 청담 등 유, 도의 공소(空疎)한 분야를 철저히 비판하여 한 치도 현실과 괴리되지 않은 난세의 처세 철학을 정립하였다.

안지추보다 앞선 난세를 살았던 갈홍의 경우에도 우리는 비슷한 사례를 보게 되는데, 그는 안지추와는 달리 도교를 바탕으로 유교를 현실 생활의 원리로 채택하는 도본유말의 통합적 사상체계를 수립하였으며 그 역시 난세의 풍운 속에서 소기(所期)한 바의 삶을 살았다.

출발점은 다르지만 궁극적으로 삶의 보전이라는 동일한 목적을 향한 양자의 이러한 자세는 사상적 융합이야말로 난세를 헤쳐 나갈 수 있는 지혜를 낳기에 훨씬 유리하다는 것을 보여주는 실례라 하겠다. 평상시와는 달리 난세에는 결코 단방(單方)의 사상적 처방을 고수해서는 생존하기 어려우며 대척적인 입장에 있는 사상마저도 수용할 수 있는 유연한 자세를 지녀야 길이 보전할 수 있다는 것을 갈홍과 안지추는 몸소 입증해 보였던 것이다.

勝老子, 葛洪以方仲尼, 使人歎息."

II. 신화와 문화 사이

1. 강증산(姜甑山)의 중국신화 수용과 그 의미

　한말(韓末)의 신종교 증산교(甑山敎)의 창시자 증산(甑山) 강일순(姜一淳) 사상의 실체에 대해서는 그간 종교, 철학, 사상 등 다방면에서 많은 논의가 있었고, 이제 그 전모가 상당히 드러난 것으로 보인다. 향후 연구 방향은 기존의 논의를 심화하거나 전인미답(前人未踏)의 분야를 개척하는 것이 바람직할 것인데, 후자와 관련하여 과거에 그다지 주목하지 않았던 관점은 강증산 사상의 의미 지평을 확대하고 해석의 다양성을 추구한다는 측면에서 긍정적인 의미를 지닌다 할 것이다.

　이 글에서는 강증산 사상을 서사와 상상력을 포괄하는 문학의 관점에서 구명해보고자 한다. 특히 신화는 인류 최초의 서사이자 원형적 상상력을 담지한 문학적 구성물로서 강증산 사상에 대한 신화학적 접근은 종래의 논구에서 밝혀지지 않았던 이른바 '달의 뒷면'과도 같은, 가려진 실체를 인식하게 해줄 뿐만 아니라 기존의 성과를 보완, 인증하는 망외(望外)의 효과를 수반할 것으로 기대된다.

　이를 위해 이 글에서의 신화학적 접근은 단순히 문학적 형상화의 탐구를 지향하지 않는다. 상상력을 인간과 환경의 상호작용에서 비롯한 정신활동의 총체로 규정하는 질베르 뒤랑(Gilbert Durand)의 관점을 적극 수용하여 문학문화(Literary Culture) 나아가 사회, 역사, 사상, 물질적 성취 등을 포괄하는 문화학의 시좌(視座)에서 강증산 사상을 조망하고자 한다. 한 가지 부언할 것은 이 글에서 강증산 사상의 형성과 관련하여 다루게 될 신화적 상상력은 중국신화를 대상으로 한다는 사실이다. 중국신화 곧 중국대륙의 신화는 원고(遠古)의 시절, 수많은 종족이 대륙에서 흥망성쇠를 거듭하면서 만들어낸 것으로 동아시아 문화의 공통적인 기반이자 원천으로서의 지위를 지닌다. 따라서 강증산 사상의 신화적 근원을 탐색하는 일은 그것의 동아시아적 보편 가치를 확인하는 작업이기도 하다. 아울러 이 글에서는 논의의 와중에서 필요할 경우 도교적 상상력을 원용하여 분석할 것인데, 사실상 중국의 상상계에서 신화와 도교는 연속 혹은 계승 관계에 있어서 양자가 무리 없이 병치(juxtaposition)되어 있는 경우가 허다하기 때문이다.

이 글에서의 분석 텍스트는 대순진리회에서 출간한 『전경(典經)』이다. 이 책에 표현된 신화적 상상력은 위로는 황제(黃帝) 헌원(軒轅), 염제(炎帝) 신농(神農), 태호(太昊) 복희(伏犧) 등의 대신과 요(堯), 순(舜), 우(禹), 탕(湯) 등의 성군으로부터 우사(雨師), 조왕(竈王), 망량(魍魎) 등의 소신, 요괴에 이르는 다양한 신화적 존재들과 그들의 행사에 의해 전개되고 있다. 이 글에서는 이들 내용을 귀납한 결과 우선 강증산 사상 형성에 비중이 클 것으로 사료되는 염제 신농 신화와 선양(禪讓) 신화의 두 가지 범주를 중심으로 논구를 진행할 것이다.

1) 강증산 탄생의 신화적 아우라

『전경』의 첫 장 개단부(開端部)는 강증산 탄생의 정황을 다음과 같이 화려하고 장엄한 신화적 수사로 장식하고 있다.

　　모친은 권(權)씨이며 휘는 양덕(良德)이니 이평면(梨坪面) 서산리에 근친 가서 계시던 어느 날 꿈에 하늘이 남북으로 갈라지며 큰 불덩이가 몸을 덮으면서 천지가 밝아지는도다. 그 뒤에 태기가 있더니 열석 달 만에 상제께서 탄강하셨도다. 상제께서 탄강하실 때에 유달리 밝아지는 산실에 하늘로부터 두 선녀가 내려와서 아기 상제를 모시니 방 안은 이상한 향기로 가득 차고 밝은 기운이 집을 둘러싸고 하늘에 뻗쳐 있었도다.[58]

　　오토 랭크(Otto Rank)는 영웅신화의 요소로서 비범한 출생을 꼽고 있는데, 강증산 탄생의 정황은 이러한 요소를 충족시키고도 남음이 있다. 그리고 "큰 불덩이가 몸을 덮으면서…태기가 있더니 열석 달 만에 상제께서 탄강하셨도다."라는 언급은 중국신화에서 위대한 신들이나 제왕의 탄생을 보편적으로 장식하는 감생신화(感生神話)를 상기시킨다. 감생신화는 여성이 신기한 현상에 감응하여 아기를 낳는 이야기이다. 가령 황제(黃帝) 탄생의 정황을 보자.

　　부보(附寶)가 큰 번갯불이 북두성을 감싸고 들녘을 비추는 것을 보더

---

58) 『典經』 「行錄」 1-9,10. pp.3-4.

니 감응하여 잉태한 지 25개월 만에 황제(黃帝) 헌원(軒轅)을 수구(壽邱)에서 낳았다.

　(附寶見大電光繞北斗樞星, 照郊野, 感而孕, 二十五月而生黃帝軒轅于壽邱.)59)

감생신화적 요소뿐만 아니라 회임기간이 이례적으로 긴 것도 일치한다. 아울러 "하늘로부터 두 선녀가 내려와서 아기 상제를 모신다"는 이야기는 계승 관계에 있는 신화와 도교의 상상력이 자연스럽게 병치된 정경을 보여준다.

『전경』은 강증산의 탄생 장면에 앞서 공간적 배경에 대해 자세히 서술한 바 있는데 이 역시 신화적 수사로 가득 차 있어 주목을 요한다.

　이곳은 예로부터 봉래산(蓬萊山)·영주산(瀛洲山) 일명(一名) 신선봉(神仙峰)·방장산(方丈山)의 세 산이 삼신산(三神山)으로 불리어 오던 곳이로다. 방장산(方丈山)으로부터 내려오는 산줄기에 망제봉(望帝峰)과 영주산(瀛洲山)이 우뚝 솟으니 그 뒷기슭과 함께 선인포전(仙人布氈)을 이룩하고 있도다. 망제봉의 산줄기가 기복연면하여 시루산을 이룩하였도다. 이 시루산 동쪽 들에 객망리(客望里)가 있고…객망리는 상제께서 탄강하시기 이전에는 선망리(仙望里)라 하더니 후에는 객망리라 하고 상제께서 화천(化天)하신 뒤로는 신월리(新月里)로 고쳐 부르고 오늘에 이르도다.60)

59) 『漢學堂叢書』에 수록된 『河圖稽命徵』.
60) 『典經』 「行錄」 1:9-10. pp.3-4. 2:7. pp.1-3.

삼신산 신화는 전국시대 무렵 출현하여 후대에 도교 선향전설(仙鄕傳說)로 계승된다. 부사년(傅斯年)은 상고 시대의 중국 대륙이 동방의 동이계(東夷系) 종족과 서방의 화하계(華夏系) 종족이 대립된 정치, 문화적 형국을 이루고 있었다고 주장했는데[61] 화하계 종족의 낙원이 곤륜산(崑崙山)이라면 동이계 종족의 낙원은 삼신산(三神山)이었던 것이다. 이에 따라 고힐강(顧頡剛)은 중국신화를 곤륜신화와 봉래신화의 양대 계통으로 구분하기도 하였다.[62] 『사기(史記)』「봉선서(封禪書)」의 기록에 의하면 삼신산은 발해(渤海)의 해도(海島)로 설정되어 있다. 그런데 강증산의 탄생 공간이 삼신산이라는 지명을 갖고 있는 것은 무엇을 의미하는가? 표면상이는 강증산 탄생의 신화, 도교적 배경을 강조함으로써 그의 신성이 생래적이고 필연적임을 웅변하는 것으로 읽히지만 이면에 보다 깊은 문화적 함의(含意)가 있다. 최근 강증산의 사적에 대한 논구는 그가 조선 단학파(丹學派)의 명인인 남궁두(南宮斗)와 권극중(權克仲)의 집안과 착종(錯綜)한 인척관계에 있다는 사실을 알려주고 있다.[63] 아닌 게 아니라 강증산은 단학파의 태두(泰斗) 북창(北窓) 정렴(鄭磏)에 대해 직접 언급하기도 하였다.

천지의 조화로 풍우를 일으키려면 무한한 공력이 드니 모든 일에 공

---

61) 傅斯年, 『夷夏東西說』(서울: 우리역사연구재단, 2011), 정재서 역주 참조.

62) 顧頡剛, 「莊子和楚辭中崑崙和蓬萊兩個神話系統的融合」『中華文史論叢』(1979), 제2기 참조. 그러나 고힐강은 곤륜신화의 봉래신화로의 변천을 주장함으로써 화하계 신화에 근원적 지위를 부여한다. 이에 대한 비판은 정재서, 『不死의 신화와 사상』(서울: 민음사, 1994), p.70.

63) 김성환, 「한국 선도의 맥락에서 보는 증산사상」『대순사상논총』(2009), 제20집, pp.327-330.

부하지 않고 아는 법은 없느니라. 정북창(鄭北窓) 같은 재주로도 입산 3일 후에야 천하사를 알았다 하느니라[64]

강증산과 단학파의 친연성, 이 사실은 상당히 중요하다. 이로써 우리는 그의 배후에 드리워진 강한 선풍(仙風)의 실체에 심층적으로 다가갈 수 있기 때문이다. 바꾸어 말해 강증산의 사상 형성을 설명하는 데에 단학파의 역사의식, 문화사관이라는 중요한 소인(素因)을 추가할 수 있게 된 것이다.

다시 삼신산으로 돌아가서, 한반도에는 강증산의 탄생지 이외에도 삼신산과 관련된 지명이 많다. 왜 이러한 현상이 존재하는가? 진시황(秦始皇) 때의 방사(方士) 서복(徐福)이 삼신산을 찾기 위해 한반도 연해 도서(島嶼)를 탐사한 여파로 보기도 하지만 보다 근원적으로는 단학파의 자생적, 주체적 입장과 관련이 있다. 다름 아니라 단학파에서는 삼신산이 한국에 있다고 주장해왔다. 가령 정렴의 후손 정두경(鄭斗卿)은 금강산을 다음과 같이 예찬한다.

東海三神在, 동해의 삼신산이 이곳에 있으니,
中原五嶽低. 중원의 오악도 낮아 보인다.
群仙爭窟宅, 뭇 신선들 자리 잡고 싶어 안달이니,
王母恨居西. 서왕모도 서쪽에 거주함을 한탄하리.[65]

---

64) 『典經』 「敎運」 1:35, p.170.
65) 鄭斗卿, 『溫城世稿』 「金剛山」.

삼신산이 조선에 존재한다고 자부하고 중국의 오악이나 곤륜산이 부럽지 않다는 단학파의 주체적 입장을 표명한 것이다. 한반도의 도처에 존재하는 삼신산은 단학파, 곧 한국 선도(仙道)의 이러한 인식과 상관이 있다. 삼신산 이외에도 강증산의 탄생, 행적과 관련된 공간에는 선망리(仙望里), 학선암(學仙庵), 회선동(會仙洞), 피로리(避老里), 와룡리(臥龍里), 회룡리(會龍里), 용암리(龍岩里), 비룡촌(飛龍村) 등 신화, 도교적 상상력에서 유래한 지명이 숱하게 출현한다. 그 이유는 강증산 탄생지 혹은 그 인근이 단학파의 주요 인물들을 배출한 선풍이 강한 지역 때문이기도 하고 제도권에서 억압된 한국 선도가 오히려 민간에 널리 뿌리를 내렸기 때문이 아닌가 한다.

끝으로 살펴보아야 할 지명은 시루산 곧 증산(甑山)이다. 시루산은 강증산의 아호(雅號)가 될 정도로 그와 밀접한 관계를 지닌 지명인데 실제로 강증산은 이 산에서 한동안 중요한 수련을 행하였다. 『전경』에는 이와 관련된 기록이 상세하다.

상제께서 3년 동안 주유하신 끝에 경자(庚子)년에 고향인 객망리에 돌아오셔서…이후에 상제께서 항상 시루산 상봉에서 머리를 푸시고 공부를 하셨도다. 그러던 어느 날 호둔하고 앉아 계셨을 때 마침 나무꾼들이 지나가다가 이것을 보고 기겁하여 상제의 부친께 아뢰는지라. 부친께서도 당황하여 시루봉에 오르니 범은 보이지 않고 상제께서 태연자약하게 앉아서 공부하고 계시는 것만이 보였도다. 상제께서는 객망리 시루봉에서 공부하시다가 밤이 되면 간간이 유덕안의 집에 내려가서서 쥐눈이콩 한 줌을 얻어 냉수와 함께 잡수시곤 하셨도다. 상제께서 덕안의 아들 칠룡(七龍)을 바라보시고 "네가 나에게 살려달라 애걸하는구나."라고 말씀하셨느니라. 상제께서 시루봉에 오르시면 산천이 크게 울리도록 소리를 지르셨도다. 이 소리에 마을 사람들은 남녀노소를 막론하고 두려워 문밖으로 나오지 못하였도다. 상제께서 시루산에서 공부하시다가 이따금 산 밑에 있는 샘터 너머에서 우시기도 하셨는데, 한번은 부친께서 밥을 가지고 시루봉에 오르다가 그 광경을 보았도다. 그러시다가도 다시 공부를 계속하셨는데 어느 날 시루봉에서 진법주(眞法呪)를 외우시고 오방신장(五方神將)과 48장과 28장 공사(公事)를 보셨도다.[66]

시루산은 강증산의 고향뿐만 아니라 한국의 도처에 있는 지명이다. 이것은 시루의 형상을 한 산이 어디든 있을 수 있기 때문이다. 중국에도 이와 같은 지명이 보인다. 다만 강증산의 수행과 관련하여 이 산의 의미가 각별하다고 생각되는 것은 단경(丹經)의 원조인 『주역참동계(周易參同契)』에 다음과 같은 문구가 등장하기 때문이다.

시루산에 올라가 볶으니 뜨거운 불이 펼쳐져 내려오고 백호가 앞에서 이끄니 청룡이 뒤에서 호응한다.

(升熬於甑山兮, 炎火張設下. 白虎倡導前兮, 蒼龍和于後.)[67]

체내의 기를 순환시키고 단련하는 과정을 노래한 이 구절에서 시루산, 곧 증산은 실제 지명이 아니라 수련의 한 현상을 상징하는 용어로 쓰였다. 강증산은 당연히 자신의 중요한 수련 장소인 시루산에서 아호를

---

66) 『典經』「行錄」 2:7-10, pp.18-20.
67) 魏伯陽, 『周易參同契』, 下卷.

취했을 것이지만, 그는 중국의 도경(道經)에 정통해 있었던 만큼 『주역참
동계(周易參同契)』의 시루산을 의식하지 않았을리 없고, 따라서 증산이
라는 아호는 중의적(重義的)으로 지어졌을 가능성이 다분하다.[68] 다시
말해 아호 증산은 그의 고향 산임과 동시에 선도 수련의 지극한 경지를
상징하고 있는 것이다.

2) 염제(炎帝) 신농(神農) 신화의 적극적 수용

『전경』에는 많은 중국신화상의 신들이 등장한다. 이 중에서 강증산은
특별히 염제 신농을 거론하여 독보적 지위를 부여한다. 『전경』의 모두(冒
頭)에서는 우선 강증산이 신농의 후예임을 천명한다.

> 강(姜)씨는 상고 신농씨(神農氏)로부터 시작되고 성(姓)으로서는 원시
> 성이로다. …시조 이식(以式)으로부터 31대 자손 세의(世義)가 고부(古阜)
> 로 낙향한 후 6대에 진창(晉昌)·우창(愚昌)·응창(應昌) 삼형제도 이곳에
> 살았도다.[69]

신농이 강씨의 시조라는 설은 이미 『사기(史記)』에 보인다.

> 염제 신농씨는 강씨(姜氏) 성이다. 어머니는 여등(女登)이라 하고 유와

---

68) 이 점에 대해서는 일찍이 略論한 바 있다. 정재서, 「한국 도교의 고유성」 『한국 전통사
    상의 특성 연구』(서울: 한국정신문화연구원, 1995) 참조.
69) 『典經』 「行錄」 1:1. p.1.

씨(有嬌氏)의 딸로 소전(少典)의 비가 되었다. 신령스러운 용을 보고 감응하여 염제를 낳았는데 사람의 몸에 소머리였다. 강수(姜水) 가에서 성장하여 그것으로 성을 삼았다.

(炎帝神農氏, 姜姓. 母曰女登, 有嬌氏之女, 爲少典妃. 感神龍而生炎帝, 人身牛首. 生于姜水, 因以爲姓.)[70]

강증산은 그가 신농의 후예로서 세상을 개벽시킬 소임을 맡게 된 이유를 다음과 같이 설명한다.

무신년 4월 어느 날 또 종도들에게 가라사대 "이 세상에 성으로는 풍(風)성이 먼저 있었으나 전하여 오지 못하고 다만 풍채(風采)·풍신(風身)·풍골(風骨) 등으로 몸의 생김새의 칭호만으로 남아올 뿐이오. 그 다음은 강(姜)성이 나왔으니 곧 성의 원시가 되느니라. 그러므로 개벽시대를 당하여 원시반본이 되므로 강성이 일을 맡게 되었나니라." 하셨도다.[71]

최초에 출현한 풍성의 시조는 곧 태호(太昊) 복희(伏犧)이다. 복희가 수렵시대의 신이라면 신농은 농업시대의 신이니 강증산은 신들의 선후 관계를 정확히 파악하고, 현존하는 강씨가 사실상 성의 시원(始原)으로서 대업(大業)을 맡을 수밖에 없는 이유를 분명히 말하였다. 이러한 인식에 따라 강증산은 공사 수행 과정에서 오방(五方)의 대신(大神) 중 신농을

---

70) 『史記』「補三皇本紀」.
71) 『典經』「行錄」4:17, p.62.

각별히 배려하는 모습을 보인다.

> 4월 어느 날 김보경의 집에서 공사를 행하시는데…상제께서 백지 한
> 장의 복판에 사명당(四明堂)이라 쓰시고 치복에게 가라사대 "궁을가에
> 있는 사명당 갱생이란 말은 중 사명당이 아니라 밝을 명 자를 쓴 사명
> 당이니 조화는 불법(佛法)에 있으므로 호승예불혈(胡僧禮佛穴)이오. 무
> 병장수(無病長壽)는 선술(仙術)에 있으니 오선위기혈(五仙圍碁穴)이오. 국
> 태민안(國泰民安)은 군신봉조혈(君臣奉詔穴)이오. 선녀직금혈(仙女織錦穴)
> 로 창생에게 비단옷을 입히리니 6월 15일 신농씨(神農氏)의 제사를 지내
> 고 공사를 행하리라. 금년이 천지의 한문(捍門)이라. 지금 일을 하지 않
> 으면 일을 이루지 못하니라." 하셨도다.[72]

조화와 무병장수, 국태민안과 비단옷의 공사를 행함에 강증산은 먼저
신농에게 제사를 드림으로써 공사가 순조롭게 이루어질 것을 기원한다.
이외에도 주문에 신농패(神農牌)라 쓰는 등 신농을 특별히 거론하였다.
강증산이 이처럼 신농을 중시하는 것에는 그가 신농의 후예이고 강씨
가 현존하는 가장 오래된 성이기 때문이라는 표면상의 이유 말고 다른
설명의 여지는 없는 것일까? 우선 신농은 염제라는 호칭에서 암시하듯
이 불의 신, 곧 화신(火神)의 성격을 지녔다. 이것은 그가 최초의 농업 형
태인 화전(火田)을 창안하여 농업신의 영예를 얻은 것과 상관된다. 우국
경(于國慶)은 신농이 태양신 혹은 뇌신(雷神)의 성격을 지닌 것으로 간주
하고 강증산 모친의 태몽에 큰 불덩이가 나타났다든가 강증산이 벼락의

---

[72] 『典經』「行錄」 5:15, pp.86-87.

신, 곧 뇌신인 구천응원뇌성보화천존(九天應元雷聲普化天尊)으로 동일시되고 있는 현상을 들어 강증산과 신농의 공통점을 지적한다. 아울러 강증산이 구현하고자 하는 지상선경이 신농이 이룩한 태초의 이상사회를 재건하는 것일 수도 있다는 점을 들어 강증산이 신농을 애호하는 내면의 이유를 제시하였다.[73]

신의 성격, 기능과 관련한 이러한 분석은 나름의 타당성을 지닌다. 하지만 상고 대륙의 신들은 수많은 종족의 흥망성쇠에 따라 부침을 거듭해왔기 때문에 성격과 기능만으로 규정지을 수 있는 투명한 신화적 실체가 아니다. 특히 각 지역의 대신과 관련된 신화는 종족적 고유성과 그것에 수반한 다양한 정치성을 함유하고 있다. 우리는 남방의 대신인 신농의 이러저러한 사연을 탐문해 볼 필요가 있고 그것이 강증산과 어떤 긴밀한 관련성을 지니고 있는지 더 궁구(窮究)해보아야 한다.

신농은 본래 동방의 신으로 농업과 의약을 발명하여 인류에게 혜택을 준 자비로운 신이었으나 판천(版泉) 싸움에서 황제에게 패하여 남방으로 쫓겨간다. 신농의 후예 치우(蚩尤)가 이를 설원(雪冤)하기 위해 황제와 벌인 싸움이 중국신화상의 일대사건인 탁록대전(涿鹿大戰)임은 잘 알려진 사실이다. 신농은 동방 혹은 남방에서 숭배를 받았는데 다음의 기록으로 미루어 부여, 고구려와는 종족적 친연관계가 있음이 인지된다.

오랑캐인 부여국이 있는데 성이 열씨(烈氏)이며 기장을 먹고 산다.

(有胡不與之國, 烈姓, 黍食.)[74]

---

73) 于國慶, 「大順眞理會九天上帝信仰與道敎普化天尊信仰比較硏究」 『대순사상논총』 (2013), pp.180-183.

74) 『山海經』 「大荒北經」. 번역은 정재서 역주, 『산해경』(서울: 민음사, 1985)에 의거함.

'불여(不與)'는 곧 '부여(夫餘)'이고[75] 성이 '열(烈)'씨인 것은 신농의 후예임을 말한다.[76] 부여의 후신인 고구려의 고분벽화에 사람의 몸에 소머리를 한 신농이 세 번이나 출현하는 것은 고구려에서 신농을 얼마나 숭배했는가를 보여준다.

본래 동방의 신으로서 서방의 황제에게 방축된 신농의 후예로는 치우, 형천(刑天), 공공(共工), 후토(后土), 과보(夸父) 등이 있는데 이들은 모두 황제 혹은 황제의 후예인 전욱(顓頊) 등에게 패배하여 변방이나 지하세계의 신으로 좌정하게 된다. 부여, 고구려 등 동이계(東夷系) 종족과 친연 관계에 있는 신농과 그 계열의 신들은 다시 말해 대륙 신계의 패배자이고 한을 품은 존재들이다. 그리고 구천응원뇌성보화천존의 전신은 무엇인가? 그는 서방 주(周) 민족에 의해 멸망당한 동방 은(殷) 민족의 충신으로서 한을 품고 죽은 태사(太師) 문중(聞仲)이다. 다시 말해 신농과 구천응원뇌성보화천존은 동병상련의 처지에 있는 셈이다. 신농의 후예로 구천응원뇌성보화천존의 신격이기도 한 강증산은 바로 이러한 포한(抱恨)의 계층을 대표한다. 그러나 그는 치우처럼 설원(雪寃)의 차원이 아닌, 해원(解寃)의 공사를 펼치고자 탄생했다는 점에서 신화적 영웅이 아닌, 새로운 종교적 획을 그은 존재로 기록된다.

3) 선양(禪讓) 신화의 비판적 수용

강증산 공사의 중요한 조성부분인 해원(解寃) 공사와 관련하여 등장

75) 鄭寅普, 「古朝鮮의 大幹」『薝園鄭寅普全集(3)』(서울: 延世大學校出版部, 1983), p.61.
76) 郝懿行, 『山海經箋疏』, 有胡不與之國條: "懿行案, 烈姓蓋炎帝神農之裔."

하는 신화적 인물이 요의 아들 단주(丹朱)이다. 기존의 논의에서는 단주 신화를 해원 공사의 전제 혹은 근거로서 다루었으나, 단주신화 자체는 물론 그것이 지향하고 있는 선양신화에 대한 심층적인 고찰이 가해져야 만 강증산의 신화 수용이 얼마만한 깊이와 넓이에서 이루어졌는지 그 실체를 구명(究明)할 수 있을 것이다. 주지(周知)하듯이 단주는 요(堯)에 서 순(舜)으로의 왕위 계승 과정에서 배제된 인물로 이 사건에 대해 『전 경』에서는 다음과 같이 말하고 있다.

> 상제께서 7월에 "예로부터 쌓인 원을 풀고 원에 인해서 생긴 모든 불 상사를 없애고 영원한 평화를 이룩하는 공사를 행하리라. 머리를 긁으 면 몸이 움직이는 것과 같이 인류 기록의 시작이고 원(冤)의 역사의 첫 장인 요(堯)의 아들 단주(丹朱)의 원을 풀면 그로부터 수천 년 쌓인 원 의 마디와 고가 풀리리라. 단주가 불초하다 하여 요가 순(舜)에게 두 딸 을 주고 천하를 전하니 단주는 원을 품고 마침내 순을 창오(蒼梧)에서 붕(崩)케 하고 두 왕비를 소상강(瀟湘江)에 빠져 죽게 하였도다. 이로부 터 원의 뿌리가 세상에 박히고 세대의 추이에 따라 원의 종자가 퍼지고 퍼져서 이제는 천지에 가득 차서 인간이 파멸하게 되었느니라. 그러므 로 인간을 파멸에서 건지려면 해원 공사를 행하여야 되느니라."라고 하 셨도다.[77]

강증산은 해원 공사를 결행함에 있어 인류 원한의 단초가 되는 단주 의 원한을 풀어주어야 함을 역설하고 있는데, 대체 단주는 어떠한 인물

---

77) 『典經』 「公事」 3:4, p.130.

인가? 『세본(世本)』에서는 그가 요의 정실 아들임을 말한다.

> 요가 산의씨(散宜氏)의 딸을 아내로 맞이했는데 그녀를 여황(女皇)이
> 라고 한다. 여황이 단주를 낳았다.
> (堯取散宜氏之子, 謂之女皇. 女皇生丹朱.)[78]

> 요가 바둑을 만들었는데 단주가 그것을 잘하였다.
> (堯造圍棋, 丹朱善之.)[79]

처음에 요와 단주 사이는 별로 문제가 없었던 듯하다. 그러나 단주는
점차 요의 눈 밖에 나기 시작하는데 『서경(書經)』에서는 단주의 품성과
행실에 대해 이렇게 말하고 있다.

> 단주처럼 오만해서는 안 됩니다. 아무 것도 하지 않고 오직 놀기만을
> 좋아하며, 거만하고 포악한 짓만을 하길 밤낮 끊임없고, 물이 없는 곳에
> 도 배를 띄우며 떼를 지어 집안에서 음탕하게 놀아, 그의 후손도 끊기
> 고 말았습니다.
> (無若丹朱傲, 惟慢惟是好, 傲虐是作, 罔晝夜額額. 罔水行舟, 朋淫于家, 用殄
> 厥世.)[80]

임금이 된 순에게 신하인 우(禹)가 반면교사로서 단주의 예를 들어 간

---

78) 『世本』「帝系」.
79) 『世本』「作篇」.
80) 「益稷」 『書經』(서울: 평범사, 1976), 권덕주·전인초 역주, pp.106-107.

언하는 내용이다. 이렇듯 탐학(貪虐)했던 단주는 결국 신임을 잃고 순에게 왕위를 빼앗기게 된다. 『맹자(孟子)』에 의하면 그 상황은 이렇다.

요가 붕어(崩御)하고 3년 상이 끝나자 순은 요의 아들을 피하여 남하(南河)의 남쪽으로 갔다. 왕을 뵙고자 하는 온천하의 제후들은 요의 아들에게 가지 않고 순에게 갔고, 송사(訟事)를 하는 사람들은 요의 아들에게 가지 않고 순에게 갔으며, 찬미의 노래를 부르는 자들은 요의 아들을 노래하지 않고 순을 노래했다.

(堯崩, 三年之喪畢, 舜避堯之子于南河之南. 天下諸侯朝覲者, 不之堯之子而之舜. 訟獄者, 不之堯之子而之舜. 謳歌者, 不謳歌堯之子而謳歌舜.)[81]

결국 왕위계승에서 밀려난 단주는 방축되거나 살해되는 등 비참한 운명에 놓이게 된다. 여러 전적(典籍)에서의 기록이 이를 증언한다.

요의 아들이 불초하여 순이 단연(丹淵)에 살게 하고 제후로 삼았는데 그래서 단주라고 부른다.

(堯子不肖, 舜使居丹淵爲諸侯, 故號曰丹朱.)[82]

요가 장자인 단주를 죽였다.

(堯殺長子)[83]

---

81) 『孟子』「萬章(上)」.
82) 『太平御覽』 卷63에 인용된 『尙書逸篇』.
83) 『莊子』「盜跖」.

모든 기록들을 종합해 보면 단수는 비록 요의 상자로 태어났으나, 자질이 열악(劣惡)하여 왕위계승에서 배제되고 훌륭한 덕성을 지닌 순이 요로부터 왕위를 양도받는 선양(禪讓)이 이루어진다는 신화임에 틀림없다. 그런데 이러한 내용이라면 단주의 불행은 당연한 귀결이고 동정 받을 여지가 없는 만큼 그가 원통해서 깊은 한을 품었으리라는 추측은 무언가 상리(常理)에 맞지 않는다. 강증산은 왜 파멸을 자초한 단주를 한의 화신으로 보았으며 그 한을 풀어주어야 한다고 역설했던 것일까? 바로 이 지점에서 단주신화의 이면에 어떠한 정치성이 내재해 있는지 탐문해 볼 필요가 있다. 이 문제는 뜻밖에도 중국문화의 정체성 또는 그 허구와 관련된 민감한 주제로 향할 가능성을 지닌다.

수천 년 동안 중국을 비롯한 동아시아권에서 믿어왔던 태고의 성세(盛世), 이른바 요순시대의 정치적 특징은 요에서 순으로, 다시 순에서 우로 사이좋게 왕권을 넘겨주었다는 선양이라는 제도이다. 비폭력을 내용으로 하는 이 정치 신화는 요순시대야말로 이상적인 정치가 구현된 태평성대라는 이미지를 각인시키는 데에 중요한 기능을 하였다. 그러나 고대부터 선양제에 대한 회의가 없었던 것은 아니다. 법가 사상가들과 당대(唐代)의 사학자 유지기(劉知幾), 청말(淸末)의 개혁가 강유위(康有爲) 등이 이것의 실재에 대해 의문을 표명하였고 급기야 근대 초기에 이르러 의고파(疑古派) 사학자 고힐강(顧頡剛)이 묵가와 유가에 의해 조작된 신화로 규정함으로써 이후 선양제는 학문상의 일대 쟁점이 되어 지금까지 수많은 논쟁을 야기하였다.[84]

세계 각국 신화의 일반적 정황에 비추어 고대의 권력교체는 폭력을

---

84) 선양제를 둘러싼 논쟁의 양상에 대해서는 정재서, 「선양인가? 찬탈인가?」『앙띠 오이디푸스의 신화학』(서울: 창작과비평사, 2010), pp.102-105 참조.

수반하는 것이 현실이고 이에 따라 선양제는 허구일 가능성이 많은데, 이를 암시하는 내용이 중국의 일부 전적에도 보인다. 가령 『죽서기년(竹書紀年)』에서는 요-순 관계를 다음과 같이 인식한다.

요의 덕이 쇠하여 순에게 유폐되었다. 순은 요를 유폐하고 다시 단주를 연금시켜 부자가 서로 보지 못하게 했다.

(堯德衰爲舜所囚. 舜囚堯, 復偃塞丹朱, 使父子不得相見也.)[85]

결론적으로 선양제의 실상은 순의 요에 대한 폭력적 정권 교체이나 고대의 이상적인 통치 모델을 제시하기 위해 전국시대의 묵가 혹은 한대(漢代)의 유가에 의해 신화 조작(myth making)이 이루어진 것으로 보는 것이 타당할 것이다. 그렇다면 단주가 탐학했다는 기존의 속설은 순의 찬탈을 정당화하기 위해 주어진 억울한 누명이 아닐 수 없다. 이러한 관점에서 본다면 단주가 왜 깊은 원한을 품고 죽었는지, 강증산이 왜 특별히 단주의 원한을 거론했는지 의문이 풀릴 것이다.

그러나 우리는 다시 물어야 한다. 왜 강증산은 아무도 주목하지 않았던 단주의 존재를 제기한 것일까? 모두가 순의 미덕을 칭송하고 있을 때 강증산은 돌연 선양신화의 초점을 패배자인 단주에게로 돌린 것이다. 중국 상고문화에 대한 이러한 인식의 전회(轉回)가 강증산의 경우, 어떻게 해서 가능했던 것일까? 그 해답은 서론에서 이미 주어져 있다. 강증산이 조선 단학파와 깊은 연원적 관계가 있다는 사실 말이다.

대륙의 초기 문명 상황은 최근의 고고학적 발굴이 증명하듯이 다원

---

85) 『史記』「五帝本紀正義」에 인용된 『竹書紀年』.

적, 탈중심적 상태이었으나 전국 말기 및 한대에 이르러 대일통(大一統)의 기운이 농후해지고 중국의 문화정체성이 확립되면서 체계화, 정합화의 길을 걷는다. 선양신화는 이 과정에서 만들어진 것이다. 앞서 정두경의 「금강산」 시에서도 보이듯이 반존화적(反尊華的), 주체적인 역사의식을 견지한 단학파는 중국 상고문화에 대한 인식에 있어서도 중원 중심의 체계적, 구조적 문화사관을 그대로 따르지 아니하는 경향이 있다. 그들은 대륙의 초기 문명에 대한 유전된 기억을 바탕으로 후대의 중국에서 성립된 이른바 정통 문화사관을 회의와 균열의 시각으로 바라본다. 이러한 시각은 이단의 기서(奇書)이자 동이계(東夷系) 고서로 일컬어지는 『산해경(山海經)』에서 일찍이 보인다.

> 창오산(蒼梧山)은 순 임금을 남쪽에, 단주 임금을 북쪽에 장사지낸 곳이다.
> (蒼梧之山, 帝舜葬于陽, 帝丹朱葬于陰.)[86]

> 제요대(帝堯臺), 제곡대(帝嚳臺), 제단주대(帝丹朱臺), 제순대(帝舜臺)는 각각 두 개의 누대인데 누대는 네모졌으며 곤륜(崑崙)의 동북쪽에 있다.
> (帝堯臺帝嚳臺帝丹朱臺帝舜臺, 各二臺, 臺四方, 在崑崙東北.)[87]

『산해경』에서는 정통 관념을 좇아 단주를 비난하거나 폄훼하지 않는다. 오히려 왕이 되지 못한 단주의 이름 위에 '제(帝)'를 덧붙여 불행한 세자를 임금으로 추존(追尊)한다.

―――――
86) 『산해경』 「해내남경」.
87) 『산해경』 「해내북경」.

중원의 패배자 단주에 대한 강증산의 각별한 관심은 『산해경』, 『죽서기년』 등 반유가적, 비정통적 관념을 담은 선진(先秦) 고서의 문화인식과 맥락을 같이하는, 단학파의 선양신화에 대한 수정주의적 관점과 깊은 상관이 있을 것으로 추리된다. 이러한 관점을 바탕으로 강증산은 단주를 중국 왕조시대 최초의 루저(loser)로 규정하였으나, 그 원한의 의미를 개인적 차원에 국한시키지 않고 우주론적, 인과론적으로 재해석하여 해원 곧 인류적 차원에서의 구제 방안을 제시할 수 있었던 것이다.

맺는말

이 글에서는 대순진리회에서 간행한 『전경』을 텍스트로 삼아 강증산이 그의 종교사상을 형성하는 과정에서 중국신화를 어떻게 수용했는지 염제 신농 신화와 선양신화(곧 단주신화)를 중심으로 고찰해 보았다.

우선 강증산의 탄생과 관련된 신화를 살펴보았을 때 감생신화의 요소가 농후한 것을 알 수 있는데, 이것은 동아시아의 영웅 탄생 신화에서 보편화된 모티프라 할 수 있다. 아울러 강증산 활동의 공간적 배경을 분석해 본 결과 신화, 도교적 이미지와 관련된 지명이 다수 등장하였는데, 이것은 강증산 탄생지 혹은 그 인근이 단학파의 주요 인물들을 배출한 선풍이 강한 지역 때문이기도 하고, 제도권에서 억압된 한국 선도가 오히려 민간에 널리 뿌리를 내렸기 때문이기도 한 것으로 사료된다. 특히 강증산의 아호인 증산은 그의 수련처인 시루산과 『주역참동계』의 수련 경지를 중의적으로 함축하고 있어 흥미롭다.

다음으로 강증산에 의해 적극적으로 수용된 염제 신농 신화를 살펴보았다. 강증산은 그의 가계 근원을 신농에 두고 있는데 신농은 부여, 고구려 등 동이계 종족과 친연관계에 있으며 그 계열의 신들은 대륙 신계의 패배자이고 포한(抱恨)의 존재들이다. 아울러 화신 신농과 신화적 특성을 공유하는 뇌신 구천응원뇌성보화천존의 전신은 은의 태사 문중으로 역시 주에 의해 패사(敗死)하여 봉신(封神)된 존재이다. 강증산이 신농의 후예를 자임(自任)하고 구천응원뇌성보화천존의 신격을 구유(具有)했다는 사실은 그가 은 및 동이계 종족 등 포한의 계층을 대표한 것을 의미한다. 그러나 강증산은 포한, 곧 르상티망(ressentiment)을 종족적 차원에서의 설원을 넘어 해원으로 승화시켰다는 점에서 종교적 획을 긋는다.

끝으로 강증산에 의해 비판적으로 수용된 선양신화를 살펴보았다. 기존의 선양신화에 의하면 단주는 불초하여 왕위계승에 실패하고 훌륭한 덕성을 지닌 순이 요의 뒤를 이은 것으로 알려져 있다. 그러나 선양신화의 실상은 폭력적인 왕권교체로 단주는 그 과정에서의 희생자라고 할 수 있다. 강증산은 예리하게 상고 중국의 현실을 포착하여 패배자인 단주의 존재를 부각시키고 해원의 필요성을 역설하였다. 그의 이러한 문화인식은 체계적이고 정합적인 정통의 중국문명사관에 대해 회의의 눈길을 보내는 반존화적, 주체적인 단학파의 수정주의적 관점과 깊은 상관이 있는 것으로 보인다. 나아가 강증산은 단주의 원한을 우주론적, 인과론적으로 재해석하여 해원, 곧 인류 보편의 구원 신학을 수립하였는데, 이는 신농신화의 수용과 상응하는 의미를 지닌다.

결론적으로 강증산의 중국신화 수용은 주체적이고 선별적인 입장에서 기존의 관점에 얽매이지 않고 자기화하는 전유(專有)의 과정을 통해 고유한 종교적 의미를 산출하는 창조적 재해석의 작업이었다고 말할 수 있다.

2. 한국신화에 나타난 인간/자연 교응(交應) 관계론

- 중국신화와 관련하여

　신화는 인간이 자연 속에서 살아갈 때의 이야기이므로 다른 어떤 서사보다도 친자연적인 성향을 지니고 있다고 말할 수 있다. 인간은 무자비한 자연의 폭력에 대해 인간과 자연의 동일시와 자연의 인간으로의 의인화를 통해 상호교감 관계를 맺음으로써 극복하고자 했다. 인간과 자연이 상동관계(homology)에 있다는 생각은 이러한 의도의 산물인데, 그것은 결국 신화라는 인간 최초의 스토리를 통해 구현된다. 가령 천지창조와 관련된 중국의 반고(盤古) 신화를 보면 거인 반고가 죽음에 임하여 온몸의 각 부분이 다양한 자연현상으로 변화하는 내용이 있다.

　원초적 기운이 혼돈 상태에 있을 때 그 시초가 여기에서 비롯하여 마침내 천지가 나뉘어 처음 건곤의 범주가 성립되고 음양의 기운이 발생했다. 원초적 기운이 퍼져나가 중간의 조화로운 존재를 잉태하니 이것이 사람이다. 처음 반고가 태어났는데 죽음에 임하여 몸을 변화시켰다. 그 기운은 바람과 구름이, 소리는 우레가, 왼쪽 눈은 해가, 오른쪽 눈은 달이, 사지 오체는 사방 끝과 오악이, 피는 강이, 힘줄은 지형이, 살은 농토가, 머리털은 별이, 솜털은 초목이, 이빨과 뼈는 쇠와 돌이, 정액은 보석이, 땀은 비와 호수가, 몸속의 벌레들은 바람을 맞고 백성들로 화하였다.

(元氣濛鴻, 萌芽始玆, 遂分天地, 肇立乾坤, 啓陰感陽, 分布元氣, 乃孕中和, 是爲人也. 首生盤古, 垂死化身. 氣成風雲, 聲爲雷霆, 左眼爲日, 右眼爲月, 四肢五體爲四極五嶽, 血液爲江河, 筋脈爲地理, 肌肉爲田土, 髮髭爲星辰, 皮毛爲草木, 齒骨爲金石, 精髓爲珠玉, 汗流爲雨澤, 身之諸蟲因風所感, 化爲黎甿.)[88]

이것은 인체와 자연이 교감 혹은 상응관계에 있다는 고대인의 사유를 여실히 보여준다.[89] 물론 서양신화에도 거인 신체화생 신화가 있어서 초기에는 자연친화적이었으나 점차 인간중심의 사유로 이행하면서 인간과 자연은 상동관계를 벗어나 인간 우위적으로 준별(峻別)되고 자연은 폄하된다. 이에 비해 동아시아 신화는 비교적 초기의 친자연적인 성향을 많이 간직하고 있다.

동아시아 신화는 중국대륙의 한족(漢族) 신화와 소수민족 신화를 비롯, 한국신화, 일본신화, 몽골신화, 동남아시아 제국(諸國)의 신화 등을 포괄한다. 이 중 한족신화와 한국의 문헌신화, 일본의 문헌신화 등은 불교 전입 이전의 토착적인 내용을 많이 보존하고 있지만 대륙의 소수민족 구전신화, 한국의 무속신화, 몽골신화, 동남아시아 제국의 신화에는 중국의 유교와 도교의 요소는 물론 불교의 영향으로 인도 계통의 신화도 적지 아니 담겨 있다. 그럼에도 불구하고 대체로 동아시아 신화는 자연관에

---

88) 『廣博物志』, 卷9 및 『繹史』, 卷1 所收.

89) 반고신화에 표현된 자연관에 대한 자세한 논의는 정재서, 「동서양 창조신화의 문화적 변용 비교연구」 『중국어문학지』(2005), 제17집 참조.

관한 한 여전히 서양신화와는 뚜렷이 구별되는 특징을 지니고 있다.

이 글에서는 우선 동아시아의 전통적인 인간/자연 교응(交應) 관계론인 천인합일관(天人合一觀)을 살펴본 후, 한국신화에서 이러한 관념이 자연과의 감응, 소통, 공존의 세 가지 관점에서 어떻게 표출되었는지 검토해보고자 한다. 한국신화 자료는 크게 문헌신화와 무속신화를 한 묶음으로 한 범주와 『환단고기(桓檀古記)』, 『규원사화(揆園史話)』, 『부도지(符都誌)』 등 재야 역사설화집 속의 신화 자료를 한 묶음으로 한 범주 등 두 가지 범주를 연구 대상으로 삼았는데, 재야 역사설화는 비록 역사학적으로는 진위 문제에서 자유롭지 못하지만, 상상력 혹은 집단심성[mentalite]의 차원에서는 논의의 여지가 있다고 보아 검토 자료로 삼았음을 밝혀둔다.[90]

1) 천인합일관(天人合一觀)-동아시아의 인간/자연 교응 관계론

앞에서 반고신화의 예를 들었듯이 동아시아의 천인합일관은 이미 신화에서부터 시작하여 춘추(春秋), 전국(戰國)시대에 유가(儒家), 도가(道家), 묵가(墨家) 등 제자백가(諸子百家)의 사상에 깃들였고, 결국 중국사상과 문화의 기저에 깔려 있는 근원적인 관념이 되었다. 가령 신화에서 비롯한 천인합일관은 동아시아 최초의 앤솔로지인 『시경(詩經)』에 이르러 시가문학의 중요한 기법으로 자리 잡는다. 『시경(詩經)』 첫 장인 「주남(周南)·관저(關雎)」편을 보자.

---

90) 정재서, 『동아시아 상상력과 민족 서사』(서울: 이화여대 출판부, 2014), p.216.

關關雎鳩, 在河之洲. 꾸룩꾸룩 물수리는 황하의 모래톱에서 노니는데,

窈窕淑女, 君子好逑. 아리따운 아가씨는 군자의 짝일러라.

參差荇菜, 左右流之. 올망졸망 마름 풀을 이리저리 찾느니,

窈窕淑女, 寤寐求之. 아리따운 아가씨를 자나 깨나 구하노라.

(하략)

암수컷이 정답게 노니는 물수리의 정경으로부터 요조숙녀에 대한 욕
망이 일어나고 다시 마름 풀을 찾듯이 그녀를 갈망한다는 이 시는 인간
의 정서가 자연과의 동일시를 통해 촉발됨을 보여주는데 이러한 기법은
'흥(興)'이라는 시가 창작의 중요한 방식이 되었다. 다시 말해 흥은 자연
현상과 인간의 감정이 유비(類比), 공감관계에 있다는 전제하에 성립된
연상 기법이다.

사상사적으로 천인합일관은 춘추시대에 도가의 무위자연설(無爲自然
說)에 의해 이론적 기초가 마련된다. 예컨대 노자(老子)는 다음과 같이
말한다.

사람은 땅을 법칙으로 삼고 땅은 하늘을 법칙으로 삼으며 하늘은 도
를 법칙으로 삼고 도는 자연을 법칙으로 삼는다.

(人法地, 地法天, 天法道, 道法自然.)[91]

여러 단계의 모방 관계를 거쳐 궁극적으로 사람은 자연을 법칙으로
삼고 살아야 한다는 언급이다. 여기에서의 '자연(自然)'은 현상으로서의

---

91)『老子』, 제25장.

자연이 아니라 원리로서의 자연을 의미하지만,[92] 앞 단계에서 이미 '지(地)'와 '천(天)'을 거쳤으므로 현상으로서의 자연도 포함된 것으로 보아야 할 것이다. 장자(莊子)는 노자의 언급을 이렇게 계승한다.

> 하늘과 땅이 나와 함께 살고 만물도 나와 함께 하나가 된다.
> (天地與我幷生, 而萬物與我爲一.)[93]

천인합일의 의미는 여기에서 분명해진다. 도가에서 확립된 천인합일관은 전국 시대에 자연철학인 음양오행설(陰陽五行說)에서 보다 정교하게 체계화되었고, 마침내 한대(漢代)에 이르러 유가 신비주의인 참위설(讖緯說) 등과 결합하여 동중서(董仲舒)의 천인상감설(天人相感說) 등을 낳는 등 명실상부한 인간/자연 교융 관계론으로 정립된다. 이러한 천인합일관은 중국뿐만 아니라 한국, 일본, 월남 등 동아시아 문화권에서 신화, 문학, 철학, 종교, 민속 등을 특징짓는 관념으로 뿌리를 내렸다. 가령 중국 문학에서는 최고의 미학적 경지를 '정경교융(情景交融)'의 상태로 표현하였는데, '정(情)'은 인간의 감정, '경(景)'은 자연의 경물로서 결국 문학이나 예술 작품에서 인간과 자연이 하나로 녹아 있는 상태의 미감을 작가가 추구할 수 있는 미학의 극치로 고평(高評)한 것이다.[94] 이외에도 한의학에서 인체와 자연을 상동관계로 파악하는 것이나 풍수(風水)에서의 "인

---

92) '자연'이 현상으로서의 자연을 뜻하게 되는 것은 대체로 魏晉 이후로 본다.

93) 『莊子』「齊物論」.

94) 王夫之, 『薑齋詩話』「夕堂永日緖論‧ 內篇」: "情景名爲二, 而實不可離. 神於詩者, 妙合無垠. 巧者則有情中景, 景中情"

걸은 땅의 영기(人傑地靈)"[95]라는 관념도 천인합일관에 근거한 것임을 알 수 있다.

2) 한국신화에서의 인간/자연 교응 관계 사례 분석

(1) 감응

신화에서 인간과 자연은 기운을 통해 느끼고 상응한다. 가령 조류 숭배를 하는 동이계(東夷系) 종족의 국가인 고구려의 시조 주몽이 탄생할 때 이와 같은 현상이 일어난다.

> 왕은 천제자의 비(妃)임을 알고 별궁에 두었다. 그 여자는 햇빛을 받고 그 때문에 임신을 해서 신작(神雀) 4년 계해(癸亥) 하사월(夏四月)에 주몽을 낳았는데 골표가 영웅답고 기이했다. …구름이 낀 날에도 그 알 위에는 언제나 햇빛이 있으므로 왕은 알을 가져다가 그 어미에게 보내고 기르도록 했다.[96]

주몽의 어머니 유화는 햇빛에 감응하여 임신을 하고 다시 지속적으로 햇빛의 기운을 받아 마침내 주몽을 출산한다. 무속신화인 『제석본풀이』에서도 당금아기는 노인으로 변신한 석가모니와 이불이 바뀌었을 뿐인데도 임신하여 아들 셋을 낳는데 이들은 나중에 무신(巫神)인 제석님으

---

95) 王勃, 「滕王閣序」.
96) 서대석, 「주몽 신화」 『한국의 신화』(서울: 집문당, 1997), p.24.

로 좌정한다. 뛰어난 인물이 자연의 신령스러운 기운을 받아 태어나는 신화를 감생신화(感生神話)라 한다. 황제(黃帝)의 어머니 부보(附寶)가 번 갯불이 북두칠성을 감싸고 있는 것을 보고 임신하였다든가, 주(周) 나라 의 시조 후직(后稷)의 어머니 강원(姜嫄)이 들에서 거인의 발자국을 밟고 임신하였다든가 하는 신화들이 그것이다. 주몽과 제석님의 탄생은 이러 한 감생신화의 요소가 짙다.

신이(神異)한 탄생 이외에도 감응은 주술적 행사에서 자주 일어난다. 주술은 자연 현상을 인과론적으로 유추한 후 그것을 모방하는 행위인 만큼 감응의 적극적 실천 행위로 간주할 수 있기 때문이다. 주몽은 비류 국(沸流國)의 송양왕(松讓王)과의 다툼에서 그가 굴복하지 않자 주술을 건다.

왕이 서쪽으로 사냥을 가서 흰 사슴을 잡아 이것을 해원(蟹原)에 거 꾸로 매달고 주술을 행해 말하되, "하늘이 만약 비를 내려서 비류의 왕 도(王都)를 표몰(漂沒)시키지 않으면 나는 너를 놓아 주지 않을 것이다. 이 난관을 면하려면 네가 능히 하늘에 호소하라." 하니 사슴이 슬피 울 어 그 소리가 하늘에 사무쳤다. 장마비가 칠일이나 와서 송양의 도읍이 떠내려가 버렸다. …6월에 송양은 나라에 들어와서 항복하였다.[97]

흰 사슴을 핍박하여 비를 구하는 주술은 일종의 기우의례로서 마치 청개구리를 구타하면 비가 온다는 생각과 같이 흰 사슴과 강우 사이에 는 모종의 감응 관계가 있다는 상정(想定)하에 베풀어진 것이다. 결국 주

---

97) 서대석, 위의 책, p.28.

몽은 흰 사슴을 매개로 강우 현상에 감응을 시도한 것이라 하겠다.

다음으로 재야 역사설화에서의 감응 사례를 살펴보자. 『부도지』를 보면 신라 눌지왕(訥祗王) 때의 충신 박제상(朴堤上)과 그 아내 김씨의 출생 내력과 연분에 대해 다음과 같이 말한다.

> 제상공(提上公)이 어렸을 때 한 도인이 공을 보고 이르기를, 이 사람은 견우성(牽牛星)의 화신이니 반드시 제도(濟度)하는 공이 있으리라고 하였다. 이로 인하여 이름을 제상(提上)이라 하였다. 자라자 도인이 또 알리기를, 동촌(東村) 김공의 집에 열일곱 살 난 처녀가 있으니 곧 직녀성(織女星)의 화신이므로 공과 더불어 좋은 인연이라 하였다. 그로 인하여 혼인이 이루어졌다. 도인이 탄식하여 말하기를 이 두 사람은 별의 정기(精氣)로 이루어진, 하늘이 내린 인연이라 그러므로 빛이 오래도록 없어지지 아니할 것이니 비록 강을 사이에 두고 서로 바라보나 어찌 한이 있으리오 하고 말하였다 하니 이는 참으로 기이한 일이다.[98]

박제상과 그 부인 김씨가 각기 견우성과 직녀성의 기운을 타고 나 부부가 되었다는, 그래서 두 사람은 신화 속의 견우, 직녀처럼 신라와 일본으로 떨어져 살게 되었다는 이야기는 앞서, 훌륭한 제왕들이 자연의 신이한 기운을 받아 태어난다는 감응 신화의 사례에 다름 아니다. 상술한 이야기의 바탕에는 모든 사람의 운명이 태어날 당시 별자리의 기운에 의해 좌우된다는 관념 곧 고대 중국의 성수설(星宿說)이 깔려 있는데 이러한 관념 역시 천인합일관에 근거하고 있음 물론이다.[99]

---

98) 朴提上, 『符都誌』(서울: 기린원, 1989), 金殷洙 譯解, pp.115-116.
99) 가령 東晉의 神仙家 葛洪은 다음과 같이 주장한다. 『抱朴子·內篇』, 卷12, 「辨問」: 玉

다시 『환단고기』를 보면 성군이 다스리던 태평성대나 세상이 어지럽던 난세에는 각기 상응한 자연현상이 일어났던 일들에 대한 기록이 많다. 가령 10세 단군 노을(魯乙) 16년에 다음과 같은 상서로운 일이 발생한다.

16년 병오(丙午)에 동문 밖 10리의 육지에 연꽃이 피어나고 불함산(不咸山)에 누워 있던 돌이 저절로 일어나며 천하(天河)에 사는 신령한 거북이가 그림을 지고 나타났는데 마치 윷판 같았다. 발해(渤海) 연안에서 금이 드러났는데 수량이 13섬이었다.[100]

연꽃이 피어난 현상은 불교 설화의 영향으로 보이고 신령한 거북이가 그림을 지고 나타난 일은 우(禹)의 낙서(洛書) 신화를 모방한 듯하다. 불함산 곧 백두산의 돌이 일어났다든가, 발해에서 금이 드러났다는 일들은 고조선의 상서로운 현상에 대한 고유한 표현으로 보인다. 『규원사화』에서도 제1세 단군 왕검(王儉)의 통치가 순조로울 때 일어난 상서로운 일들을 기록하고 있다.

단군은 새로 자리 잡은 이곳에서 하늘에 제사지냈으며 성을 쌓고 궁궐을 세웠다. 밭과 도랑을 파고 밭두둑을 만들어 농사와 누에치기를 권장하고 고기잡이와 사냥을 하게 했다. 모든 백성들에게 쓰고 남은 물건을 바치게 하여 나라 살림에 보태니 백성이 모두 화합하고 즐거워했다. 이때 흰 사슴은 성 밖에서 놀고 청룡은 조천지(朝天池)에 나타났다. 이

鈴經主命原曰, 人之吉凶, 制在結胎. 受氣之日, 比上得列宿之精."
100) 단학회 연구부, 「檀君世紀」 『桓檀古記』(서울: 코리언 북스, 1998), p.50.

에 단군은 궁궐을 떠나 남해에 이르러 갑비고차(甲比古次)에 있는 산에 올라가 단을 쌓고 하늘에 제사지냈다. 다시 바다에 돌아오니 붉은 용이 상서로움을 보이고 신녀(神女)가 술잔을 바칠 때에 붉은 옷을 입은 한 동자가 술잔 속에서 나왔다. 단군이 이를 사랑스럽게 여겨 성을 비(緋) 라 하고 이름을 천생(天生)이라 지어주며 남해상장(南海上長)으로 삼았 다.101)

제2세 단군 부루(夫婁)의 치세에도 상서로운 일이 있었다.

이때 신령스러운 짐승이 청구(青丘)에 있었는데 털은 희고 꼬리가 아 홉이었다. 이에 임금께 글을 지어 그 상서로움을 아뢰니 고시씨(高矢氏) 에게 상을 내리고 음악을 연주하여 나라 안을 모두 기쁘게 하여 조천 무(朝天舞)를 만들어 추게 했다.102)

청구에 있다는 꼬리 아홉 개 달린 짐승으로부터 즉각 연상되는 것은 중국의 신화집 『산해경(山海經)』「남산경(南山經)」의 청구산(青丘山)에 사 는 구미호(九尾狐)이다.103) 구미호는 요사스러운 기운을 쫓아주는 것으 로 알려진 신수(神獸)이다. 앞서의 연꽃, 신령한 거북이를 비롯, 흰 사슴, 청룡, 붉은 용, 꼬리 아홉 개의 짐승 등은 한국신화뿐만 아니라 이미 중 국신화에서도 자주 등장하는 상서로운 사물 및 존재들이다.

---

101) 北崖, 「檀君記」『揆園史話』(고양: 한뿌리, 2005), 고동영 역주, pp.68-69.

102) 北崖, 위의 책, p.96.

103) 『山海經』「南山經」: "又東三百里, 曰青丘之山…有獸焉, 其狀如狐而九尾, 其音如嬰兒, 能食人, 食者不蠱."

이외에도 하늘에서 통치자를 인증하는 부서(符瑞)도 감응의 사례로 들 수 있다. 후고구려를 세운 궁예(弓裔)의 경우가 그것이다.

궁예가 십여 세에 머리를 깎고 중이 되어 호를 선종(善宗)이라 하였다. 장성하였으나 제멋대로 놀기를 좋아하였던 까닭에 승률(僧律)에 구애되지 않고 담력이 뛰어났다. 어느 날 바리때를 갖고 재(齋)를 올리러 가는데 까마귀가 상아(象牙) 꼬챙이를 물고 있다가 바리때 안에 떨어뜨리므로 이를 보니 임금 '왕(王)'자가 새겨져 있기에 아무에게도 말하지 않고 자부하였다.[104]

왕권을 정당화하고 신성화하는 부서설화 역시 한대(漢代)의 참위설로부터 유래하여 삼국 및 후삼국, 고려, 조선의 왕권설화에 영향을 미쳤다. 가령 신라의 쇠망과 고려의 흥기를 암시하는 참언(讖言)을 새긴 고경(古鏡)이 출현했다던가 이태조가 석왕사(釋王寺)에서 서까래 세 개를 짊어진 꿈을 꾸었다는 설화 등이 그것이다.

다시 『부도지』에서는 앞서의 사례들과는 다르게 고대 한국의 강역 자체를 성역으로 간주하고 그곳에서 발생한 상서로운 일들에 대해 기술한다.

제족(諸族)이 방장산(方丈山) 방호(方壺)의 굴에서 칠보(七寶)의 옥을 채굴하여 천부(天符)를 새기고 그것을 방장해인(方丈海印)이라 하여 칠난(七難)을 없애고 돌아갔다.[105]

---

104) 단학회 연구부, 「太白逸史」『桓檀古記』, p.225.
105) 朴堤上, 『符都誌』, p.49.

제족이 봉래산(蓬萊山) 원교봉(圓嶠峰)에서 오서(五瑞)의 열매를 얻으니 즉 잣나무 열매였다. 봉래해송(蓬萊海松)이라 하여 은혜롭게 오행(五幸)을 얻고 돌아갔다.[106]

시(市)에 온 사람들은 영주(瀛洲) 대여산(岱輿山) 계곡에서 삼영근(三靈根)을 얻으니 곧 인삼이었다. 그것을 영주해삼(瀛洲海蓼)이라 하였으며 능히 삼덕(三德)을 보전하고 돌아갔다. …그러므로 방삭초(方朔草)라 하니 세상에서 불사약이라 하는 것이 이것이다. …대저 삼근영초(三根靈草)의 인삼과 오엽서실(五葉瑞實)의 잣과 칠색보옥(七色寶玉)의 부인(符印)은 진실로 불함삼역(不咸三域)의 특산이요, 사해제족(四海諸族)의 천혜(天惠)였다.[107]

『사기(史記)』「봉선서(封禪書)」에 기록된 발해의 이상향인 삼신산(三神山)이 고대 한국에 있다는 상상하에 그곳에서 나는 신비한 산물들에 대해 묘사하고 있다. 삼신산에 나는 이들 산물 역시 하늘에서 내린 상서로운 현상의 일종으로 해석할 수 있다.

인간과 자연과의 공감은 상서로운 일뿐만 아니라 재변(災變)으로도 나타난다. 『환단고기』를 보면 단군 부루(扶婁)[108]가 승하했을 때 다음과 같은 일들이 발생한다.

58년 무술(戊戌)에 단군 부루가 붕(崩)하였는데, 이날 일식이 있었고

---

106) 朴堤上, 『符都誌』, p.52.
107) 朴堤上, 『符都誌』, p.55.
108) 『揆園史話』에서의 제2세 단군 '夫婁'와는 글자에서 相違가 있다.

산짐승들이 떼를 지어 산위에서 어지럽게 울부짖었으며 온 백성들이
매우 슬퍼하였다.[109]

때아닌 일식과 산짐승들의 울부짖음은 단군 부루의 죽음에 상응하여
자연이 이변을 보인 것이라 하겠다. 이외에도 『환단고기』에는 두 개의 태
양이 뜨거나, 태양이 무지개를 꿰뚫거나, 지진과 해일이 일어나거나, 산이
무너지고, 호랑이가 들어오는 등의 재변에 대한 기록이 있다. 재야 역사
설화에는 이처럼 정치의 득실과 관련한 상서로운 현상과 재변에 대한 내
용이 많다. 이것은 재야 역사설화가 한국 상고사를 신성화하는 과정에
서 한대 천인상감설의 영향을 깊게 받았음을 보여준다.

(2) 소통

신화는 인간과 자연이 대화를 했던 시기의 이야기이다. 신화시대에 인
간은 자연과의 교감능력을 토대로 사물은 물론 신과도 소통할 수 있게
된다. 소통의 범주에는 신의 지상으로의, 인간의 천상으로의 자유로운
왕래가 포함된다. 가령 주몽은 다음과 같이 만년에 죽지 않고 승천한다.

추구월(秋九月)에 왕은 하늘로 올라가고 다시 내려오지 않으니 그때
나이가 사십이었다. 태자는 왕이 남긴 옥편(玉鞭)으로써 용산(龍山)에
장사를 지냈다.[110]

---

109) 단학회 연구부, 「檀君世紀」 『桓檀古記』, p.43.
110) 서대석, 「주몽 신화」 『한국의 신화』, p.28.

『산해경』을 보면 하후개(夏后開)라는 임금이 하늘을 자유로이 오르내리며 천상의 음악을 가지고 내려왔다는 기록이 있다.[111]

아울러 환웅(桓雄)이 풍백(風伯), 우사(雨師), 운사(雲師)를 거느리고 하강한 것이나 박혁거세(朴赫居世) 이전 6부의 조상들이 모두 하늘로부터 내려왔다는 것 등도 소통의 예로 간주할 수 있다. 이러한 지상과 천계의 자유로운 왕래는 동북아시아의 원시종교인 샤머니즘에서 무당의 중요한 능력중의 하나인 '주술적 비상(Magical Flight)'[112]과 상관된다. 즉 하후개, 박혁거세, 주몽 등 초기 군장들은 사실상 샤먼의 직능을 겸한 무군(巫君, Shaman-King)에 가까운 존재라 할 것이다.

인간을 세계의 중심으로, 만물의 표준으로 생각하면 존재에 대한 인식은 고정불변한 것이 된다. 그러나 인간도 자연의 한 존재라는 생각을 하면 모든 사물에 대해 평등한 의식을 갖게 되며 존재 상호간의 소통과 자리바꿈도 가능해진다. 존재가 고정되지 않고 변화할 수 있는 것을 소통의 범주에 넣을 수 있다면 인간의 사물로의, 사물의 인간으로의 변신이 이에 속할 것이다. 가령 김수로왕(金首露王)은 탈해(脫解)와 다음과 같이 왕권을 다툰다.

잠깐 사이에 탈해가 매가 되자 왕은 독수리가 되고, 또 탈해가 참새로 화하자 왕은 새매로 변하였다. …탈해가 드디어 엎드려 항복하며 말하기를, "내가 술법을 겨룸에 독수리 앞의 매가 되고, 새매 앞의 참새가

---

111) 『山海經』「大荒西經」: "西南海之外, 赤水之南, 流沙之西, 有人珥兩青蛇, 乘兩龍, 名曰 夏后開. 開上三嬪于天, 得九辯與九歌以下."

112) Mircea Eliiade, *Shamanism*(Princeton UniversityPress.1974, Trans.by Willard R.Trask, pp.4-5.

되었으니 살아난 것은 성인의 어진 천품으로 인해서 그런 것이 아닙니까. 내가 왕과는 자리를 다투기 어렵습니다." 하더니 하직하고 나가버렸다.[113]

자연과의 소통능력 즉 변신이 탁월한 김수로왕이 탈해와의 왕권 경쟁에서 승리한 것이라 하겠다.

이외에 인간이 사물과 대화를 하거나 그 세계를 이해하는 능력도 소통의 범주에 속한다 할 것이다. 이러한 경우는 특히 무속신화에서 많이 찾아볼 수 있다. 가령 『창세가』에서 미륵님은 물과 불의 근본을 알고자 풀메뚜기, 풀개구리 등과 대화를 한 후 종국에는 생쥐로부터 해답을 듣는다.

새앙쥐를 잡아다가 슥문 삼치 때리내여, 물의 근본, 불의 근본 아느냐. 쥐 말이, 나를 무슨 공을 시워 주겠느냐가. 미륵님 말이, 너를 천하의 두지를 차지하라 한즉, 쥐 말이 금덩산 들어가서 한짝은 차돌이오, 한짝은 시우쇠요, 툭툭 치니 불이 낫소. 소하산 들어가니, 삼취 솔솔 나와 물의 근본.[114]

다시 『칠성풀이』에서는 칠성님이 계모의 흉계에 빠져 일곱 아들을 죽이려고 하자 다음과 같은 일이 벌어진다.

일곱 애기가 가던 길을 멈추어 서서, "아버지, 부모님은 한 번 가면 다

---

113) 서대석, 「김수로 신화」 『한국의 신화』, p.38.
114) 서대석, 「창세가」 『한국의 신화』, p.56.

시 못 오지만 자손은 낳으면 되지 않습니까. 저희들의 창자를 잡수게 하여 어머니를 살립시다. 걱정하지 마시고 집으로 가시지요." 하고 아버지를 모시고 산을 넘어서 집으로 돌아가는데 한 모퉁이를 지나자 사슴이 갑자기 나타나서 앞을 가로막고 서 있었다. 칠성님이 하는 말이 "여봐라, 사슴아. 대장부가 큰일을 보러 가는데 길을 막지 말고 아래로 비켜 서거라." 하였다. 그래도 사슴이 꼿꼿이 서서 가는 길을 막으면서 하는 말이 "여보시오, 칠성님. 저 자손을 낳으려고 온갖 공을 다 드렸는데 이제 와서 죽인다니 웬 말입니까?…" 하였다.[115]

생쥐, 사슴 등은 무속신화의 주인공이 난관에 처했을 때 도움을 주거나 해결책을 제시하는 주술적 조력자인 셈인데 이들 동물은 사실상 자연을 표상한다. 아울러 『성주본가』에서는 성주신의 어릴 적 총명함을 다음과 같이 노래한다.

저 아기의 거동봐라. 얼골은 관옥이요, 풍채는 두목이라. 말삼은 소진이라. 남게도 눈을 뜨고, 돌에도 눈을 떠서, 상통천문 하달지리, 륙도삼략 구궁팔괘.[116]

성주신이 나무와 돌에 눈을 떴다는 것 역시 동물과의 대화와 마찬가지로 자연과의 소통 능력을 의미한다.

다음으로 재야 역사설화에서의 소통 사례를 살펴보자. 『환단고기』를

---

115) 서대석, 「칠성풀이」『한국의 신화』, pp.273-274
116) 서대석, 「성주본가」『한국의 신화』, p.126.

보면 하늘과 땅에 대한 제사를 통해 자연과 소통하는 기록이 있다.

삼한의 옛 풍속에 10월 상달이 되면 나라 사람들이 많이 모여 둥근 단을 쌓아놓고 하늘에 제사 드렸다 한다. 한편 땅에 대한 제사는 네모진 언덕에서 지내고 조상에게 지내는 제사는 세모진 나무에 지냈는데 산상(山像)과 웅상(雄常)이 모두 그때 남겨진 법이다.[117]

천원지방(天圓地方)의 형태에 상응하게 하늘에 대해서는 둥근 단에서, 땅에 대해서는 네모진 언덕에서 각기 제사를 지내 천신 혹은 지신으로 신격화된 자연과의 소통을 도모했던 것이다. 고대 중국의 경우 제왕이 태산(泰山)에서 하늘에 대해서는 '봉(封)", 땅에 대해서는 '선(禪)"의 의례를 거행함으로써 천지로부터 왕권의 정통성을 인가받는 것으로 간주하였던 습속과 유사하다.[118]

다시 『규원사화』에는 환웅천왕(桓雄天王), 곧 신시씨(神市氏)가 지상에서의 위업을 달성하고 승천하는 기록이 있다.

환웅천왕이 세상을 다스린 지 벌써 궐천세(闕千世)이다. 이 분이 곧 신시씨이다. 쑥대 정자와 버드나무 대궐에 살며 자연으로 되는 이치를 펴서 나라를 세운 지 만세나 되었다. 천왕의 말년에는 공들인 일들이 모두 완성되고 사람과 사물이 즐겁게 사는 것을 보고 태백산에 올라갔다. 천부인(天符印) 3개를 연못가 박달나무 아래 돌 위에 두고 신선이 되

---

117) 단학회 연구부, 「太白逸史」『桓檀古記』, p.103.

118) 정재서, 『不死의 신화와 사상』(서울: 민음사, 1994),pp.95-96

어 구름을 타고 하늘로 올라갔다. 그 못을 조천지(朝天池)라 한다.[119]

신선이 되었다는 것은 자연과 합일된 경지에 이르러 이른바 천장지구(天長地久)의 수명을 갖게 된 것을 의미한다.[120] 신선은 그 계제에 따라 천선(天仙), 지선(地仙), 시해선(尸解仙)의 구분이 있지만[121] 궁극적으로는 승천하여 영원히 자연에 귀의한다. 민족의 시조인 환웅천왕이 신선이 되어 승천했다는 이야기는 앞서 말했듯이 샤먼의 주술적 비상과 상관되며 그가 자연과의 소통이 자재(自在)로운 존재라는 것을 의미한다.

이번에는 변신을 통해 자연과 소통하는 경우를 알아보자. 『부도지』를 보면 박제상이 왜국에 가서 순절(殉節)한 후 그 부인과 딸이 석상(石像)으로 화하는 이야기가 있다.

공의 부인 김씨는 공의 죽음을 듣고 세 딸을 거느리고 치술령(鵄述嶺)에 올라 스스로 치술령가(鵄述嶺歌)를 짓고 동해를 바라보며 울다가 자진하여 죽었다. 장녀 아기(阿奇)와 삼녀 아경(阿慶)이 역시 부모를 따라 죽으니 모녀의 몸이 변하여 삼체신모석상(三體神母石像)이 되었다.[122]

비극으로 인한 변신이긴 하지만, 역시 인간의 감정과 자연이 소통하던 신화시대에 있을 수 있는 현상이다. 물론 박제상의 부인 김씨는 신라 시

---

119) 北崖, 「檀君記」 『揆園史話』, p.105.
120) 『老子』, 제7장: "天長地久. 天地所以能長且久者, 以其不自生, 故能長生."
121) 이를 神仙三品說이라 한다. 葛洪, 『抱朴子·內篇』, 卷12, 「辨問」: "上士擧形昇虛 謂之天仙. 中士遊於名山, 謂之地仙. 下士先死後蛻, 謂之尸解仙."
122) 朴堤上, 『符都誌』, p.114.

대 사람이지만, 당시의 사건을 전승한 역사 설화의 주체는 이를 신화적 감수성으로 이야기하고 있다.

(3) 공존

『산해경』에서는 낙원의 풍경을 묘사할 때 인간과 사물이 행복하게 공존하는 모습을 다음과 같이 그리고 있다. 가령 「해내경(海內經)」의 도광야(都廣野)라는 낙원을 보자.

> 서남쪽 흑수의 사이에 도광야(都廣野)가 있는데 후직(后稷)을 여기에 장사지냈다. 여기에는 맛 좋은 콩, 벼, 기장, 피 등이 있고 온갖 곡식이 절로 자라며 겨울과 여름에도 씨를 뿌린다. 난(鸞)새가 절로 노래 부르고 봉(鳳)새가 절로 춤춘다. 영수(靈壽)가 열매 맺고 꽃 피며 온갖 초목이 모여 자라는 곳이다. 여기에는 온갖 짐승이 있어 서로 무리지어 산다. 이곳의 풀들은 겨울과 여름에도 죽지 않는다.[123]

인간이 난새, 봉새 등 온갖 짐승과 사이좋게 지내는 광경은 곧 인간과 자연의 공존이 극치에 이른 것으로 전형적인 낙원의 표상이다. 한국신화의 경우 김알지(金閼智) 신화를 보면 계림(鷄林)에서 알지를 발견하여 데리고 오자 다음과 같이 상서로운 현상이 나타난다.

> 사내아이를 안고 대궐로 돌아오니 새와 짐승들이 서로 어울려 즐거워하며 모두 뛰놀았다.[124]

---

123) 『山海經』 「海內經」.
124) 서대석, 「김알지 신화」 『한국의 신화』, p.47.

이러한 현상은 성인이 출현할 때 자연이 감응하는 사례와 상관되기도 하지만 낙원에서 인간과 동물이 조화롭게 살아가는 모습도 연상시킨다.

다음으로 재야 역사설화에서 인간과 자연의 공존 사례를 살펴보자. 『환단고기』를 보면 고조선 초기의 정황을 다음과 같이 묘사하고 있다.

> 93년 경자에 단군 왕검이 버들 대궐[柳闕]에 있으니 흙 계단에 초목
> 이 저절로 자랐으나 뽑지 않았으며 단목(檀木)들이 우거진 그늘에서 곰
> 과 호랑이가 함께 놀며 소와 양이 자라는 모습을 보았다.125)

단군 왕검의 통치가 계단의 초목을 뽑지 않는 등 자연의 이치에 부합하여 곰과 호랑이, 소와 양이 함께 놀 정도로 인간과 자연이 화해롭게 공존하고 있다는 이야기이다. 다시 『규원사화』를 보면 이 보다 앞선 신시씨의 시대를 더욱 이상적으로 그리고 있다.

> 신시씨가 세상에 내려와 나라를 열 때에 산에는 길과 굴이 없고 못
> 에는 배와 다리가 없었다. 금수는 무리를 이루고 초목은 자라서 백성들
> 이 금수와 함께 살았다. 사람들은 만물과 더불어 화합하고 금수는 서
> 로 어울려 놀고 새들의 보금자리에 올라가 들여다볼 수 있고 배고프면
> 먹고 목이 마르면 마셨다. 때로는 짐승의 피와 살을 이용하여 옷감을
> 짜서 입고 밭을 갈아먹으며 편하게 살았으니 덕 있는 세상이라 하겠다.
> 백성이 살아가는 데 있어서 할 바를 알지 못하더라도 행실이 순박하고
> 보는 것이 한결같아 배불리 먹고 즐거워하며 살았다. 해가 뜨면 일어나

---

125) 단학회 연구부, 「檀君世紀」『桓檀古記』, p.40.

고 해가 지면 쉬고 하늘의 은혜가 넘치니 궁핍을 몰랐다.[126]

신시씨의 시대에는 『산해경』의 도광야와 방불한 낙원이 이룩되어 "금수와 함께 살"고 "만물과 더불어 화합하"며 "해가 뜨면 일어나고 해가 지면 쉬"는 세상이었다. 이는 인간이 자연의 법도대로 살아갈 때의 모습으로 천인합일의 경지를 정치적으로 구현한 것이라 하겠다. 이러한 경지는 중국의 태평성대인 요순(堯舜) 시절에 대한 신화적 묘술을 연상시키기도 한다. 요 임금때에 어떤 노인이 불렀다는 「격양가(擊壤歌)」[127]를 보면 다음과 같다.

> 日出而作, 日入而息　　해가 뜨면 일하고, 해가 지면 쉰다네
> 鑿井而飮, 耕田而食　　우물 파서 물 마시고, 밭 갈아 밥 먹으니,
> 帝力於我何有哉.　　임금님의 힘은 내게 무엇이란 말인가!

요는 이 노래를 듣고 자신의 다스림에 만족을 표명했다고 한다. 정치의 위력을 도무지 실감하지 못하는 세상이야말로 유토피아와 다름없는 세상일 것이다. 그러한 시절은 신화시대라 할만한데 신시씨의 시대가 바로 이에 해당했던 것이다.

---

126) 北崖, 「太始記」 『揆園史話』, p.34.
127) 후대 儒學者에의 의한 僞作으로 보는것이 통설이다.

맺는말

이 글에서는 동아시아의 전통적인 인간/자연 교응 관계론인 천인합일 관에 대해 살펴본 후 이러한 관념이 문헌신화, 무속신화, 재야 역사설화 등 한국신화에서 어떻게 표현되고 있는지 공감, 소통, 공존의 세 가지 관점에서 각기 사례들을 들어 논의해 보았다.

먼저 천인합일관은 반고신화 등에 나타난 후 후대에 도가의 무위자연설, 유가의 천인상감설 등의 이론화를 거쳐 동아시아의 문학, 예술, 철학, 종교, 민속 등으로 내면화되어 오늘에 이르렀음을 개관하였다.

다음으로 인간/자연 교응 관계를 첫째, 공감의 관점에서 살펴보았는데 그것은 감생신화, 주술적 행사, 천인상감에 의한 상서와 재변 등으로 표현되었다. 특히 재야 역사설화의 경우 천인상감과 관련된 사례가 많았다. 이것은 재야 역사설화가 한국 고대사를 신성화하려는 강한 의도를 지녔기 때문이 아닌가 한다.

둘째, 소통의 관점에서 살펴보았을 때 그것은 천지간의 왕래, 변신, 사물과의 대화 등으로 표현되었다. 특히 무속신화의 경우 사물과의 대화와 관련된 사례가 많았다. 이것은 무속신화가 제도 역사를 바탕으로 한 문헌신화 및 재야 역사설화에 비해 보다 민중적이고 자연친화적이었기 때문인 것으로 추리된다.

셋째, 공존의 관점에서 살펴보았을 때 그것은 주로 인간과 동식물이 공생하는 낙원의 이미지로 표현되었다. 특히 재야 역사설화에서 이러한 사례가 많이 발견되는 것은 한국 고대 성왕(聖王)들의 치적을 미화하려는 의도와 상관이 깊다고 보아야 할 것이다.

이상의 논의를 통하여 문헌신화, 무속신화, 재야 역사설화 등을 포괄한 한국신화에는 감응, 소통, 공존 등 인간과 자연의 합일을 추구하는 주제를 함축한 이야기 요소들이 풍부하고 다양하게 담겨 있음을 확인할 수 있었다. 한국신화에 표현된 이러한 이야기 요소들은 동아시아 전통의 천인합일관, 즉 인간/자연 교응 관계론의 실재를 확인시켜줌과 동시에 인간과 자연의 친화적 관계를 다시 모색하고자 하는 재신화화, 재주술화의 이 시점에서, 새로운 자연학을 건립하는 데에 필요한 자산으로서 큰 의미를 지닌다 할 것이다.

3. 중국 시애설화(屍愛說話)의 유형 및 문화적 의미

– 『수신기(搜神記)』를 중심으로

신화를 비롯한 전설, 민담 등 이른바 설화를 대상으로 한 연구에서 중요한 전제로 삼아야 할 것은 설화 성립의 토양, 곧 풍토성의 차이에 대한 인식일 것이다. 예컨대 이 풍토성의 차이 때문에 중국에는 서구의 요정담(妖精譚, Fairy Tales) 같은 이야기가 드물며, 서구에는 중국의 신선담(神仙譚, Immortal Tales) 같은 이야기가 성행하지 않았다.[128]

결국 설화는 각 민족의 세계관과 고유한 문화를 담지한 언어적 산물이므로 설화의 차이에 대한 인식은 문화의 다양성을 긍정하는 일이 되며, 이는 민족 간 상호 이해에 도달하는 첩경이 될 것이다.

죽은 자와의 교섭을 이야기하는 시애설화(屍愛說話)는 서구보다 중국에서 현저한데 이에 따라 중국문화의 특성을 잘 보여주는 실례로 거론

---

128) 동서양 설화의 차이성에 대한 논의는 정재서, 『不死의 신화와 사상』(서울: 민음사, 1994), pp.125-128 참조.

할 만하다. 가령 중국 고대 설화의 집대성으로 '스토리의 제국'이라 할 만한 『태평광기(太平廣記)』에서는 모든 이야기를 92개의 항목으로 분류하고 있는바 이 중 '귀(鬼)' 항목을 비롯한 다수의 항목에서 시애 모티프를 포괄하고 있다.[129]

이 글에서는 시애설화를 중국설화의 특성, 나아가 중국문화의 특성을 잘 구현하고 있는 서사물로 간주하고, 그 유형 및 문화적 의미를 탐구하고자 한다. 이와 같은 목적에 의거, 이 글에서는 우선 시애설화의 개념 및 범주를 정리한 후 그것이 성립하게 된 종교적 배경을 알아보게 될 것이다. 이어서 시애설화의 유형을 시체성애형(屍體性愛型), 인귀상애형(人鬼相愛型), 명계탐방형(冥界探訪型) 등으로 나누어 그 내용을 고찰한 후 종국에는 문화적 의미를 추출하는 것으로 논의를 맺고자 한다.

이 글에서의 시애설화 탐구 자료는 위진(魏晉) 시대의 대표적 지괴(志怪) 소설집인 『수신기(搜神記)』에 한정하였는데, 이는 이 책이 불교 성행 이전, 비교적 고태(古態)의 설화를 많이 담고 있어 고대 중국의 토착적 세계관을 잘 보여주고 있을 뿐만 아니라 특히 권(卷)15와 권16의 2권에 걸쳐 시애설화를 전문적으로 다루고 있기 때문이다.

1) 시애설화의 개념 및 범주

시애설화의 개념에 대해 논의하려면 먼저 시애주의(屍愛主義)에 대해 알아보아야 한다. 시애주의는 정신분석학자 프롬(Erich Fromm)에 의해

---

129) 이를테면 道術, 感應, 徵應, 再生, 悟前生 등의 항목에서도 찾아볼 수 있다.

개념이 정립된 용어로 그는 프로이트(Gigmund Freud)가 일찍이 제기한 바 있는 인간의 두 가지 모순적인 본능, 즉 죽음의 충동인 타나토스(Thanatus)적 본능과 생의 충동인 에로스(Eros)적 본능에 착안하여 네크로필리아(Necrophilia)와 바이오필리아(Biophilia)라는 인간 심성의 두 가지 유형을 제시하였는데, 전자는 죽어 있는 것에 대한 애착을 의미하고 후자는 살아 있는 것에 대한 애착을 의미한다.[130] 두 가지 유형은 모든 인간이 공유하고 있는데, 죽어 있는 것에 대한 애착은 극단적인 경우 시체에 대한 애호나 시간(屍姦)과 같은 성도착증(性倒錯症)으로 나타난다.

네크로필리아의 원의(原義)에 입각하여 『수신기(搜神記)』 내의 설화들을 살펴보면 좁게는 시체와의 성행위로부터 넓게는 이미 죽은 존재인 귀신과의 사랑, 교류 등은 물론 죽음의 세계, 곧 명계에 대한 탐방 이야기까지 포함시킬 수 있다. 이렇게 볼 때 이 글에서의 시애설화의 범주는 일반적으로 다루어온 시체 애호 모티프에 국한되지 않을 뿐만 아니라 전통적인 귀신 설화의 그것과도 꼭 일치하지 않는다 할 것이다. 한마디로 논구의 범위를 이전보다 훨씬 확장하였는데 그것은 중국설화의 풍토성을 보다 더 반영하고자 하는 의도에서이다.

2) 중국 시애설화의 종교적 배경

중국에서 시애설화가 성행하게 된 배경은 다름 아닌 중국설화의 풍토성과 상관된다 할 것인데, 죽음이라는 시애설화의 테마와 관련하여 주목

---

130) Erich Fromm, *The Heart of Man*(New York: Harper & Row Publishers, 1968), pp.57~58.

해야 할 것은 종교적 배경이다. 중국을 비롯한 동북아시아 지역의 특이한 고대 종교로는 샤머니즘, 곧 무속을 들 수 있다. 무속적 세계관에서 이승과 저승은 단절되어 있지 않고 연결, 계승된 것으로 상상되었다. 이러한 종교관을 바탕으로 중국에서는 일찍부터 이른바 계세적(繼世的) 사후세계관이 성립되었다. 이에 의하면 망자(亡者)는 사후에 지하세계로 가서 또 다른 삶을 살게 된다. 지하세계에서는 태산부군(泰山府君), 토백(土伯) 등의 지배를 받게 되는데 망자는 저승에서도 계속 살아갈 공간, 곧 음택(陰宅)이 필요하기 때문에 이들로부터 묘지를 구입한다는 일종의 상징적 매매계약서를 작성하기도 한다. 이것을 매지권(買地券)이라고 하며 무덤에 흔히 부장(副葬)되었다.[131]

저승 역시 이승과 마찬가지로 태산부군을 정점으로 한 관료체계가 확립되어 지하의 거민(居民)인 망자들을 다스렸고, 망자들은 이승에서의 공과(功過)에 따라 저승의 관리가 되기도 하고 노역을 하거나 처벌을 받기도 하였다. 그렇다면 저승의 망자와 이승의 남은 가족은 어떤 원리에 의해 연결되는가? 『주역(周易)』에는 이미 이에 대한 언급이 있다.

> 착한 일을 많이 쌓은 집은 반드시 후손들에게 좋은 일이 있고, 나쁜 일을 많이 쌓은 집은 반드시 후손들에게 재앙이 있다.
>
> (積善之家, 必有餘慶. 積惡之家, 必有餘殃.)[132]

이러한 언급은 후대에 무속을 기반으로 성립된 원시도교 경전 『태평경

---

131) 公州 武寧王陵에서도 買地券이 발굴된 바 있다. 여기에 土伯이 등장한다.

132) 『周易·坤卦·文言』.

(太平經)』의 승부설(承負說)로 충실히 계승된다.

승(承)이란 곧 말하자면, 조상이 하늘의 뜻대로 살아가다가 조금씩 잘못한 것이 자신도 모르게 세월과 더불어 쌓이고 쌓여 많아져서 지금의 자손이 죄 없이 그 허물을 덮어쓰고 연루되어 재앙을 입게 되는 경우이다. 따라서 앞에서 이어 전하고 뒤에서 떠맡는 것을 말한다. 부(負)의 경우 유전되는 재앙은 한 사람만이 조성한 것이 아니고 여러 조화롭지 못한 것들이 연결되어 앞뒤로 떠맡기게 되므로 부(負)라고 이름하는 것이다. 부(負)란 곧 조상이 후손에게 떠맡기는 것을 말한다.

(承者, 乃爲先人本承天心而行, 小小失之, 不自知, 用日積久, 相聚爲多, 今後生人反無辜蒙其過謫, 連傳被其災, 故前爲承, 後爲負也. 負者, 流災亦不由一人之治, 比連不平, 前後更相負, 故名爲負. 負者, 乃先人負於後生者也.)[133]

다시 말해 승부는 조상이 악한 일을 하면 그것이 후손에게 미쳐 그 삶에 나쁜 영향을 준다는 것이다. 이것은 사후에 다른 존재로 태어나 자신이 지은 전생의 업보에 따라 살아간다는 불교의 윤회설과는 다른 종교 관념이다. 즉 동북아에서는 불교 전입 이전에 윤회설은 존재하지 않았다. 인간은 죽으면 이승에서의 경력을 그대로 갖고 저승으로 옮겨가 살뿐 윤회처럼 존재의 근본적인 변환은 없었던 것이다.

사후에도 존재가 지속된다는 계세적 사후세계관에서 망자와 저승세계 등 죽음과 관련된 일들은 결코 무섭거나 기피해야 할 것만은 아니다. 그것들은 이승의 현실과 여전히 끈을 놓지 않고 연결되어 있으므로 경

---

133) 王明, 『太平經合校』(北京: 中華書局, 1979) p.70.

우에 따라 관심과 애정의 대상이 된다. 여기에 중국의 시애설화가 다수 유포된 이유가 있다.

3) 중국 시애설화의 유형 및 특징

이 글에서 연구 대상으로 삼은 『수신기』에는 권15와 권16을 중심으로 시애주의와 관련된 다양한 설화들이 실려 있다. 앞서 말했듯이 이 글에서는 중국 시애설화의 개념 범주를 기존의 시체 성애(性愛) 모티프보다 더 넓게 망자와의 교섭까지 포함하고 있기 때문에 적지 않은 관련 설화들을 몇 가지로 유형화해 볼 수 있다. 아래에 각 유형별로 대표적 설화를 분석하고 그 특징을 요약하면 다음과 같다.

(1) 시체성애형(屍體性愛型)

네크로필리아, 곧 시애주의의 원의에 가장 충실한 이야기는 시체를 통하여 성애를 추구하는 시체 애호, 시간 등에 관한 설화일 것이다. 「풍귀인(馮貴人)」 조(條)는 이러한 스토리의 전형적인 예를 보여준다.

후한 환제(桓帝) 때 풍귀인(馮貴人)이 병들어 죽었다. 영제(靈帝) 때 도적들이 무덤을 도굴하였는데 70여 년이 지났건만 얼굴빛이 여전하고 다만 살이 좀 차가울 따름이었다. 도적떼가 함께 시체를 윤간하고 다투다서로 죽이는 지경에 이른 뒤에 사건이 드러났다. 나중에 두태후(竇太后)의 온 집안이 사형을 받아 풍귀인을 환제에 배향(配享)하려고 하자 하비(下邳)의 진공(陳公)이 건의하기를 "풍귀인은 비록 선제(先帝)의 사랑

을 받았으나 시신이 더럽혀졌으므로 배향하기에는 마땅치 않습니다."라
고 하여 두태후를 배향하였다.

(漢桓帝馮貴人,病亡,靈帝時有盜賊發冢,七十餘年,顏色如故,但肉小冷,群
賊共奸通之,至鬥爭相殺,然後事覺.后竇太后家被誅,欲以馮貴人配食,下邳陳
公達,議以貴人雖是先帝所幸,屍體穢汚,不宜配至尊,乃以竇太后配食.)[134]

고대 지배계층의 묘장(墓葬)에서는 운모(雲母), 석회, 숯 등으로 무덤 내
부의 공기를 차단하거나 관곽(棺槨) 주위를 수은 액으로 채우기도 하였
는데, 이 경우 상당한 시간이 경과한 이후에도 시신이 부패되지 않고 발
굴되는 사례가 있다. 현대에 이르러 마왕퇴(馬王堆) 한묘(漢墓)에서 비교
적 온전한 모습으로 발굴된 제후 부인의 시신(屍身)이 그 실례이다. 풍귀
인의 시신 상태는 아마 그러한 실상을 반영하는 것으로 볼 수 있다.

시애주의자인 도굴꾼들은 풍귀인을 윤간(輪姦)한 후 광란의 상태에
빠져 서로를 죽이기까지 한다. 이것은 시간이라는 성도착 행위에 대한
윤리적 단죄이자 비정상적인 교합이 체기(體氣)의 교란을 초래한 것으로
인식하는 고대 의학사상의 표현이다. 그러나 이 설화에서의 도굴꾼들은
자발적이라기보다 사회적으로 제한된 여건에서 조성된 시애주의자이다.
고대의 하층 민중 남성은 지배계층에 비해 정상적으로 결혼을 하거나
여성과 성적 관계를 맺을 기회가 적어 평생 독신으로 사는 경우가 적지
않았고, 이러한 상황에서 시체성애의 방식으로라도 성욕 충족을 감행하
였을 가능성이 크기 때문이다.

다음으로 「풍귀인」 조와 내용이 비슷하면서도 의미 지향이 다른 시체

---

134) 『搜神記』, 卷15.

성애 스토리를 살펴보고자 한다. 「종요(鍾繇)」 조의 경우가 그것이다.

영천(潁川) 사람 종요(鍾繇)는 자가 원상(元常)이다. 언젠가 여러 달을 조회에 나가지 않았는데, 그의 정신상태가 보통 때와 달랐다. 어떤 이가 그 까닭을 묻자 말하기를, "늘 한 명의 예쁜 여자가 오는데 뛰어나게 아름답습니다."라고 하였다. 물었던 이가 말하기를, "반드시 귀신 종류일 것이니 죽이는 게 좋을 것이오."라고 하였다. 여자가 나중에 왔는데 곧바로 나아가지 않고 문 밖에 머물렀다. 종요가 묻기를, "왜 그러하오?"라고 하자 여자가 말하기를, "공은 저를 죽일 마음을 갖고 계시군요."라고 하였다. 종요가 말하기를, "그렇지 않소."라고 하며 계속 여자를 부르자 방으로 들어왔다. 종요가 안쓰러운 마음이 들어 차마 하질 못하다가 그래도 칼로 베어 허벅지를 상하게 하였다. 여자가 뛰쳐나가면서 새 솜으로 피를 닦았는데 흐르는 피가 온 길에 떨어졌다. 다음 날 사람을 시켜 핏자국을 따라 찾아보게 하여 한 큰 무덤에 이르렀다. 널 속에 예쁜 여자가 있는데 그녀의 몸은 산 사람 같고 흰 비단 적삼에 붉은 수를 놓은 조끼를 입고 있었다. 왼쪽 허벅지를 다쳤는데 조끼 속의 솜으로 피를 닦았다.

(潁川鍾繇, 字元常, 嘗數月不朝會, 意性異常.或問其故.云, 常有好婦來, 美麗非凡.問者曰, 必是鬼物,可殺之.婦人後往, 不卽前, 止戶外.繇問, 何以, 曰, 公有相殺意.繇曰, 無此.勤勤呼之, 乃入.繇意恨, 有不忍之, 然猶斫之, 傷髀.婦人卽出, 以新綿拭血, 竟路.明日, 使人尋跡之, 至一大冢, 木中有好婦人, 形體如生人, 着白練衫, 丹綉補襠, 傷左髀, 以補襠中綿拭血.)[135]

---

135) 『搜神記』, 卷16.

종요는 여귀와 오래 관계를 한다. 그의 지인(知人)은 종요의 정신상태가 여느 때와 다른 것을 보고 그가 귀신과 교접하고 있음을 알아챘다. 음기를 지닌 귀신과의 접촉이 이승 사람의 정신에 좋지 않은 영향을 준다는 인식은 앞서 「풍귀인」 조에서도 보였다.

종요가 여귀에 대해 살의(殺意)를 품자 그녀는 단박에 간파한다. 귀신의 예지능력은 인간을 초월한다고 상상되었기 때문이다. 종요의 살의를 눈치 챘으면서도 여귀는 정에 못 이겨 방으로 들어섰다가 칼을 맞는다. 아이러니하게도 이 대목에서 귀신은 인정에 충실하고 인간 종요는 도리어 비정한 모습을 보인다. 계세적 사후세계관에서 귀신도 이승 인간의 연장으로 인간과 다름없는 존재로 간주되는 인식을 보여주는 예이다. 아무튼 이 대목에서 우리는 종요설화가 인귀상애형이 아니라 시체성애형으로 귀속될 근거를 갖는다.

여귀를 추적한 결과 무덤 속의 여자 시신이었다는 결말은 의식적이었든 무의식적이었든 종요가 시체성애에 탐닉했었다는 사실을 독자들에게 알려준다.

종요는 『천자문』을 지은 문인이자 서법의 대가로 후한말의 명사이다. 익명의 존재가 아닌 저명인사의 시체성애 스토리는 당시에 시애주의가 계층의 상하를 막론하고 보편적으로 유포되어 있었다는 한 증좌(證左)이다.

(2) 인귀상애형(人鬼相愛型)

비교적 단순한 시체성애형 스토리에 이어 살펴볼 것은 이승의 인간과 시신을 실체로 한 귀신과의, 비교적 곡절 있는 애정을 다룬 설화이다. 「한담생(漢談生)」 조를 예로 들면 다음과 같다.

한나라 때 담생(談生)이라는 사람은 나이가 40살이지만 아내가 없었
는데 늘 『시경(詩經)』을 심취하여 읽었다. 한밤중에 나이 열대여섯 살쯤
되고 모습과 의상이 천하에 비할 데 없는 여인이 담생에게 와서 부부의
인연을 맺고 말하길, "저는 남과 다르니 불로 비춰보지 마십시오. 3년이
지난 뒤에는 비춰봐도 됩니다."라고 하였다. 함께 부부가 되어 아이 하나
를 낳았는데 이미 두 살이었다. 담생이 참지 못하고 밤에 그녀가 잠든
뒤 몰래 불에 비춰 보았다. 그녀의 허리 위로는 살이 나 있어 사람 같았
으나 허리 아래로는 다만 마른 뼈만 있을 뿐이었다. 아내가 잠에서 깨어
나 마침내 말하기를, "당신은 저를 저버렸군요. 저는 거의 살아날 지경이
었는데 어찌 1년을 참지 못하고 결국 저를 비춰보십니까?" 담생이 사과
했으나 그녀는 울음을 그치지 않고 말하기를, "당신과 비록 대의(大義)
는 영원히 끊어졌으나 우리 아이를 생각하니 당신이 가난하면 스스로
아이와 함께 살 수 없을 것입니다. 잠깐 저를 따라 오면 당신에게 물건
을 하나 주겠습니다."라고 하였다. 담생이 아내를 따라 화려한 방으로 들
어가니 집안 장식과 기물(器物)들이 예사롭지 않았다. 그녀가 진주 도포
한 벌을 담생에게 주며 말하길, "이것으로 자급할 수 있습니다."라고 하
였다. 그녀는 담생의 옷자락을 찢어 남겨두고 떠나갔다. 후일 담생이 도
포를 가지고 저자에 나갔는데 수양왕(睢陽王)의 집안 사람이 그것을 샀
고 담생은 천만 냥을 얻었다. 수양왕이 그것을 알아보고 말하길, "이것
은 딸의 도포인데 어찌 저자에서 얻을 수 있겠는가? 이는 필시 무덤을
도굴한 것이다."라고 하였다. 이에 담생을 잡아서 문초하니 담생이 사실
대로 다 대답했다. 수양왕이 그래도 믿지 못해 딸의 무덤을 보니 무덤은
여전했다. 무덤을 파자 관 뚜껑 아래에 과연 담생의 옷자락이 있었다.
담생의 아이를 불러서 보니 바로 왕녀를 닮았는지라 수양왕이 그제서

야 그것을 믿었다. 곧 담생을 불러 다시 도포를 주고 사위로 삼았다. 황제에게 표문(表文)을 올려 그 아이를 낭중(郎中)이 되게 했다.

(漢,談生者,年四十,無婦,常感激讀詩經.夜半,有女子,年可十五六,姿顏服飾,天下無雙,來就生爲夫婦之言,曰, 我與人不同,勿以火照我也,三年之後,方可照耳.與爲夫婦,生一兒,已二歲,不能忍,夜,伺其寢后,盜照視之.其腰已上生肉,如人,腰已下,但有枯骨.婦覺,遂言曰, 君負我.我垂生矣,何不能忍一歲,而竟相照也. 生辭謝, 涕泣不可復止云, 與君雖大義永離, 然顧念我兒若貧不能自偕活者,暫隨我去,方遣君物.生隨之去,入華堂,室宇器物不凡.以一珠袍與之,曰.可以自給.裂取生衣裾留之而去.後生持袍詣市,睢陽王家買之, 得錢千萬.王識之曰, 是我女袍,那得在市,此必發冢,乃取拷之, 生具以實對.王猶不信, 乃視女冢,冢完如故, 發視之, 棺蓋下果得衣裾, 呼其兒視, 正類王女, 王乃信之, 卽召談生, 復賜遺之, 以爲女婿.表其兒爲郎中.)136)

담생은 40세가 되도록 장가를 못간 빈궁한 서생이다. 이러한 설정은 앞서의 하층 도굴꾼들과 마찬가지로 시애주의적 행위를 정당화시킨다. 그는 여귀(女鬼)와 인연을 맺지만 그 실체는 공주의 시신이다.

이미 죽은 공주는 왜 이승으로 귀환했는가? 처녀로 요절한 그녀는 이루지 못한 남녀 간의 사랑, 결혼에 대한 소망을 충족시키기 위해 귀신의 모습으로 돌아온 것이다. 설화에서 망자의 귀환은 대개 복수, 보은 등 은원(恩怨) 문제를 해결하기 위해서나 관혼상제(冠婚喪祭) 등 인생의 통과의례를 치르지 못했을 경우 이를 보완하기 위해 이루어진다.

라캉(J. Lacan) 학파의 지젝(Slavoj Zizek)은 망자의 귀환, 곧 귀신의 출현

---

136) 『搜神記』, 卷16.

을 상징적 의례, 상징화 과정에 있어서의 교란을 나타내는 기호로 파악한다.[137] 인간은 상징화 과정을 거쳐 사회에 통합되고 사회적 자아를 획득한다. 결혼 못하고 요절한 공주의 귀신으로서의 귀환 설화는 사실상 그녀의 상징계로의 미통합에 대해 살아 있는 사람들이 품고 있는 연민의 서사적 표현일 수 있다. 이를 공주의 측면에서 보면 그녀는 비록 죽었지만, 결혼이라는 상징적 전통의 텍스트 속에 각인되어 공동체의 기억 속에 계속 살아 있을 것이라는 사실을 보장받는 것이다.[138]

그러나 공주와 담생의 결혼생활은 담생의 금기 위반으로 인해 파경을 맞는다. 음기(陰氣)의 화신인 공주는 담생과의 정교(情交)를 통해 양기를 부여받음으로써 육신의 부활을 꿈꾸나 담생이 금기를 어기고 그녀의 잠든 모습을 엿보자 환생은 실패로 돌아가고 두 사람의 인연도 끝이 난다. 금기의 위반이 파국을 초래하는 모티프는 전 세계 설화에서 자주 보이는 서사적 장치로 가령 중국 소수민족인 여족(畲族)의 반호(盤瓠) 신화에서 공주가 충견이자 남편인 반호의 당부를 어기고 그가 담긴 황금종(黃金鐘)을 열어보았다가 사람으로 완전히 변신하지 못했다든가, 그리스 로마 신화에서 프시케가 에로스의 잠든 모습을 보지 말라는 금기를 어긴 결과 헤어져서 고난을 겪어야만 했던 이야기 같은 경우 담생 설화와 비슷한 스토리 라인을 지닌다. 이 밖에도 설화유형학(說話類型學)에서의 이른바 소돔과 고모라형 설화가 금기의 서사구조를 지닌 이야기의 적실한 예로 거론된다.

결혼생활은 끝이 났지만 공주는 둘 사이에 낳은 아들이 부왕 수양왕

---

137) 슬라보예 지젝, 『삐딱하게 보기-대중문화를 통한 라캉의 이해』(서울: 시각과 언어, 1995), 김소연·유재희 옮김, p.56.

138) 위의 책, p.57.

(睢陽王)에 의해 외손자로 인지되고 왕족으로서의 세습 관직을 제수(除授) 받음으로써 결국 아들을 통해서나마 사회적 자아를 획득하기에 이른다.

아울러 빈궁한 서생 담생이 고귀한 신분의 공주와 결혼한다는 이야기는 평민 신분의 처녀인 신데렐라가 왕자와 맺어진다는 동화와 마찬가지로 고대의 엄격한 계급 간의 차별이 가져온 사회적 모순과 갈등을 해소, 극복하려는 민중의 서사적 시도로 간주할 수 있다. 다시 말해 서사는 여기에서 불합리한, 엄혹(嚴酷)한 현실에 대해 치유, 보상적 기능을 지닌다.

담생 설화처럼 평범한 신분의 남자와 왕녀 귀신의 사랑과 결혼 이야기로는 「자옥(紫玉)」, 「부마도위(駙馬都尉)」 조 등이 더 있다. 이들 설화 역시 죽은 왕녀와 결혼하고 신물(信物)로 받은 무덤 속의 귀금속을 증거로 왕가(王家)로부터 결혼을 추인(追認)받는 서사구조를 취하고 있다. 이 밖에도 「최소부묘(崔少府墓)」 조는 비록 신분상으로는 사족(士族) 계층 남자와 여귀의 혼인 이야기이지만, 앞서의 설화들과 동일한 서사구조를 지니고 있어 이러한 유형의 설화가 성립되기 위한 사회적, 현실적 여건을 고려하게 한다. 즉 인귀상애형 설화에 표현된 무덤 공간에서의 결혼 생활, 귀금속 신물 등은 대묘(大墓)와 사치스러운 부장품을 뽐냈던 고대 중국 지배계층의 후장(厚葬) 습속과 깊은 관련이 있다 할 것이다.

(3) 명계탐방형(冥界探訪型)

시애주의의 개념을 시체에 대한 애호, 망자에 대한 애정으로부터 망자들의 세계 곧 명계에 대한 관심으로까지 확대할 때 산 자가 명계를 왕래하며 겪는 이야기도 시애설화의 범주에 포함시킬 수 있을 것이다. 「이아(李娥)」 조를 예로 들어보면 다음과 같다.

후한 헌제(獻帝) 건안(建安) 4년 2월 무릉군(武陵郡) 충현(充縣)의 여인 이아(李娥)가 나이 60살에 병들어 죽어 성 밖에 묻은 지 14일이 지났다.…무릉 태수가 이아가 죽었다가 되살아났다는 이야기를 듣고 불러서 만나고는 일의 상황을 묻자 이아가 대답하기를, "듣건대 제가 사명신(司命神)에게 잘못 불려갔다 합디다. 저승에 도착하자마자 집으로 되돌려 보내질 수 있었습니다. 서문 밖을 지나다가 마침 외사촌 오빠 유백문(劉伯文)을 만나 놀라며 서로 안부를 묻고 슬피 눈물을 흘렸습니다."…그러자 이아는 마침내 이승으로 나가게 되어 유백문과 작별을 하였다. 유백문이 말하기를, "편지 한 통을 우리 아이 타(佗)에게 전해주렴."이라고 하였다.…이에 유백문의 편지를 유타(劉佗)에게 주었다. 유타는 그 편지 종이가 아버지가 돌아가실 때 묻었던 상자 속의 문서임을 알아보았다. 글자는 나타나 있었으나 편지의 뜻을 알 수 없었다. 이에 신선 비장방(費長房)을 청하여 그것을 읽게 했는데 그 편지에 이르기를, "타에게 알리노니, 나는 태산부군(泰山府君)을 모시고 나가 부서를 순시해야만 한다. 8월8일 한낮에 무릉성 남쪽 해자(垓字) 물가에 머무를 것인데 너는 그때 꼭 와야만 한다."라고 하였다. 그날이 이르자 유타가 집안의 남녀노소를 다 데리고 성의 남쪽에서 아버지를 기다렸는데 잠깐 사이 과연 아버지가 왔다.…유백문이 집안의 남녀노소를 차례대로 불러보고 한참 있다 애끓게 슬퍼하며 말하기를, "생사의 길이 달라 너희들의 소식을 자주 들을 수 없었다. 내가 죽은 뒤 손자들이 이렇게 컸구나."라고 하였다. 한참 후에 유타에게 말하길, "내년 봄에 큰 병이 돌 것인데 이 환약 하나를 줄 테니 문에 바르면 내년의 요사스러운 염병을 물리칠 수 있을 것이다."라고 하였다. 말이 끝나자 홀연히 가버려 끝내 그 형체를 볼 수 없었다. 다음 해 봄이 되자 무릉군에 과연 큰 병이 돌아 대낮에도 모두 귀신을 보았으나 오직 유백문의 집만은 귀신이 감히 들어가지 못했다. 비장방이 약이 둥근 것을 보고 말하기를, "이것은 방상씨(方相氏)의 골입니다."라고 하였다.

(漢建安四年二月, 武陵充縣婦人李娥, 年六十歲, 病卒, 埋於城外, 已十四日.…武陵太守聞娥死復生, 召見, 問事狀.娥對曰, 聞謬爲司命所召, 到時, 得遣出, 過西門外, 適見外兄劉伯文, 驚相勞問, 涕泣悲哀.…於是娥遂得出, 與伯文別, 伯文曰, 書一封, 以與兒佗.…乃致伯文書與佗, 佗識其紙, 乃是父亡時送箱中文書也.表文字猶在也, 而書不可曉.乃請費長房讀之, 曰, 告佗, 我當從府君出案行部, 當以八月八日日中時, 武陵城南溝水畔頓.汝是時必往.到期, 悉將大小於城南待之, 須臾果至…伯文以次呼家中大小, 久之, 悲傷斷絶, 曰, 死生異路, 不能數得汝消息, 吾亡后, 兒孫乃爾許大. 良久, 謂佗曰, 來春大病, 與此一丸藥, 以塗門戶, 則辟來年妖癘矣.言訖, 忽去, 竟不得見其形.至來春, 武陵果大病, 白日皆見鬼, 唯伯文之家, 鬼不敢向.費長房視藥丸, 曰, 此方相腦也.)[139]

여인 이아(李娥)가 병사한 후 저승에 갔다 다시 살아난 이야기와 그녀가 저승에서 만난 친척 유백문(劉伯文)이 이승과 저승을 왕래하면서 일어난 일들에 대한 이야기가 중복되어 있다. 이아는 저승의 관리인 사명신(司命神)의 착오로 한번 죽었다 재생하게 되는데, 저승의 관리도 이승의 인간과 마찬가지로 실수할 수 있다는 발상은 누차 말했듯이 저승을 이승의 연장으로 생각하는 계세적 사후세계관의 반영이다. 이에 따라 중국의 저승은 초월적이라기보다 차라리 세속적인 시공간으로 표현된다. 저승에서 지하세계의 지배자 태산부군의 속관(屬官)으로 있는 외사촌

---

139) 『搜神記』, 卷 15.

오빠 유백문은 살아서 귀환하는 이아를 통해 아들 유타(劉佗)에게 편지를 전하고 약속한 날짜에 스스로 이승의 장소로 강림하여 가족들과 상면한다. 그는 저승에 있지만 여전히 이승 사회의 일원이고 가부장으로서의 책무를 다하고자 한다. 중국 고대 설화나 소설에서는 이와 같이 명계 혹은 이를 뛰어넘어 아버지와 아들과의 교섭이 빈번히 일어나는데, 이와 같은 유명계(幽明界)의 부자상봉 모티프 이면에는 유교 종법사회(宗法社會)라는 현실이 자리하고 있다.[140]

명계탐방형 설화의 또 한 가지 특징적인 내용은 망자들이 저승에서 각자의 능력과 소질에 따라 관리로서 복무한다는 사실이다. 가령 「장제망아(蔣濟亡兒)」 조를 살펴보면 다음과 같다.

장제(蔣濟)는 자가 자통(子通)으로 초국(楚國) 평아(平阿) 사람이다. 위(魏)나라에서 벼슬하여 영군장군(領軍將軍)이 되었다. 그의 아내가 꿈에 죽은 아들을 보았는데 눈물을 흘리면서 말하기를, "삶과 죽음의 길이 달라 제가 살았을 때는 대신의 자손이었으나 지금 지하에서는 태산(泰山)의 십장(什長)이 되어 힘들고 괴로움을 말로 형용할 수 없습니다. 이제 태묘(太廟)의 서쪽에 사는 노래꾼 손아(孫阿)가 불려와 태산령(泰山令)이 될 것인데, 바라옵건대 어머님이 아버님께 말씀드려 저를 좋은 곳으로 가도록 손아에게 부탁 좀 해주세요." 말이 끝나자 어머니가 문득 놀라서 잠을 깼다.…장제가 이에 사람을 보내 태묘 아래로 가서 손아를 수소문해 결국 찾아냈는데 모습이 모두 아이가 말한 바와 같았다.…손아는 죽어야 한다는 사실을 겁내지 않고 태산령이 될 수 있다는 것을

140) 정재서, 『동아시아 상상력과 민족서사』(서울: 이화여대 출판부, 2014), p.147.

기뻐하며 다만 장제의 말이 미쁘지 않을까 두려워하며 말하기를, "만약 말씀같이 된다면 이는 제가 바라는 바입니다만, 아드님이 어떤 직책을 원하는지 모르겠습니다."라고 하였다. 장제가 말하기를, "지하의 좋은 곳을 주면 되겠네."라고 하였다. 손아가 말하기를 "그대로 명을 받들겠습니다."라고 하였다.…아침 8시쯤 손아에게 심통(心痛)이 있다고 전해왔고 10시쯤에 고통이 더욱 심해지더니 한낮에 죽었다고 연락이 왔다. 장제가 말하기를, "비록 아들의 불행이 슬프긴 하나 그래도 죽은 녀석이 이런 일을 알려주니 기쁘구나." 한 달쯤 지나 아들이 다시 와서 어머니에게 말하기를, "저는 이미 녹사(錄士)로 옮겼습니다."라고 하였다.

(蔣濟, 字子通, 楚國平阿人也, 仕魏, 爲領軍將軍.其婦夢見亡兒, 涕泣曰, 死生異路, 我生時爲卿相子孫, 今在地下, 爲泰山伍伯, 憔悴困苦, 不可復言.今太廟西謳士孫阿見召爲泰山令, 願母爲白侯, 屬阿, 令轉我得樂處.言訖, 母忽然驚寤.…濟乃遣人詣太廟下, 推問孫阿, 果得之, 形狀證驗, 悉如兒言.…阿不懼當死, 而喜得爲泰山令, 惟恐濟言不信也, 曰, 若如節下言, 阿之願也.不知賢子欲得何職. 濟曰, 隨地下樂者與之.阿曰, 輒當奉敎.…辰時, 傳阿心痛, 已時, 傳阿劇;日中, 傳阿亡.濟曰, 雖哀吾兒之不幸, 且喜亡者有知.后月余, 兒復來, 語母曰, 已得轉爲錄事矣.)[141]

장제의 요절한 아들은 태산의 십장(什長)이 되어 노역을 당한다. 그는 어머니에게 현몽(現夢)하여 좋은 자리로 옮길 수 있는 방법을 일러주는데, 그것은 곧 죽어 태산령(泰山令)으로 부임하게 될 손아(孫阿)에게 부탁하는 것이었다. 그 결과 아들은 영전한다. 이 설화에서도 역시 이승과 저

141) 『搜神記』, 卷 16.

승은 단절되어 있지 않다. 저승의 망자를 위해 이승에서 노력을 다하면 좋은 결과를 얻을 수 있는데, 저승에서의 승진이나 출세도 이승에서의 청탁 심지어 뇌물과 같은 방식으로 이루어질 수 있다.

아울러 대부분의 명계탐방형 설화에서 느낄 수 있는 것은 저승에서조차 강한 관료지향성이 표출되고 있다는 사실이다. 이는 입신양명(立身揚名)을 통해 가문의 번영을 추구하는 것을 자손의 도리로 간주하는 유교적 가치관의 영향도 있겠으나, 보다 심층적, 구조적으로는 고대 이래 확립된 관료제의 전통이 모든 계층에 걸쳐 뿌리를 내리고 있는 현실과 깊이 상관될 것이다.

4) 중국 시애설화의 문화적 의미

위에서 각 유형별로 살펴본 바와 같이 중국 시애설화는 고대 중국이 처한 역사현실에 적합하게 시체성애로부터 명계탐방에 이르기까지 다양한 서사방식으로 중국 고유의 사상, 민속, 종교, 제도 등을 표현하여왔다. 결국 시애설화는 적어도 고대 중국에서는 성도착자의 그로테스크한 이야기만이 아니라 풍토성과 아울러 보편성을 지닌 서사물이라는 인식에 도달하게 된다. 그렇다면 중국에서 시애설화가 지속적으로 발생하고 온존(溫存)할 수 있는[142] 근본적 문화심태(文化心態)는 무엇인가?

네크로필리아의 개념을 창안한 프롬도 지적하고 있듯이 시애주의는 시체에 대한 애호를 넘어 문화적으로는 옛것에 대한 집착도 포함한다.

---

142) 시애설화는 고대부터 청대에 이르기 까지 志怪, 傳奇類뿐만 아니라 白話小說에서도 끊임없이 찾아볼 수 있다.

중국 시애설화에서 보이는, 시체는 물론 죽은 이성에 대한 갈망, 명계에서의 고인이 된 망자와의 해후, 기존 관료제에 대한 확고한 믿음 등은 전범을 과거에 두는 회고적, 복고적 문화심태와 무관하지 않다. 이러한 심태를 좀 더 시야를 넓혀 찾아본다면 고대 중국의 문학, 역사, 철학 등 문화 전 분야에서 확인할 수 있다. 유교에서 요순시대의 선양제(禪讓制)를 정치의 이상으로 삼고 공자가 "온고이지신(溫故而知新)"과 "술이부작(述而不作)"의 슬로건을 제창한 것이라든가 도교에서 황로(黃老)를 기치로 삼는 등 법가를 제외한 대부분의 사조가 복고를 추구하였으며, 문학에서는 의고주의(擬古主義)가 사실상 주류의 지위를 차지하였다.

아울러 미시적으로 볼 때 『수신기』에 수록된 시애설화 대부분의 시대적 배경이 한대(漢代)라는 사실은 경학의 흥성이라는 복고적 문화조류와 일정한 상관이 있으며, 청대(淸代)의 『요재지이(聊齋誌異)』 등에서 중흥을 맞은 시애설화 역시 명청(明淸) 시기의 의고문학 내지 복고사상과 긴밀한 관련이 있을 것으로 추리된다.

맺는말

이 글에서는 네크로필리아 곧 시애주의가 고대 중국에서 설화적으로 어떻게 전개되었으며 그것이 궁극적으로 어떠한 문화심태와 상관되는지 지괴소설집 『수신기』를 기본 자료로 삼아 살펴보았다.

먼저 이 글에서는 시애주의 개념 및 범주를 시체애호라는 원의에서 보다 나아가 중국의 설화적 풍토성을 반영하여 죽은 자와의 교섭이라는 비교적 넓은 개념 범주를 설정하였고, 중국 시애설화의 종교적 배경으로 이승과 저승의 연속적 관계를 긍정하는 계세적 사후세계관을 제시하였다.

다음으로는 앞서 설정된 개념 범주에 따라 『수신기』권15, 권16에 수록된 시애설화를 시체성애형, 인귀상애형, 명계탐방형 등으로 분류한 후 이들 각 유형에 대해 케이스 스터디를 시행하였는데, 다양한 시애설화의 내용 이면에서 고대의학사상, 후장제, 종법사회, 관료제 등이 작동되고 있음을 확인할 수 있었다.

마지막으로 문화적 의미에서는 중국 시애설화를 성립 가능하게 한 근본적 문화심태를 추론하였다. 그 결과 중국문화 전반에 드리워져 있는 강렬한 복고 및 의고 지향의 심태가 시애주의와 식식상관(息息相關)되어 설화 발생과 온존의 여건을 조성하고 있는 것으로 귀결지었다.

중국 고전서사의 문화지형과 현대 의의

Ⅲ. 서사 속의 여성들

1. 효녀서사

- 폭력과 성스러움

근래에 상영된 「애너벨 청 스토리」는 다소 위악적(僞惡的)인 포즈로 섹슈얼리티의 본질 문제에 접근하고자 한 자전적 영화이다. 그런데 갱뱅쇼(gang bang show)를 벌였던 주인공 애너벨 청의 모국이 싱가포르라는 사실은 우리에게 기묘한 느낌을 준다.[143] 싱가포르야말로 이른바 '아시아적 가치(Asian Value)'의 제창자인 이광요(李光耀)가 통치했던, 유교자본주의가 가장 이상적으로 구현된 나라가 아니었던가? 이 상위(相違)를 어떻게 설명해야 할까? 결국 애너벨 청이라는 존재는 동아시아 근대화 및 이를 위한 문화담론인 유교자본주의의 이면에 감추어진 성별 문제를 상징적으로 보여주는 사례가 아닌가 한다. 주지하듯이 일본을 비롯 한국, 대만, 홍콩, 싱가포르 등 동아시아 제국(諸國)은 비서구권 지역으로서는

---

143) 물론 이 영화를 통해 본 애너벨 청의 엽기적 행위가, 이면에 깔려 있는 포르노그라피 산업의 의도성, 불안정한 여성주체성 등의 혐의로 인해 페미니즘적 성격의 부여를 주저케 하는 것은 사실이다. 그러나 어떤 이유에서이든 갱뱅을 유교문화권의 여성, 그것도 싱가포르 여성이 영화에서 감행했다는 사실은 그 자체만으로도 주목할만 하다. 핸드 헬드 카메라로 찍은 이 영화에서 미니스커트로 싱가포르 거리를 질주하던 애너벨 청이 불특정의 대상을 향해 "Fuck you!"를 외치는 장면은 그녀의 내면에 감추어진 조국 싱가포르와의 관념적 갈등을 그대로 표출하는 듯하다.

최초로 고도의 경제성장을 이룩하여 내외의 주목을 받았고 그 원인에 대해서는 이들 국가의 공통적 문화기반에 착안, 이른바 유교자본주의가 크게 거론되어 왔다. 그러나 급속한 근대화를 달성한 이들 국가의 성별 권능치수(GEM)는 개발도상국인 중국보다도 낮게 보고되고 있다.[144] 이러한 아이러니는 앞서 우리가 「애너벨 청 스토리」로부터 느꼈던 모순적인 느낌과 그대로 상응한다.

그렇다면 근대화, 고도성장에도 불구하고 이들 국가에 여전히 온존(溫存)해 있는 심각한 성별 문제는 어디에서 기인하는 것일까? 그것은 동아시아 제국의 근대화 프로젝트, 다시 이를 내면적으로 추동했던 문화담론 자체가 안고 있는 문제점으로부터 연유했을 것이다. 동아시아 제국은 근대 무렵 서구의 충격(Western Impact)에 전통으로 응전하기 위해 중체서용(中體西用), 동도서기(東道西器), 화혼양재(和魂洋才) 등의 방어 및 수용 논리를 만들어냈고, 이러한 논리들은 근대화, 산업화의 과정에서 잠재화되었다가 경제성장을 이룩한 이후 유교자본주의 등 이른바 동아시아 담론으로 다시 현출(顯出)되는 양상을 보이고 있다. 이렇게 본다면 오늘의 문화담론은 전통시대의 문화담론과 상당한 내재적 연속성을 갖는다 하겠다. 이 글에서는 이 같은 문제의식에 입각, 오늘의 여성 현실에 대한 근원적인 성찰을 위해 전통시대의 여성과 효(孝)의 문제를 여성 고전 텍스트의 한 인물 유형에 대한 분석을 통해 접근해 보고자 한다.

우선 이 글에서는 제1장에서 『열녀전(列女傳)』의 여성유형학'을 다루게 될 것이다. 『열녀전』은 한대(漢代)에 성립된 여성전기집으로 전통시대의

144) 韓嘉玲, 「중국여성 발전상에서의 국가의 역할」 『동아시아의 근대성과 여성』(서울: 이화여대 한국여성연구원 주최 한중일 국제학술대회 논문초록, 1999. 6. 11), p.88. 다만 이 중에서 대만은 예외이다.

유교적 여성 이미지를 형성하는 데에 결정적인 영향을 미쳤다. 한대는 중국의 정체성의 확립과 더불어 유학이 전면에 부상하는 시기이고 바로 이 무렵 가부장적 여성관이 정립된다. 따라서 한대에 지어진 중요한 여성 교육서인 『열녀전』을 고찰하는 일은 이후 전개될 동아시아 여성관의 모태를 살피는 작업이라 할 수 있다. 제1장의 이러한 목적을 위해 '한대(漢代)의 유학(儒學)과 여성', '『열녀전(列女傳)』의 성립 및 그 내용' 등의 논의가 이루어질 것이다.

제2장에서는 '효녀 제영(緹縈) 이미지의 계보학'을 다루게 된다. 제2장은 앞서 제1장에서 탐색된 『열녀전』의 후대의 여성관에 대한 연원적 지위를 한 여성유형의 역사적, 계보학적 검토를 통해 확인하는 작업이다. 여기서의 계보학이란 푸코(M. Foucault)의 계보학과는 달리 불연속보다는 이른바 초안정 구조적[145] 실체에 대한 고찰의 의미에서 쓰여진 것이다. 제2장의 논의와 관련하여 주목하고자 하는 『열녀전』상의 인물은 「변통(辯通)」전에 수록된 효녀 제영이다. 효는 가부장 이데올로기에서 가장 기초적인 개념으로 딸의 아버지에 대한 효의 의미는 동아시아 가부장 체제에서의 여성의 역할 및 지위 문제와 관련하여 심각히 검토될 필요가 있다. 이러한 취지에서 제2장에서는 제영 이미지의 원관념이 이기(李寄), 목란(木蘭), 심청, 바리데기 설화 등을 통하여 전통시대의 중국 및 한국에서 어떠한 이미지의 궤적(軌跡)을 그려내고 결국 근대에 이르러 어떻게 변용되었는지를 살피게 될 것이다.

---

145) 초안정 구조란 불변하는 문화의 틀을 말한다. 중국의 경우 유교가 이에 해당된다. 이에 대해서는 진관타오 등, 「중국 봉건사회의 장기 지속 원인에 대한 구조 분석」 『중국문화의 시스템론적 해석』(서울: 천지출판사, 1994), 김수중 역, pp.97-146 참조.

1) 『열녀전(列女傳)』의 여성유형학

(1) 한대(漢代)의 유학(儒學)과 여성

한대는 중국의 정치, 문화적 아이덴터티가 확립되어가는 시기이다. 중국 역사상 최초의 왕조라 할 은(殷) 이전의 중국 대륙은 에버하르트(W. Eberhard)의 이른바 '지역문화들(Local Cultures)'이 다원적으로 존재하는 상황에 있었다.[146] 이후 은(殷), 주(周) 왕조에 이르러 점차 중심주의의 길을 걸어갔다 하나 중국은 진시황(秦始皇)의 대통일의 시기까지는 여전히 지방분권적인 상태에 있었다. 진시황은 춘추(春秋), 전국(戰國) 시대라는 주(周)의 오랜 분열 정국을 종식시켰다. 그러나 진(秦)은 곧 국권을 상실하여 대통일 및 중앙집권의 과업은 한(漢)으로 넘어가게 된다. 한대는 그러므로 당시까지 분립(分立) 상태에 있던 각이(各異)한 종족, 지역의 문화가 '중국적'이라는 하나의 색깔을 향하여 융합의 과정을 겪던 시대였다. 이러한 의미에서 본다면 한대는 신화와 역사, 문명과 야만, 정통과 이단의 교차점이자 분기점이기도 하였다.

그러나 정치, 문화적 이분법의 변주는 한이 유학을 국교로 채택함에 따라 중심화, 일원화의 노선으로 추동된다. 전한(前漢)의 무제(武帝) 때 동중서(董仲舒)의 헌책(獻策)에 의해 유학이 모든 학문의 위에 군림한 후 그것은 전 역사를 통하여 중국을 지배하는 이념이 되었다. 주대(周代)의 종법사회(宗法社會)에 기초한 상하존비(上下尊卑)의 차등적 인간관계론을 핵심으로 삼고 있는 유학이 한대에 와서 주목을 끌게 된 것은 그 가부

---

146) 중국 상고시대의 다양한 지역문화의 정황에 대해서는 Wolfram Eberhard, "Introduction", *The Local Cultures of South and East China*(Leiden: E. J. Brill, 1968) 참조.

장적 논리가 당시 한 제국을 위협하고 있던 주변과 이단의 힘으로부터 정체성을 확보하고 중심주의를 달성하는 데에 가장 유효했기 때문이었다. 따라서 주변, 이단과 같은 층위에 있는 여성의 지위 역시 한대에 이르러 전대미문의 변화를 겪게 되는 것은 당연한 귀결이었다.

한대에는 공자를 성인으로 추존(追尊)하고 그의 저작을 경전으로 제정하는 일과 더불어 기존의 유학 관련 저작을 정리, 편집, 해석하는 작업, 즉 경학(經學)이 성립하였는데 이 경학을 통하여 한대 이전의 유학 즉 원시유교는 한 차례 변모를 겪게 되고 여성관도 보다 경직된 모습을 취하게 된다. 많은 학자들은 전국시대부터 한초에 이르는 기간에 커다란 사회경제적 토대상의 변혁이 있었음을 지적한다.[147] 즉 철제 농기구의 보급과 같은 생산양식의 변화와 병농일치(兵農一致)를 추구하는 진(秦)의 변법(變法) 시행 등으로 인해 주대의 종족(宗族) 단위의 대가족 사회가 와해되고 부부 중심의 소가족 제도가 성립되었다는 것이다. 주대 사회를 지탱했던 종족의 해체와 더불어 전국(戰國) 이후 중국 사회는 하나의 전제군주가 지배하는 국가와 하나의 가장이 지배하는 가족이라는 두 개의 영역을 기본 축으로 구성되었다. 한대의 경학은 이렇게 달라진 사회구조 위에서 원시유교보다 훨씬 강력한 가부장적 윤리관을 구축하게 되는데, 그것은 '가(家)'와 '국(國)'을 유비(類比) 관계로 파악하여 가장과 군주의 권위를

---

147) 이에 대한 諸說은 李淑仁,「女性倫理觀 形成의 淵源에 관한 硏究」『儒敎思想硏究』 (1993), 第6輯, pp.310-312 참조. 루이스는 周代의 귀족 가문이 祭儀的으로 독점하였던 군사행위가 전국시대에 이르러 일반 농민들에게까지 軍役으로 확대됨으로써 모든 사람이 합법적인 폭력에 참가하게 되었다고 한다. 국가 권력은 이를 조직하고 지배하는 데에 관여하였으며 이에 따라 귀족 가문은 몰락하고 田稅와 군역을 제공하는 小農 가정이 보편화되었다고 주장한다. Mark Edward Lewis, *Sanctioned Violence in Early China*(Albany: State University of New York Press, 1990), p.53.

절대시하고 가장에 대한 '효(孝)'를 바탕으로 군주에 대한 '충(忠)'을 강조하는 일방적 위계 관념이었다. 주대의 종법사회도 물론 가부장 사회였으나, 당시는 유학의 지배를 받지 않았기 때문에 여성에 대한 속박이 아직 철저하게 규범화된 것은 아니었다. 한대에만 해도 과거의 풍습이 남아 있었던 탓인지 초기에는 여태후(呂太后), 두태후(竇太后) 등의 여성 집정자(執政者)들이 출현하였으며, 민간에서는 서왕모(西王母)와 같은 여신에 대한 숭배가 성행하였고, 재가(再嫁)도 비교적 자유로웠다. 그러나 무제 이후 국가 정체성의 확립과 관련하여 유학이 국교로 채택되고 강력한 가부장적 윤리관이 구축되면서 여성의 지위는 완전히 종속적인 처지에 놓이고 말았다. 한대에 이와 같은 여성의 지위를 확정지우는 데에는 다음의 세 가지 책이 큰 영향을 미쳤는데 그것은 『예기(禮記)』와 『열녀전(列女傳)』, 그리고 『여계(女誡)』이다.

『예기』는 전국 시대부터 한초(漢初)에 걸쳐 저술된 것으로 추정되며 공자 및 그 제자의 언설, 정령(政令), 의례(儀禮), 제도와 예절에 대한 고증 등이 주요 내용을 이루고 순자(荀子) 계통의 유학사상을 표현하고 있다.[148] 『예기』에서는 부덕(婦德), 정절(貞節), 삼종지도(三從之道) 등으로 표출된 여성의 윤리체계를 이론화시켰으며, 결국 이는 한대 이후 유교적 여성관의 기초를 이루었다.

『열녀전』은 전한(前漢)의 경학자 유향(劉向, B.C. 77-B.C. 6)에 의해 지어진 역대의 모범적인, 혹은 경계해야 할 여성들에 대한 전기집이다. 유향은 『예기』 등에서 표현된 유교적 여성관에 입각하여 「모의(母儀)」, 「현명(賢明)」, 「인지(仁智)」, 「정순(貞順)」, 「절의(節義)」, 「변통(辯通)」, 「얼폐(孼嬖)」

---

148) 梁啓超, 『중국고전학 입문』(서울: 형성사, 1995), 이계주 옮김, pp.216, 226-227, 229.

등의 7개 유형으로 여성을 분류하고 총104명에 대한 행적을 기술하였다. 이 책에서 제시된 각 유형의 여성들이 후대의 여성들에게 귀감 혹은 교훈이 되었음은 물론이다.

『여계』는 후한(後漢)의 여류 학자 반소(班昭)에 의해 지어진 여성 교육서로 「비약(卑弱)」, 「부부(夫婦)」, 「경신(敬愼)」, 「부행(婦行)」, 「전심(專心)」, 「곡종(曲從)」, 「숙매(叔妹)」 등의 7편으로 구성되어 있는데, 주요 내용은 남존여비 및 삼종지도의 도리와 부인의 일상 행위에 대한 규율이다.『예기』가 산발적으로 여성관을 표현하고 있음에 비하여 이 책은 여성 교육을 목적으로 지어진 최초의 계통적인 저술이라는 점에 의미가 있다.[149]

이들 세 가지 책은 각기 나름대로 당시 여성의 종속적 지위를 고착시키는 데에 큰 역할을 했을 뿐만 아니라 유학의 발전 및 확산에 따라 한대 이후부터 청말(淸末)에 이르는 장구한 전통시대의 유교적 여성관의 연원이 되었다. 아울러 이 책들은 한자문화권에 속하는 한국, 일본 등에서의 여성 교육에도 다대한 영향을 미쳤다. 결국 이렇게 본다면 한대야말로 동아시아 가부장제 여성관의 기초가 수립되는 시기였다고 말하지 않을 수 없다.

(2) 『열녀전(列女傳)』의 성립 및 그 내용

이 글에서 전통시기의 성과 관련한 문화담론으로서 특별히 『열녀전』을 거론하는 이유는 무엇인가? 『열녀전』은 『예기』와 『여계』와는 달리 역사전기체의 산문형식으로 쓰여 있다. 일찍이 『좌전(左傳)』과 『사기(史記)』 등의 인물 묘사에서 계발된 이러한 사전(史傳) 형식의 산문은 특정한 인

---

149) 陳東原, 『中國婦女生活史』(上海: 上海書店, 1987), p.46.

물을 생동감 있게 묘사하는 데에 유리하다. 아울러 『열녀전』에는 각 인물에 대한 서술의 말미에 「송(頌)」을 덧붙였는데, 「송」은 운문 형식의 짤막한 글로서 전체 내용을 요약하고 인물의 특징을 부각시키는 기능을 한다. 한 가지 더, 빠뜨릴 수 없는 방식은 그림이다. 『열녀전』에는 각 전기마다 이야기의 중요한 장면을 묘사해 낸 그림이 달려 있어서 전기 속의 상황을 재현해 보여준다. 『열녀전』의 이러한 서사적 장치들은150) 『예기』와 『여계』에서의 추상적이고 관념적인 설교 방식과는 달리 독자들에게 여러 유형의 여성 이미지들을 눈앞에 제시하고 마음속에 각인시킴으로 인해 사실상 더 큰 교육효과를 수반하였으리라고 생각한다. 다시 말해서 『열녀전』 중의 유형화된 7개의 유교적 여성상은 이야기, 운문, 회화의 효과적 재현 수단을 통해 기나긴 역사적 과정을 거치면서 전통시기 여성의 의식 속에 깊이 내면화되었던 것이다. 이 글에서 『열녀전』에 주목하는 이유는 바로 이러한, 『열녀전』이 갖는 전통시기의 여성 이미지에 대한 연원적 지위 때문이다.

그렇다면 『열녀전』은 어떻게 성립되었고 그 내용은 무엇인가? 『열녀전』의 작자인 유향은 전한 말기의 대학자로 그의 사상은 동중서로부터 전수된 관방 유학인 금문(今文) 경학을 중심으로 삼고 음양가(陰陽家), 법가(法家), 묵가(墨家) 사상 등을 보조로 겸하였다. 그의 사상 경향은 그리 엄격해지는 않았던 듯, 한때 그는 신선가(神仙家)에 매료되어 연금술에 심취한 적도 있었다. 그는 경학, 사학, 문학, 목록학 등 각 방면에 걸쳐 많은 업적을 남겼는데, 그중 후세의 학술 발전을 위해 가장 큰 공헌으로 평가되고 있는 것은 목록학 방면의 작업이다. 그는 황실 도서관에 수장

---

150) 산문에 운문과 그림을 결합시킨 서사 방식은 후대의 白話小說에서 보편적으로 채용하고 있는 형식이다.

(收藏)된 모든 서적들을 정리, 분류하고 해제(解題)를 단 『별록(別錄)』이라는 책을 저술하였다. 그의 이러한 분류의식이 열녀(列女)라는 여성유형학을 탄생케 한 배경이 되었는지도 모른다. 이 밖에도 그는 『열녀전』과 더불어 자신의 정론(政論)을 담은 『신서(新序)』, 교훈적인 이야기를 모은 『설원(說苑)』 등의 저작을 남겼다. 이로부터 짐작할 수 있는 또 한 가지 사실은 그가 이야기에 관심이 많았다는 것이고, 이러한 그의 이야기성에 대한 집착은 그가 한때 매료되었던 신선가의 설화주의에서 유래되었을 가능성이 있다.151)

유향이 『열녀전』을 찬술(撰述)한 직접적인 동기는 그가 섬겼던 성제(成帝) 당시 황실 외척의 세력을 견제하기 위해, 그리고 황제의 총희(寵姬)였던 조비연(趙飛燕) 자매의 전횡(專橫)을 시정하기 위해서였다고 한다.152) 그러나 이러한 표면적인 이유보다도 근본적인 의도는 이상적인 유교 통치를 위해 요구되는 자질과 덕성을 갖춘 여성상을 제시하는 데에 있었다고 보아야 할 것이다.

유향은 상술한 동기와 의도 하에 신화 시대로부터 전한(前漢)에 이르는 기간에 걸쳐 자신이 설정한 7개의 유형을 대표할 여성 110인을 선정하여 그들의 행적을 기술하고 논평하였다. 그 대략의 내용을 살펴보면,

---

151) 僞作임이 밝혀졌지만 後漢末 쯤에 형성된 것으로 추정되는 신선전기집인 『列仙傳』이 그의 저작으로 믿어지기도 하였다. 주변부의 지식인인 신선가는 체계적인 담론보다는 설화를 통하여 자신들의 세계를 웅변하려 한다. 신선가의 설화주의적 경향에 대해서는 정재서, 『不死의 신화와 사상』(서울: 민음사, 1994), pp.246-249 참조.

152) 이 같은 동기성을 중시하여 『열녀전』을 풍자문학의 측면에서 파악하려는 시각도 있다. 姜賢敬, 「劉向 列女傳의 撰述本意와 流傳樣相」 『韓·中·日 三國의 列女傳 考察』 (東方文學比較研究會 第83次 學術發表會 論文抄錄, 1998. 8. 18)의 내용 참조. 강현경은 유향의 『열녀전』 편찬을 두고, 미색과 외척에 미혹되어 있는 천자를 타이르고 사회의 기강을 바로잡고자 한 '快擧'로 규정한다.

첫 번째 「모의(母儀)」전에서는 남편을 잘 보필했거나 아들 교육을 잘 시킨 여성들, 두 번째 「현명(賢明)」전에서는 사리에 밝고 시비를 잘 분별할 줄 아는 여성들, 세 번째 「인지(仁智)」전에서는 식견과 재능이 있는 여성들, 네 번째 「정순(貞順)」전에서는 예교(禮敎)를 철저히 지킨 여성들, 다섯 번째 「절의(節義)」전에서는 절개와 의리를 실천한 여성들, 여섯 번째 「변통(辯通)」전에서는 언어 능력이 뛰어나고 유연하게 사건에 대처할 줄 아는 여성들, 일곱 번째 「얼폐(孽嬖)」전에서는 음탕하고 도리에 어긋난 행동을 한 여성들, 이 같은 일곱 부류의 여성들의 행적을 실었다. 『열녀전』에는 「얼폐」전을 제외하고 부덕(婦德)의 화신으로서의 천편일률적인 묘사에서 벗어난, 소질과 능력을 발휘하고 적극적인 사회의의를 추구한 여성들의 존재가 없는 것은 아니다.[153] 이들 존재는 비록 유학이 국교로 정립되긴 했지만, 아직은 고대의 자유로운 풍속이 남아 있던 한대의 사회 정황을 반영하는 것이기도 하고, 유향 자신의 비교적 너그러운 사상적 경향을 드러내 보이는 것이기도 하다. 그러나 이러한 사실이 궁극적으로 『열녀전』이 여성 자신보다 남성, 즉 그들이 구축한 가부장 체제를 옹호, 유지하기 위해 저술되었다는 본래의 의도를 넘어서지는 못한다. 어진 아내 혹은 훌륭한 어머니로서의 모범적인 여성상을 제시한 「모의」전으로부터 시작해서 나라와 집안을 망친 사악한 여성들을 열거한 「얼폐」전으로 끝나는 『열녀전』의 전체 구성은 결국 여성의 능력과 역할이 어디에서 시작해서 어디에서 끝나야 하는지, 그 한계와 귀착점을 은연중 지시하고 있기 때문이다. 이야기 한 편의 구성도 마찬가지이

---

153) 李淑仁은 이 같은 점에 주목, 『열녀전』이 여성을 위한 책이 아니라 남성 지배계층을 위한 책임에도 불구하고 "중국 여성사에서 최초로 여성을 사회적으로 위치짓고 그 가치를 적극적으로 평가한 책"이라고 주장한다. 유향, 「열녀전에 대하여」 『열녀전』 (서울: 예문서원, 1996), 이숙인 옮김, p.31.

다. 여성 인물의 행적에 대한 소상한 서술은 말미에 '군자왈(君子曰)'로 시작되는 유향 즉 남성 논평자의 '말씀'에 의해 한순간에 귀결됨으로써 여성의 삶이 종국적으로 남성 영역에서 해석되고 취사선택됨을 보여준다.

『열녀전』이 후대의 여성관에 미친 영향은 실로 막대하다. 『열녀전』이 나온 지 오래지 않아 후한의 반소(班昭)가 주석을 단 이래 청대(淸代)에 이르기까지 다수의 주석가들에 의해 해석이 시도되었다는 사실은 이 책이 매 시대 여성관의 형성과 관련하여 지속적으로 중시되었음을 의미한다. 아울러 『열녀전』은 본래 개인 저술로서 출발하였으나, 『후한서(後漢書)』를 필두로 후대의 정통 역사서에서도 「열녀전」을 설정하게 됨으로써 이 책은 여성 전기의 내용과 형식상 전범의 지위를 획득하게 된다. 결국 이러한 외적, 역사적 조건 그리고 『열녀전』 자체가 갖고 있는 효과적인 서사적 장치 등으로 말미암아 『열녀전』은 후대의 유교주의 여성관의 확립에 대해 부동의 위치를 확보하게 되었다고 말할 수 있다.

2) 효녀 제영(緹縈) 이미지의 계보학

(1) 폭력과 효의 성립

유교 윤리 중에서 효(孝)는 가부장 질서를 구축하는 가장 선결적인 개념이다. 효는 일차적으로 개인의 부모 특히 가부(家父)에 대한 순종을 규율하지만 가(家)와 국(國)이 유비 관계에 있는 유교 가부장 질서에서 이 개념은 사회·국가에도 자연스럽게 확충되어 궁극적으로는 국군(國君)에 대한 충(忠)으로 전화(轉化)된다고 보는 것이 유학자들의 기본 관념이다. "효는 온갖 행위의 근본(孝, 百行之本)"이라든가 "효자가 나와야 집안이 잘

된다."라는 등의 과거의 일상적인 언급들은 전통사회의 윤리덕목 중 효가 차지하는 비중을 잘 말해 준다.[154] 물론 효는 이른바 천륜(天倫)이라는 생래적, 혈연적 관계에서 자발적으로 우러나는 감정을 바탕으로 성립된다. 문제는 이 감정을 가족 내에 국한시키지 않고 가부장 국가의 논리상 공적 관계에 연계시켜 당위론적으로 규정하고 강제하는 데에 있다. 그런데 아들의 효는 그 자신 미래의 가부(家父)라는 점에서 보상받을 수 있는 것이지만 딸의 효는 일방적이다. 이 점에서 여성의 효 윤리는 희생의 장치로서의 성격을 띤다. 따라서 여성학적 견지에서 무엇보다도 주목해야 할 친족관계는 아들의 아버지에 대한, 혹은 딸의 어머니에 대한 그것이 아니라 딸의 아버지에 대한 관계이다. 유교에서 이 관계의 윤리, 즉 딸의 아버지에 대한 효를 강조할 때 그것은 가부장 체제의 유지라는 차원에서는 여성의 가정에 대한 희생뿐만 아니라 가정의 연장인 국가에 대한 희생까지 정당화하고 고무하는 기능을 하게 된다.

여기서 우리는 이러한 여성 희생을 정당화하고 고무하는 논리가 어디에서 비롯되었는지 그 근원을 생각해 볼 필요가 있다. 고대의 종교의식에서 여성을 희생물로 봉헌(奉獻)했던 사례가 남성에 비해 훨씬 많았던 것은 각국의 신화, 전설, 민담에 그 흔적을 남기고 있다. 가령 태평양 제도(諸島)의 풍요제의의 희생물이었던 하이누벨레, 바다 괴물의 제물이 되어 영웅 페르세우스의 구원을 기다려야 했던 안드로메다, 하백(河伯)의 신부가 되기 위해 황하의 물에 던져졌던 처녀 등 여성 희생의 사례는 매거(枚擧)하기 어려울 정도이다. 그러나 이러한 고대 사회의 일반적인 정황

---

154) 효의 기능은 가족관계 내에서 어버이의 권위를 보증하는 것은 물론 현존하는 지배관계를 유지하는 데에까지 연관되어 있다. 김세서리아, 「한국의 유교문화와 여성」『철학과 현실』(1999), 가을호, p.156.

이 동아시아 여성 희생의 특유한 양상을 완전히 설명해 주지는 못한다. 이에 따라 우리가 다시금 주목해야 할 것은 고대 중국에서 성행했던 여아 살해의 습속이다. 중국의 봉건 전통을 식인(食人)에 비유했던 노신(魯迅)의 『광인일기(狂人日記)』에는 다음과 같은 대목이 있다.

해도 뜨지 않는다. 문도 열리지 않는다. 하루 두 번의 식사. 나는 젓가락을 들자 형의 일을 생각하였다. 누이동생이 죽은 까닭도 그자 탓임을 알았다. 그때 내 누이동생은 겨우 다섯 살이었다. 이쁘고 귀여운 모습이 지금도 눈앞에 떠오른다. 어머니는 늘상 울었다. 형은 어머니에게 너무 울지 말라 하였다. 자기가 먹었으니 너무 울면 다소 마음이 언짢은 탓이리라. …누이동생은 형에게 먹혔다. 어머니도 그것을 알고 있었을까. 나는 알 수 없다.155)

식인 피해망상증 환자인 '나'는 어릴 때 죽은 누이동생이 형에게 잡혀 먹힌 것으로 추측한다. 그런데 노신은 한 가족 내에서의 식인의 최초 대상으로 하필 여아인 누이동생을 떠올렸을까? 노신의 잠재의식에는 여아 살해라는 중국의 전통적인 악습에 대한 기억이 각인되어 있었던 것은 아닐까? 그 기억이 노신으로 하여금 무심코 여아를 한 가족의 첫 희생물로 묘사하게 한 것은 아니었을까? 이러한 추측이 지나친 천착일 수도 있다. 그러나 고대 중국에서 경제적 이유로 인해 유아 살해가 자행되었던 것은 사실이었고 그 중 여아 살해가 훨씬 많은 비중을 차지하였을 것임에 틀림없다. 왜냐하면 이미 은대(殷代)의 갑골(甲骨) 복사(卜辭)에서부터

---

155) 魯迅, 「狂人日記」 『魯迅文集(I)』(서울: 일월서각, 1985), 竹內好 譯註, 김정화 옮김, p. 22.

곧 태어날 아이의 성별에 대해 아들이면 '좋고' 딸이면 '좋지 않다'는 점 괘를 표현하고 있기 때문이다.[156] 유교 문화의 성립 훨씬 이전부터 남아 선호의 관념이 존재하였고 기나긴 역사시기를 거쳐 현대 중국의 오늘에 이르러서도 여아 살해가 은밀히 자행되고 있는 현실을 보면 악습의 유구한 전통에 놀라게 된다. 한국에서의 태아 성감별에 의한 여아 출생의 차단도 이러한 악습의 일종이라 할 수 있을 것이다. 고대 사회에서 여성은 제의적이든, 경제적인 이유에서이든 희생양이었다. 사회, ·경제적 약자로서의 여성은 극단적인 상황이 도래했을 때 불필요한 존재, 원치 않는 존재가 되어 폭력에 내맡겨졌다. 르네 지라르(René Girard)는 인류의 문화를 모두 희생제의적인 것으로 규정했는데,[157] 바꾸어 말하자면 문화란 폭력의 순화(馴化)된 형태일 것이다. 우리는 고대 여성에 대한 폭력이 어떻게 효녀라는 윤리적 존재를 탄생시키게 되는지 이제 살피게 될 것이다.

(2) 제영 설화

『열녀전』 제6권 「변통」전에 속하는 여성 전기들은 대부분 딸로서, 아내로서, 혹은 어머니로서 기지와 재능을 발휘하여 가정이나 국가의 어려움을 해결한 여성들의 행적을 싣고 있는데, 이 중 「제태창녀(齊太倉女)」조(條)에 수록된 제영(緹縈) 설화는 전형화된 효녀의 미담으로서 상술한 취지와 관련하여 시사하는 바가 많은 작품이다. 먼저 제영 설화의 줄거리를 간추려 보면 다음과 같다.

---

156) James C. H. Hsü, "Unwanted Children and Parents", *Sages and Filial Sons*(Hong Kong: The Chinese University Press, 1991), Edited by Julia Ching & R. W. L. Guisso, p. 33.

157) 르네 지라르, 『폭력과 성스러움』(서울: 민음사, 1993), 김진식·박무호 옮김, p. 500.

제(濟) 나라의 태창녀(太倉女)는 한(漢) 나라의 태창령(太倉令)을 지낸 순우의(淳于意)의 막내딸로서 이름을 제영(緹縈)이라고 한다. 순우의는 아들은 없고 딸만 다섯을 두었다. 문제(文帝) 때 순우의가 죄를 지어 형벌을 받게 되었는데 이때는 육형(肉刑)이 아직 존재하고 있었다. 순우의는 조칙에 의해 장안(長安)의 감옥으로 보내져야만 했다. 압송되어 갈 때에 순우의는 딸들을 보고 꾸짖기를 "자식을 두었어도 아들이 없으니 급할 때 도움이 안 되는구나"라고 하였다. 제영이 슬피 울더니 아버지를 따라 장안까지 가서 천자께 이렇게 글월을 올렸다. "저의 아비는 관리로서 제 나라에서 깨끗하고 공평하다고 평판이 나 있습니다. 지금 법에 걸려 형벌을 받게 되었는바 가슴 아픈 것은 무릇 죽은 자는 다시 살아날 수 없고 형벌을 받은 자는 손상된 몸을 회복할 수 없다는 사실입니다. 비록 잘못을 뉘우쳐 새 사람이 되고자 해도 어떻게 할 방법이 없사옵니다. 바라옵건대 제 몸을 관가의 종으로 들여 아비의 죄를 갚아 아비로 하여금 새 출발을 하도록 하여 주시옵소서." 글을 보고 천자는 그녀를 가엾게 여겨 다음과 같이 조칙을 내렸다. "대개 들으니 순(舜) 임금 때에는 죄인의 의복에 무늬를 넣거나 색깔을 달리해서 표시를 하는 것으로도 백성들이 죄를 짓지 않았다고 한다. 이 얼마나 훌륭한 다스림인가? 지금의 법은 육형이 다섯 가지나 있어도 범죄가 그치지 않으니 그 잘못이 어디에 있는가? 짐이 부덕한 데다 백성들을 제대로 가르치지 않은 탓이 아니겠는가? 내 몹시 부끄럽도다. 무릇 도리를 가르침이 철저하지 못하면 어리석은 백성들은 죄에 빠져들기 마련이다. 『시경(詩經)』에서도 이렇게 노래한 바 있다. '훌륭하도다! 저 군자여, 백성들의 부모일세.'라고. 지금 누군가 죄를 지었는데 가르침을 베풀기도 전에 형벌이 가해져

버리면 개과천선하고 싶어도 속수무책일 것이다. 짐은 이것을 안타깝게 여기노라. 무릇 형벌을 받으면 수족이 잘리거나 문신을 새기게 되어 평생 상처가 지워지지 않으니 그 얼마나 고통스러운 일이며 어질지 못한 처사인가? 그러고도 짐이 어찌 백성의 부모라 말할 수 있겠는가? 그러니 육형을 폐지하도록 하라." 이후로 이마에 문신을 새기던 것은 머리를 깎게 하고, 늑골의 힘줄을 뽑던 것은 곤장을 치게 하고 발뒤꿈치를 베던 것은 목에 칼을 씌우도록 하였다. 순우의는 마침내 형벌을 면하였다. 군자가 평한다. "제영의 말 한마디가 성군의 마음을 움직였으니 이는 정말 사리의 마땅함을 얻었다고 할 수 있다. 『시경』에서 노래하길 '임금님의 따뜻한 말씀, 백성들이 편안해지네.'라고 했는데 바로 이 같은 경우를 두고 한 말이다." 찬미해 노래한다. "제영이 아비 위해 변호할 제 식견 또한 뛰어났고, 지성껏 글월 올릴 때 문장이 대단했다. 소녀의 말이 성군을 감동시켜, 마침내 육형을 폐하고 아비도 살려냈다."

(齊太倉女者, 漢太倉令淳于公之少女也, 名緹縈. 淳于公無男, 有女五人. 孝文皇帝時, 淳于公有罪當刑. 是時肉刑尙在, 詔獄繫長安, 當行會逮, 公罵其女曰, 生子不生男, 緩急非有益. 緹縈自悲泣, 而隨其父至長安, 上書曰, 妾父爲吏, 齊中皆稱廉平, 今坐法當刑. 妾傷夫死者不可復生, 刑者不可復屬, 雖欲改過自新, 其道無由也. 妾願入身爲官婢, 以贖父罪, 使得自新. 書奏, 天子憐悲其意, 乃下詔曰, 蓋聞有虞之時, 畫衣冠, 異章服, 以爲示, 而民不犯, 何其至治也. 今法有肉刑五, 而姦不止, 其咎安在. 非朕德薄而敎之不明歟. 吾甚自媿. 夫訓道不純, 而愚民陷焉. 詩云愷悌君子, 民之父母. 今人有過, 敎未施, 而刑已加焉. 或欲改行爲善, 而其道無繇. 朕甚憐之. 夫刑者至斷支體, 刻肌膚, 終身不息, 何其痛而不德也. 豈稱爲民父母之意哉. 其除肉刑. 自是之後, 鑿顚者髡, 抽脅者笞, 刖足者鉗. 淳于公遂得免焉. 君子謂緹縈一言發聖主之意, 可謂得事之宜矣. 詩云辭之懌矣, 民之莫

矣. 此之謂也. 頌曰, 緹縈訟父, 亦孔有識, 推誠上書, 文雅甚備, 小女之言, 乃感聖
意, 終除肉刑, 以免父事.) 158)

제영 설화는 표면상 효심 갸륵한 한 소녀의 용감한 효행에 관한 한 편
의 아름다운 이야기로 읽힐 수 있다. 그러나 거듭 말했듯이 『열녀전』의
성립 경위나 내용 구성에 관여하고 있는 유교 가부장 이데올로기의 의도
성을 고려한다면 제영 설화는 단순한 효행담(孝行譚)이 아니라 일정한
사상적, 정치적 지향성을 지닌 담론으로 간주해야 한다.

우선 제영 설화가 속해 있는 「변통」전의 '변통'의 의미부터 살펴보자.
『열녀전』 「소서(小序)」에 의하면 '변통'은 "표현력이 뛰어나 비유로써 재앙
이나 흉한 일에 대처하는 것(文詞可涉, 連類引譬, 以抗禍凶)"이라고 하였다.
아울러 진동원(陳東原)은 '변통(辯通)'을 '변통(辨通)'으로 보아 "여성이 사
리에 밝아 당시의 재앙이나 흉한 일에 대처하는 것(婦人辨通事理, 以抗臨
時禍凶)"으로 풀이하였다.159) 즉 '변통'의 본뜻은 여성이 말을 잘하거나
기지를 발휘해서 어려운 문제를 해결하는 것이다. 실제로 「변통」전에 등
장하는 여성들은 어머니든, 아내든, 첩이든, 딸이든 각자의 처지에서 훌
륭한 언변이나 재치를 구사하여 자식의, 남편의, 아버지의 곤경을 해결하
는 데에 큰 기여를 하고 있다. 결국 여기에서 궁극적으로 남는 의미는 여
성이 가정이나 국가의 곤란한 상황에서 어떻게든 능력을 발휘하여 문제
를 해결한다는 취지이다. 그런데 그것이 희생의 양상을 띠게 되는 것은
위기상황에서 여성에게 불필요한 존재임을 확인시켜 주는 가정, 사회적

---

158) 『列女傳』 「辯通傳」 齊太倉女條.
159) 陳東原, 앞의 책, p.47.

통념이다. "아들이 없어서 위급한 때를 당해도 너희들은 아무 쓸모가 없구나"라는 아버지 순우공의 질책은 상고에 존재했던 원치 않는 여아에 대한 폭력적인 상황을 환기한다. 현실적으로 제영이 생존하였던 한대(漢代)에도 여아 살해가 성행했던 실례는 후한(後漢) 시기에 성립된 도교 경전인 『태평경(太平經)』에서의 다음과 같은 언급으로부터도 확인된다.

> 지금 천하가 도를 잃은 이래 대부분 여자를 천시하여 해치고 죽이니 여자가 남자보다 적어지고 음기가 끊어져 천지의 법도와 상응하지 못하고 있다. 하늘의 법도란 양이 짝을 갖지 못하면 메마르게 되니 하늘에서 때맞춰 비가 내리지 않게 된다. 여자는 땅과 감응하는데 유독 천시를 받으면 천하가 모두 그 어머니를 천시하고 땅의 기운을 해치고 죽이는 것이나 마찬가지이다. 땅의 기운이 끊어져 생기지 않으면 땅이 크게 노하고 기뻐하지 않아 재해가 더욱 많아지고 왕의 다스림이 태평함을 얻지 못하게 된다.
>
> (今天下失道以來, 多賤女子, 而反賊殺之, 令使女子少於男, 故使陰氣絶, 不與天地法相應. 天道法, 孤陽無雙, 致枯, 令天不時雨, 女子應地, 獨見賤, 天下共賤其眞母, 共賊害殺地氣, 令使地氣絶也不生, 地大怒不悅, 災害益多, 使王治不得平.)160)

『태평경』에는 당시의 여아 살해 및 여성 천시의 습속이 음양의 기운의 조화를 깨뜨릴 뿐만 아니라 사회적으로도 문제를 야기할 것을 우려하는 발언이 있다. 우리는 제영의 헌신적인 효행이 어쨌든 아버지의 질책으로

---

160) 『太平經』, 卷35, 「分別貧富法」.

부터 촉발된 사실에 주목해야 한다. 위기상황→원치 않는 존재임의 자각→희생→효녀의 탄생이라는 서사구조는 폭력의 희생물에서 효녀로 숭배되기까지의 전 과정을 보여준다. 『열녀전』이 교육적 의도성을 지닌 만큼 제영 설화의 이러한 서사 장치는 위기 상황에서 여성의 희생을 고무하는 동기로 얼마든지 작용할 소지가 있다 할 것이다. 우리는 제영 설화의 상술한 서사구조가 그녀 이후 여성들의 삶에서 어떻게 재현되고 있는지 검토해 볼 필요가 있다.

(3) 제영 그 이후

위진(魏晉) 시기에 지어진 『수신기(搜神記)』「이기(李寄)」 설화는 많은 지괴(志怪) 단편들 중에서 비교적 널리 알려진 작품이다. 유대걸(劉大杰)은 그의 『중국문학발전사』에서 위진(魏晉) 소설에 대해 언급하면서 특별히 「이기」 설화를 거론하여 이 작품이 지닌 우수한 산문 미학 및 적극적 사회의의를 상찬(賞讚)하였다. 유대걸이 주목한 「이기」 설화의 가치는 이기가 향촌의 우환이었던 구렁이를 제거하는 과정에서 보여준 "미신을 반대하고 백성을 위해 해를 제거하는(反對迷信, 爲民除害)" 정신이었다.[161] 아울러 이후 대부분의 연구자들도 이 작품에 대해 대동소이한 평가를 내리고 있다. 종래의 이러한 평가는 주로 계몽주의적, 사실주의적 관점에서 내려진 것으로 나름의 시대적 의미가 있음은 분명하나 이 작품을 여성주의에 기초한 관점에서 읽을 때 이기의 영웅적 형상은 반드시 긍정적인 의미로 귀결되지는 않는다. 먼저 「이기」 설화의 줄거리를 보면 다음과 같다.

---

161) 劉大杰, 『中國文學發展史』(臺北: 華正書局, 1984), p.255.

동월(東越) 어느 동굴에 구렁이가 있어 향촌의 주민들에게 심각한 위해(危害)가 되어왔는데 주민들은 구렁이를 달래기 위해 어린 소녀를 희생물로 바쳤다. 이기는 곤궁한 가세를 돕기 위해 스스로 몸을 팔아 희생물이 되기로 했다. 그녀는 도리어 동굴의 구렁이를 계략으로 죽여 없애고 일약 영웅이 되었다. 이기는 그 공으로 월왕(越王)의 후비(后妃)가 되고 가족이 모두 행복하게 되었다.

이 설화는 우선 신화적인 차원에서 출발(出發)-역정(歷程)-회귀(回歸)의 구조를 갖는 전형적인 영웅서사의 형식을 취하고 있는데, 캠벨(Joseph Campbell)은 이러한 설화를 단원신화(mono myth)라고 불렀다. 또한 인류학적인 차원에서 이 설화는 게넵(Van Gennep)의 이른바 통과의례적 의의를 함유하고 있기도 하다. 동굴 속의 구렁이를 퇴치한 후 주인공은 완전한 사회적 통합을 이룩하기 때문이다. 이러한 과정들이 심리학적으로는 라캉(J. Lacan)의 이른바 상상적 단계에서 상징적 단계로의 진입으로 설명될 여지도 있다. 궁극적으로 이기는 왕비가 되어 '아버지의 이름(The Name of the Father)' 아래에 안착하기 때문이다. 그러나 상술한 도식적, 환원적 해석들보다도 이기 설화에서 우선 주목되어야 할 것이 있다. 이야기의 초입부터 제의적 희생물로서의 여성 의미가 배치되어 이미 살펴본 바 폭력과 효의 상관성을 예시하고 있는 것이 그것이다. 이기가 가난한 살림을 생각하여 희생물이 되기를 자원했을 때 그녀가 말리는 부모를 설득하는 대목을 들어보기로 하자.

부모님께서 복이 없으셔서 딸만 여섯을 낳으시고 아들 하나도 없으시니 비록 자식이 있다 하나 없는 것이나 마찬가지입니다. 저는 딸로서 제영과 같이 아버지를 구원했던 공로도 없는 데다가 공양도 못 하면서 헛되이 의식이나 축내고 있으니 살아보았자 아무런 도움이 되지 못하여 일찍 죽느니만 못합니다. 저의 몸을 팔아 돈이라도 좀 얻어 부모님께 드릴 수 있다면 어찌 좋은 일이 아니겠습니까?

(父母無相, 惟生六女, 無有一男, 雖有如無. 女無緹縈濟父母之功, 既不能供養, 徒費衣食, 生無所益, 不如早死. 賣寄之身, 可得少錢, 以供父母, 豈不善耶?)

처절하고, 연민의 정을 자아내게 하는 이기의 발언은 우리로 하여금 당시 여성이 얼마나 무가치한 존재로 인식되었고 그 사회적 통념이 이기에게 주입되어 그녀를 효도라는 미명하의 폭력적 상황으로 내몰고 있는지를 보여준다. 그 사회적 통념과 관련하여 우리가 기억해야 할 것은 앞서 말한바 한대 이후에도 자행되어 온 여아 살해와 여아매매의 악습이다. 극단적인 상황에서 딸은 '원치 않는 존재'가 되어 얼마든지 희생물이 될 수 있다는 인식이 상고 이래 여전함을 볼 수 있다. 다만 그것이 제영 설화에서 보였듯이 한대의 유교 이데올로기에 의해 효라는 아름다운 명분을 갖추었을 뿐이다. 아울러 우리는 윗글에서『열녀전』의 교육적 효과를 확인할 수도 있다. 이기가 듣고 본받고자 했던 제영의 효행담은 실상 가부장적 질서를 대변하는 유향이라는 남성 작자의 목소리였고, 이기는 이를 통해 자연스럽게 제영 이미지를 재생산해내고 있기 때문이다.

이기 설화 이외에도 제영 이미지는 남북조(南北朝) 시대에 이르러 목란(木蘭) 설화로 다시 재현된다. 남북조 시대의 대표적 서사시인「목란사(木蘭辭)」[162]의 배경을 이루는 목란 설화에서 목란은 무남독녀로서 늙고 병

---

162) 北朝에서 유행했던 작자 미상의 民歌로 근래 상영된 바 있는 애니메이션「뮬란(Mulan)」의 底本이다.

든 아버지를 대신해 남장을 하고 종군한다. 후일 공을 세워 귀환할 때쯤 에야 그녀의 정체를 알고 그 효심에 모두 경탄한다는 이 이야기는 잘못 읽으면 「에일리언」의 리플리 같은 씩씩한 여성 전사(戰士)의 이미지처럼 여성성의 남성적 확장 혹은 고정된 성 역할의 타파로 오해될 수도 있다. 그러나 제영 설화와 마찬가지로 이 이야기의 근본 주지(主旨)도 가부장 적 효 윤리이며 이를 구현하기 위해 남장을 통해 성적 정체성의 변환을 시도하는 목란의 행위는 결코 가부장 제도의 규범을 넘어서려는 모험적 인 시도로 볼 수 없다.[163]

제영 이미지는 중국뿐만 아니라 유교문화권에 속하는 한국에도 영향 을 미쳤다. 이미 한국에서도 조선 시대 이래 『열녀전』은 여성 교육의 지 침서로 보급되었으니 『열녀전』상의 여성 이미지들이 조선 시대의 유교적 여성 인물 형상을 빚어내는 데에 큰 작용을 했을 것으로 판단된다. 가령 『심청전』에서의 심청의 아버지에 대한 맹목적인 효는 조선 후기 하층 사 회에서의 딸을 팔던 습속과 상관하여 이해할 때 가부(家父)에 대한 효 윤리라는 제영 이미지의 원관념이 절대화된 문학적 표현으로 볼 수 있 다. 그러나 『바리데기』 무조(巫祖) 신화에서 제영 이미지는 다소 변형된 모습으로 나타난다. 일곱 딸 중의 막내로서 아들이 아니기에 버려진 바 리데기, 즉 원치 않는 여아는 후일 죽어가는 부왕(父王)을 위해 불사약 을 찾는, 험난한 모험을 하고 결국 부왕을 살려낸다는 점에서 제영, 이 기, 심청 등과 비슷한 삶을 살았으나 종국에는 왕국이라는 가부장 제도

---

163) 목란의 성적 정체성과 관련하여서는 Ann-Maric Hsiung, "A Feminist Re-Vision of Xu Wei's Ci Mulan and Nüzhuangyuan", *China in a Polycentric World*(Stanford: Stanford University Press, 1998), Edited by Yingjin Zhang 참 조.

권에 안주하지 않고 무조신(巫祖神)으로서의 독자적인 세계를 구축, 여성 주체로서의 길을 걸어갔다는 점에서 전술한 여성 존재들과 다른 삶의 방식을 보인다. 이는 제도권으로부터 비교적 자유로운 무속의 서사공간 이기에 가능한 일이었을 것이다.

그렇다면 제영 이미지의 근대적 모습은 어떠한 것일까? 근대에 이르러 가부에 대한 효 윤리는 가정 혹은 그것의 연장인 국가에 대한 희생의 양상으로 확장되어 나타난다. 그리하여 우리는 오빠를 공부시켜 법관으로 만들고 자신은 윤락녀의 신세가 된 홍도의 눈물에서, 남동생을 대학 보내느라 자신은 일찌감치 산업역군이 되어버린 1970년대 이른바 공순이의 고단한 몸에서 효녀 제영의 그림자를 본다. 1970년대뿐인가? 근래의 영화 「세기말」에서도 가난한 집 딸 소령은 사법고시 본다면서 오락실에서 허송세월하는 오빠를 위해 원조교제에 나선다. 동아시아의 딸들은 여전히 제영 이미지로부터 자유롭지 못한 것이다.

맺는말

동아시아 문화담론에 내재된 성의 문제를 살펴보기 위한 일환으로, 전통시대의 문화담론과 성을 파악하는 일은 선결과제이다. 이 글에서는 이에 따라 동아시아 가부장적 윤리관이 결정적으로 형성된 시기인 한대(漢代)의 유학과 여성의 관계를 배경론으로 검토하고 한대의 유교적 여성관의 구체적 결실인 『열녀전』에서 전개된 여성 유형학의 내용과 특징을 비판적으로 고찰해 보았다. 그 결과 『열녀전』은 한대의 가(家)-국(國) 유비체제를 유지하기 위한 유교 가부장 이데올로기의 뚜렷한 반영으로서 이후의 여성 교육에 지대한 영향을 미친 책임이 확인되었다. 이 글에서는 특히『열녀전』「변통」전에 실린 효녀 제영 이미지에 주목하여 그것의 성립 근거 및 계보학적 의미를 탐색해 보았던바 중국의 이기, 목란, 한국의 심청, 바리데기 설화 등을 거쳐 근대의 여러 사례들에 이르기까지 딸의 가부(家父)에 대한 효 윤리가 갖는 여성억압적 의미가 맥맥히 유전되고 있음을 알 수 있었다. 실로 제영 이미지는 오늘의 한국에서도 그 교육적 기능을 유감없이 발휘하고 있었던 것이다. 고대 중국에서 정립된 이러한 유교적 여성 이미지의 근대에로의 전이(轉移)에 대한 탐구는 근대 이후의 문화담론과 성의 문제에 대해 상당한 시사를 제공할 뿐만 아니라 오늘의 여성 연구의 지평을 보다 근원적인 방향으로 넓히는 데에 일정한 역할을 할 것으로 기대된다.

후기(後記)

이화여대 후문에서 금화터널 방향으로 가다가 안산(鞍山) 쪽으로 올라가면 산기슭에 봉원사(奉元寺)라는 오래된 절이 있다. 신라 때 도선(道詵) 스님이 창건(創建)했다는 이 절은 오늘날 태고종(太古宗)의 본산이면서 범패(梵唄), 단청(丹靑) 등 국보급 불교예술을 전승시켜온 터전이기도 하다. 그런데 고색(古色)이 창연(蒼然)한 가람(伽藍)과 찬란한 유형 무형의 문화 유산을 뒤로 하고 사하촌(寺下村)으로 내려오면 동네 한 구석에 오롯이 위치한 낡은 비각(碑閣) 한 채를 발견하게 된다. 절 앞에 고이 모셔둔 고승, 대덕(大德) 들의 부도와는 달리 이 비각은 아무도 돌보는 사람이 없는 듯 몹시 퇴락해 있다. 자물쇠가 채워진 어두운 비각 안을 들여다보면 뜻밖에도 '조낭자희정유애비(趙娘子熹貞遺哀碑)'라는 제목이 눈에 들어온다. '유애비(遺哀碑)'라니? 무슨 슬픈 사연이 있는 것일까? 먼지와 세월의 때에 더럽혀진 비문을 어렵사리 판독(判讀)해 보니 과연 그럴 만한 사연이 있었다. 조희정이라는 이 비극의 여인은 1904년, 그러니까 조선 말기에 경상도 진주 근처에서 태어났다. 고명딸이었던 그녀는 겨우 여덟 살 때에 어머니의 손에 이끌려 기생이 된다. 커가면서 그녀는 항상 자신의 신세를 한탄하였다고 한다. 열아홉 살에 그녀는 한 남자의 첩이 되었으나 그 생활도 순탄하지는 않았다. 그는 다른 사업에 여념이 없어서 1년에 한두 번 그녀를 찾을 정도였다. 마침내 스물한 살 되던 해 그녀는 한 장의 유서를 남기고 음독자살하고 만다. 유서에서 그녀는 내세에 다시는 이런 인생을 살게 되지 않기를 서원(誓願)하고 있다. 비석은 그녀의 죽음에 죄책감을 느낀 남편이 세운 것이었다. 그는 봉원사에서 그녀를 화장하고 약간의 전답을 절에 바쳐 그녀의 왕생극락(往生極樂)을 기원하였던 것이다. 비문을 읽고 나니 처절한 그녀의 삶에 대한 안쓰러운 느낌으로 쉽게 발걸음이 떨어지지 않았다. 무엇이 겨우 스물한 살의 그녀로 하여금 죽음을 결심하게 하였을까? 비문은 단지 그녀가 기생이라는 신분을 비관하여 자살한 것으로 말하고 있으나, 말 못 할 더 슬픈 사정이 있을 줄 누가 알랴? 그녀는 부처님께 귀의하여 내생에는 다른 좋은 삶을 살게 되기를 소망하였지만, 불교의 세계에서도 여성은 그리 환영받는 존재가 아니다. 봉원사 대웅전의 사방 벽에 그려진 부처님의 출생에서 득도, 열반에 이르는 전 과정의 그림 중에는 부처님이 수행 중에 여인들로부터 유혹을 받는 장면이 있다. 그런데 거울에 비친 여인의 얼굴은 마귀의 모습이었다. 불교의 세계에서도 여성은 진리를 파괴하고자 하는 유혹자로서 마귀와 동일시되고 있는 것이다. 아마 부처님은 자비로우시겠으나 부처님을 따르는 종교의 현실에서 여성은 여전히 평등치 못한 처지에 있는 것이리라.

전국(戰國) 시대쯤에 지어진 옛 책 『열자(列子)』를 보면 영계기(榮啓期)라는 어진 은자(隱者)에 대한 기록이 있다. 공자가 영계기에게 무슨 즐거움이 있느냐고 물었더니 영계기는 인간으로 태어난 것, 남자로 태어난 것, 장수를 한 것 이 세 가지가 삶의 큰 즐거움이라고 대답한다. 그가 남자로 태어난 것을 즐기고 있을 때 조희정 같은 여인은 여자로서의 비운(悲運)을 한탄하며 불행한 삶을 살고 있었을 것이다. 치기(稚氣) 어렸던 시절 영계기처럼 우쭐했던 적이 있었다. 그 철없는 생각이 누군가의 눈물과 한숨을 자아낼 수도 있다는 사실을 그때는 몰랐었다. 이 글은 무지했던 그 시절에 대한 부끄러움과 회오(悔悟)로부터 비롯되었다.

2. 도교서사와 여성

세계화란 특정한 지역문화의 획일적 확산이 아니라 각 지역문화 간의 상호구성적 접근을 통한 호혜적 관계 맺음이라 할 것이다. 그런데 진정한 호혜적 관계란 서로가 서로에게 대안이 될 수 있을 때 가능하다. 따라서 바람직한 세계화를 이룩하기 위해 각 지역문화의 대안적 가치 탐색은 필요하고도 선결적인 작업이라 할 수 있다.

이 글에서는 다양한 문화 정체성이 충돌 혹은 융합 관계에 있는 세계화/지역화의 시점에서 성평등의 구현을 위해 동아시아 문화담론에서 재발견, 재정의할 수 있는 대안적 가치를 중심으로 논의를 진행시키고자 한다. 이에 비교적 긍정적 견지에서 주목하고자 하는 분석 대상은 도교 문화이다. 도교는 동아시아 전통에서 지배 이념으로 군림해왔던 유교에 대비되는 기층적, 반인문적 경향을 띤 문화이다. 따라서 동아시아 역사에서 유교가 이성적, 제도적, 구성적 측면을 대변해왔다면 도교는 감성적, 자연적, 탈구조적 측면을 옹호해왔다. 도교는 "생명을 존중하고(貴生)", "생명을 기르는(養生)" 문화이기 때문에 동아시아의 다른 어떠한 사조보다도 신체성을 강조한다. 이 신체성에 대한 강조로부터 도교는 가부장적 지배 이념인 유교와 길을 달리하게 되고 친생태, 친여성적인 성향을 갖게 된다.

이 글에서는 도교의 이러한 성향이 오늘의 여성주의적인 입장과 긍정적으로 조우할 가능성이 있는지의 여부를 타진하여 세계화/지역화의 시점에서 한국의 여성학이 동아시아 문화자산으로부터 길어올 수 있는 자양이 무엇인지 확인하고자 한다. 근래 국내에서는 유교담론의 부활의 추세에 힘입어 유교이념 안에 여성주의를 포섭하려는 움직임이 학계 일각에서 일고 있다. 그러나 이러한 호교론(護敎論)적 입장에서의 여성주의에 대한 접근은 근본적인 한계를 지니고 있을 뿐만 아니라 또 다른 형태의 유교 지배로 비쳐지는 측면도 없지 않다. 유교 가부장제에 대한 철저한 비판을 위해서도, 한국 여성학의 정체성을 위한 또 다른 문화적 대안의 모색을 위해서도 우리는 유교와 대립되는 사조였던 도교의 문화 가치에 보다 주목할 필요가 있을 것이다.

지금까지 기존의 세계화에 대한 문헌이나 연구는 주로 세계화에 대한 사회과학적 연구나 문화비평적인 연구에 집중되어 있어, 세계화 현상 과정의 분석 및 진단과 관련지어 대안적 가치와 윤리를 모색해 보는 선행 연구는 국외나 국내에 거의 없다고 할 수 있겠다. 도교에 대한 여성학적 탐구는 그동안 국내에서 주로 행해져 왔던 유교 가부장제에 대한 비판적 연구의 도식화된 경향을 탈피하여 동아시아 문화를 여성학적 관점에서 보다 다양하게 접근할 시각 및 기회를 제공해 줄 뿐 아니라 동아시아 문화에 내재된 여성주의적 가치를 거론함으로써 지역문화를 바탕으로 한 고유의, 자생적 여성학을 구축하는 데에 적지 않은 기여를 할 수 있을 것으로 기대된다.

도교는 한국, 중국, 일본, 월남 등 동아시아 제국이 공유하고 있는 기층문화로서 내용상 크게 철학적 도교(Philosophical Daoism)와 종교적 도교 (Religious Daoism)로 구분되는데 전자는 주로 노자(老子), 장자(莊子) 등의 관념적, 형이상학적 측면을, 후자는 주로 신선가(神仙家)의 신체적, 수행적 측면을 지칭한다.

이 글에서는 주로 후자에 대한 여성주의적 접근을 토대로 도교의 대안적 가능성을 모색하고자 한다. 그리하여 우선 소설 작품에 표현된 도교적 여성 인물에 대한 분석을 통하여 도교와 여성주의의 상관성을 검토해 볼 것이다. 역사상 도교는 시, 소설, 희곡, 회화, 음악 등 문학 예술을 통해 그 이념과 성격을 잘 드러내왔는데 특히 도교는 중국 소설의 발생론적 토양이 됐을 정도로 소설 장르와는 긴밀한 관계에 있다. 중국의 고대 소설은 도교 제의(祭儀)의 구술적 상관물이라 할 정도로 도교적 요소를 풍부히 지니고 있다. 그리하여 등장 인물은 도교사상과 밀접한 관련이 있는 경우가 많다. 이 글에서는 이중에서 도교적 성향을 지닌 여성 인물의 특성에 주목하고자 한다. 이러한 여성 인물의 대표적 유형으로는 첫 번째, 여선(女仙)을 들 수 있다. 여선은 도교에서 가장 이상적인 경지에 도달한 것으로 생각하는, 이른바 신선(神仙)이 된 여성이다. 신선은 육체적으로는 불로불사를, 정신적으로는 완전한 인격을 실현한 존재이다. 여선, 곧 완전한 존재자로서의 여성은 어떻게 표현되며 남성 신선과는 어떠한 차이점을 지니는지 흥미롭지 않을 수 없다. 두 번째 유형으로는 여도사(女道士)를 들 수 있다. 여도사는 여관(女冠)이라고도 하는데 여성 도교 사제(司祭)를 의미한다. 앞서의 여선이 전설적 존재임에 비해 이들은 실제 역사적 존재로서의 성격이 강하다. 따라서 이들의 행적, 에피소드는 오히려 여선의 경우보다 훨씬 더 도교적 여성 인물의 현실을 반영하는 측면이 있다. 세 번째 유형으로는 여협(女俠)을 들 수 있다. 여협은 곧 여성 협객인데 대부분 이들은 도교 주술의 운용자들이다. 남성만의 활동 영역으로 인식되는 협객의 세계에서 여협은 독특한 지위를 점한다. 이들의 성적 정체성의 문제 또한 흥미로운 탐구 대상이 아닐 수 없다. 네 번째 유형으로는 기녀(妓女)를 들 수 있다. 모든 기녀가 그런 것은 아니지만 일부 기녀들은 도교와 관련을 맺고 있다. 이 경우 그들은 일반적 의미에서의 기녀의 성향과는 다른 모습을 보여준다.

이 글에서는 소설 작품에 표현된 도교적 여성 인물을 분석함에 있어 주로 이 네 가지 유형의 여성 인물들을 대상으로 삼을 것이다. 이들의 성적 정체성, 에로티즘, 사회의식 등에 대한 검토를 통하여 도교 문화가 지닌 여성주의적 자산을 발굴하고자 하는 것이 이 글의 목표이다. 이에 따라 이 글은 우선 서론부에서 도교 역사 속의 여성 인물에 대해 개략적으로 서술하여 본론의 전제로 삼고, 다음에는 앞서 제기한 바 있는 네 가지 인물 유형에 대한 케이스 스터디를 시도하고자 한다. 그리고 결론에서 분석 결과를 종합하여 도교의 여성주의적 함의를 도출한 후 논의를 맺고자 한다.

1) 도교 역사 속의 여성들

도교의 종교로서의 공식 역사는 기원 2세기 후반, 후한(後漢) 시기로부터 시작된다. 이 때 사천(四川) 지역에서 장도릉(張道陵)이 오두미도(五斗米道)라고 하는 도교 교단을 처음 열었던 것이다. 그러나 도교는 하루 아침에 성립된 것이 아니다. 종교적인 차원에서는 샤머니즘에 뿌리를 내리고 있었고, 사상적인 경향은 노자의 원시 도가(道家)에 기대고 있었으며, 서사적인 토양은 신화에 근원을 두고 있었기 때문이다. 이 중 이 글에서 분석 대상으로 삼고 있는 도교계 소설은 특히 신화와 혈통적인 관계에 있다. 다시 말해서 신화는 도교 이야기로 변천해 갔는데 그 과정에서 문학 장르로서 소설이 발생한 것이다.[164] 이렇게 되면 우리는 도교 속의 여성을 거론하기 이전에 신화 속의 여성을 먼저 이야기하지 않을 수 없다.

중국신화는 여신에 관한 풍부한 자료를 지니고 있다. 가령 여와(女媧)는 창조의 여신으로서 최초로 흙으로 사람을 빚어낸다. 그리고 그녀는 뚫어진 하늘을 오색의 돌로 기우기도 하고 갈대를 태운 재로 홍수를 막아 인류가 생존할 터전을 마련한다. 이 모든 일을 그녀는 남신의 힘을 빌리지 않고 단독으로 수행한다. 서왕모(西王母)는 서쪽 끝 곤륜산(崑崙山)에 사는 여신이다. 그녀는 재앙과 죽음을 관장하였다. 죽음을 지배하기에 그녀는 불사와 재생의 능력도 지녔다. 이 밖에도 희화(羲和)는 태양의 여신이고 상희(常羲)는 달의 여신이다. 이처럼 중국신화 속의 여신들은 독립적이고 주체적이며 성 역할에서도 고정관념에서 벗어나 있다.[165] 가령 태양신은 다른 문화권에서는 대개 남신인데도 중국신화에서는 여신이다. 신화시대가 끝나고 역사시대로 접어들면서 신화 속의 여신들은 대부분 도교 속의 여선으로 변모한다. 가장 대표적인 예가 서왕모인데 그녀는 재앙과 죽음의 여신으로서의 이미지를 벗고 오로지 불사와 재생의 힘을 부여해주는 여선으로 다시 등장하게 되는 것이다. 그러나 한대(漢

---

164) 중국 소설의 발생론에 대해서는 정재서, 『不死의 신화와 사상』(서울: 민음사, 1994), pp.245-251 참조.

165) 송정화, 「신화 속의 처녀에서 역사 속의 어머니로」『중국어문학지』(2001. 6), 제9집, pp.370-372.

代)에 이르러 유교 관념의 침투로 인해 독자적인 그녀의 지위는 다소 흔들린다. 동왕공(東王公)이라는 배우신(配偶神)이 나타나기 때문이다. 하지만 한대 이후 동왕공의 존재는 애매해지고 그녀는 다시 독자성을 회복한다.

이제 도교의 역사 속으로 들어가 보자. 후한 시기에 도교 교단이 성립된 이후 도교는 당시 외래종교인 불교의 자극으로 교단조직과 교리체계의 완성에 박차를 가한다. 대체로 후한부터 당(唐) 이전 위진남북조(魏晉南北朝)에 이르는 시기가 도교의 완성기에 해당된다. 이 때의 도교는 주로 외단법(外丹法)이라는 연금술적 방법을 통해 불로장생을 추구하고자 하였다. 광물질을 합성하여 단약(丹藥) 즉 불사약을 제조하였던 것이다. 이 기간에 지어진 유향(劉向)의 『열선전(列仙傳)』과 갈홍(葛洪, 283-343)의 『신선전(神仙傳)』 등 신선전기집에는 단약을 복용하거나 기타의 수련 방식으로 신선이 된 사람들의 행적이 실려 있는데, 이 중에는 여선도 적지 아니 있다. 신선전기집 속의 여선 말고도 영매(靈媒)적인 능력으로 신선이 된 남악부인(南嶽夫人) 위화존(魏華存)은 상청파(上淸派)라는 종파를 열었고, 후일 이 종파는 당대(唐代) 도교의 중심이 된다. 당대 이후 도교는 중대한 두 가지 변화를 맞게 된다. 한 가지는 도교의 수행 방식이 외단법에서 내단법(內丹法)의 경향으로 바뀐 것이다. 내단법은 외부의 약물에 의존하지 않고 체내의 기운을 배양하여 불사의 경지에 이르고자 하는 방식이다. 또 한 가지는 그동안 민간 혹은 일부 귀족 사이에서 신봉되어오던 도교가 국가의 공인을 받은 제도권의 종교로 변모한 것이다. 당(唐), 송(宋) 시대에 도교는 국교가 되기까지 하였다. 당대에는 여선 위화존을 교주로 하는 상청파 도교의 영향으로 여선인 서왕모에 대한 숭배가 절정에 달했다. 아울러 도교가 국교로 되면서 여성들이 도사로 출가하는 경우도 많아졌는데 양귀비(楊貴妃), 어현기(魚玄機) 등은 이의 대표적인 사례이다. 송(宋), 원(元) 시대에는 선종(禪宗) 불교와 결합한 신도교 전진교(全眞敎)가 크게 일어났고, 이때에는 손불이(孫不二) 등의 여선이 활약하였다. 당대 이후에는 여선의 비중이 커지면서 여선만을 별도로 다룬 신선전기집이 출현하였다. 당말(唐末)의 두광정(杜光庭)이 편찬한 『용성집선록(墉城集仙錄)』은 여선만의 신선전기집이며 송대 이방(李昉)의 『태평광기(太平廣記)』 및 조도일(趙道一)의 『역세진선체도통감(歷世眞仙體道通鑑)』과 청대(淸代) 왕건장(王建章)의 『역대선사(歷代仙史)』에서는 독립된 편장(篇章)에 전적으로 여선만을 수록하고 있다.[166]

2) 소설 속의 도교적 여성 유형 – 당대(唐代) 소설을 중심으로

(1) 여선(女仙), 그 자기완성의 존재 –『열선전(列仙傳)』과『신선전(神仙傳)』의 여선들

도교는 다른 종교에 비해 상대적으로 여성의 자기완성, 곧 득도에 대해 편견이 적다. 유교에서는 여성 성인이 있을 수 없고, 불교에서는 수행시 여성에게 남성보다 두 배나 많은 계율을 부과한다.[167] 그러나 도교에서는 유교의 성인에 해당하는 득도자인 여선이 다수 존재할 뿐만 아니라 수행할 때에도 신체, 생리상의 차이가 있을 뿐 차별은 그다지 없다. 물론 도교 수행에서 여성의 경우 우선 남성의 몸으로 전환하는 과정이

166) 신선전기집의 여선 수록 정황에 대해서는 詹石窗, 『道敎與女性』(上海:上海古籍出版社, 1990), pp.31~35 참조.
167) 具足戒의 경우 比丘는 250계, 比丘尼는 500계를 받는다.

필요하다고 주장하기도 한다. 이는 명백히 남성 중심적인 사고이다. 그러나 이러한 사고는 후세에 도교가 유교 가부장 관념의 영향을 받기도 하고 불교를 수용하는 과정에서 여성이 해탈하려면 다음 생에서 남성으로 태어나야 한다는 식의 윤회론의 영향을 받았기 때문에 생긴 것이지 도교가 본래 지니고 있었던 것이 아니다.

　여선은 초기 도교 시기부터 존재했다. 서왕모같이 신화에서 넘어온 여선도 있지만, 여기에서 주목하고자 하는 것은 역사적 존재로서 자기완성의 경지에 이른 여성 득도자이다. 가장 오래된 신선전기집인 『열선전』에서부터 이미 강비이녀(江妃二女), 구익부인(鉤翼夫人), 여환(女丸), 모녀(毛女), 주가녀(酒家女) 등의 여선이 등장하며, 다음에 성립된 『신선전』에도 마고(麻姑), 서하소녀(西河少女), 동릉성모(東陵聖母), 번부인(樊夫人), 정위처(程偉妻) 등의 여선이 출현한다. 통계에 의하면 당 이후에 성립된 『용성집선록』은 38명, 『역세진선체도통감』은 121명, 『역대선사』는 133명의 여선을 수록하고 있다. 흥미로운 것은 이들 중의 다수가 결혼한 신분이라는 점이다. 신화에서 여신이나 여사제는 대개 독신이며 기성 종교 교단에서도 여성 교역자는 독신을 원칙으로 하는 경우가 많다. 그런데 전통사회에서 가정을 지닌 여성이 남성들과 더불어 자기완성을 달성한 존재로 함께 묘사되고 있는 것은 파격적이라 하지 않을 수 없다. 다시 말해서 이것은 도교에서 성 역할에 대해 고정적인 인식을 하고 있지 않다는 증거이다. 오히려 도교에서는 여성의 수행 능력과 도력(道力)에 대해 남성보다 우월한 것으로 인식하는 경우가 적지 않다. 가령 『신선전』의 번부인 이야기를 예로 들면, 남편 유강(劉綱)은 번부인과 여러 차례 도술 겨루기를 하나 번번이 지기만 하고 마지막 승천할 때에도 다음과 같은 광경이 벌어진다.

승천하려 할 즈음이었다. 현청(縣廳) 부근에는 전부터 커다란 쥐엄나무가 있었는데, 유강은 그 나무를 수십 자나 올라가 간신히 날아오를 수 있었다. 부인은 단정히 앉은 채 두둥실 구름이 떠오르듯 올라가 부부가 함께 승천해 사라졌다.[168]

이 밖에도 정위처는 신선 될 자질이 없는 남편에게 비결을 전수하지 않고 혼자 시해선(尸解仙)이 되고, 동릉성모는 도교를 불신하는 남편의 박해를 벗어나 승천한다. 도교에서는 이와 같이 남존여비의 세속적 가치가 반전(反轉)되어 나타나기도 한다. 그 이유는 무엇일까? 도교적 사유의 근원은 억압된 은(殷) 문화에 있었다. 은대는 샤머니즘의 바탕 위에서 신비주의가 성행하고 모계사회의 요소가 풍부히 남아 있던 시대였다. 이때의 점서(占書)인 『귀장역(歸藏易)』은 곤괘(坤卦)를 수괘(首卦)로 한 여성 원리의 해석 체계를 지니고 있었는데, 후일 주대(周代)에 성립된 『주역(周易)』에 이르러 건괘(乾卦)를 수괘로 한 남성 원리의 해석 체계로 바뀌게 된다. 노자의 『도덕경』을 비롯한 도교의 사상 계열은 이 『귀장역』의 주음사상(主陰思想)을 계승하였다.[169] 도교에서의 여선 중시 관념은 바로 이러한 전통으로부터 유래된 것이다.

끊임없이 자기완성을 추구하는 여선, 이는 여성이 종속적 존재가 아니라 독립된 개체로서 무한한 가능성을 지닌 존재라는 인식의 소산이다. 도교는 그것을 긍정한다.

---

168) 『神仙傳』, 卷7, 樊夫人條: "將昇天, 縣廳側先有大皂莢樹, 綱昇樹數丈, 夫人平坐, 冉冉如雲氣之昇, 仝昇天而去."

169) 詹石窗, 앞의 책, pp.44-49.

(2) 여도사(女道士)의 성적 모험 – 어현기(魚玄機)의 경우

여도사 어현기에 대한 전기는 신문방(辛文房)의 『당재자전(唐才子傳)』과 황보매(皇甫枚)의 『삼수소독(三水小牘)』에 실려 있는데 그 내용을 간추리면 다음과 같다.

어현기는 당말 의종(懿宗) 시기의 여도사로 미모와 문학적 재능이 뛰어났다. 당시 장안의 여도사들은 시를 잘 짓기로 유명하였는데 그중에서도 어현기가 최고로 손꼽혔다. 그녀는 당대의 명사였던 이억(李億), 온정균(溫庭筠) 등과 문학으로 교제하였다. 그러나 이들뿐만 아니라 한량들과도 자주 쾌락에 탐닉하였다. 어현기에게는 한 어여쁜 계집종이 있었는데 어현기는 그녀가 자신이 좋아하는 남자와 몰래 사귀는 것으로 의심하고 매를 때려죽이고 말았다. 그리고 그 시체를 뒤뜰에 묻었다가 발각되어 결국 사형을 당하였다.(그러나 여기에 대해서는, 평소 어현기에게 반감을 품고 있었던 한 관리가 조작하여 억울하게 누명을 씌워 죽인 것이라는 다른 설도 있다.)

언젠가 중국 광동성(廣東省) 나부산(羅浮山)의 도관(道觀)에서 거행하는 도교의식을 참관했다가 여도사가 남도사와 함께 의식을 집전(執典)하는 장면을 보고 놀란 적이 있다. 불교, 이슬람교는 물론 서구의 전통적인 기독교에서도 여사제의 존재를 발견할 수 없음에 비추어 이는 도교가 지닌 특이한 일면이라 할 수 있다. 여도사는 여관(女冠)이라고도 일컫는데 원래 관은 남성의 전유물이고 권력의 표식이다. 수탉의 벼슬을 계관(鷄冠)이라고 부르는 것도 그러한 연유에서이다. 그런데 도교에서는 이러한 성별 표식을 무시하고 여성에게도 관을 호칭함으로써 권력 기능, 곧 사제로서의 기능을 부여한 것이다.

당대에는 도교가 국교가 되고 일반화되면서 여성들이 도교를 신봉하고 스스로 여도사가 되는 일이 많아졌다. 양귀비가 일찍이 여도사가 되어 '태진(太眞)'이라는 도호(道號)를 받은 것은 잘 알려진 사실이다. 여도사는 신분이 안정되고 자유로웠다. 당대에는 노자를 황실의 선조로 간주하였으므로 도사는 왕족 버금가는 지위로 대우하였다. 어현기가 방종할 정도로 자유연애를 즐길 수 있었던 것은 우선 도사가 누릴 수 있었던 이러한 신분적 특권 때문이다. 그러나 남도사들의 생활이 비교적 근엄하였던 데 비해 여도사들이 성적으로 분방하였던 점은 또 다른 측면에서 이유를 생각해 보아야 한다. 현종(玄宗)이 본래 며느리였던 양귀비와 자유롭게 관계를 갖기 위해 그녀를 고의로 출가시켰던 사례로 볼 때 당시 여도사의 성적 일탈은 어느 정도 묵인된 관습 같은 것이었다. 그렇다면 그러한 관습은 어디에서 유래된 것일까? 여기에 대해서는 두 가지 측면에서 생각해 볼 수 있다. 첫 번째는 도교 고유의 측면에서인데 앞 절(節)에서 말했듯이 도교에 풍부히 남아 있는 모권적인 요소, 즉 주음사상의 영향으로 도교가 여성의 성적 개방에 대해 비교적 관대했던 것이 아닌가 생각해볼 수 있다.[170] 두 번째는 신화, 종교 일반론적인 측면에서인데, 고대의 여성 사제는 성적 유추를 통해 신격과 합일되거나 신격의 대리자로서 참배객과 신성한 성적 결합을 수행하였다. 남성 신격을 모시는 신전에서의 처녀 사제가 대개 이러한 역할을 담당했으며, 신화에서의 영웅과 여신의 만남은 실상 권력자와 여사제와의 성적 결합을 함축한다. 신정일치(神政一致) 사회에서의 제왕은 이러한 결합을 통해 세계를 갱신

---

170) 도교와 당대 사회의 개방적인 성 풍조와의 긴밀한 관련성에 대해서는 崔眞娥, 「唐代 愛情類 傳奇 硏究」(연세대 중문과 박사학위논문, 2002), pp.86-90 참조.

할 수 있는 힘을 다시 획득하게 된다. 중국신화의 경우 우리는 주목왕(周穆王), 한무제(漢武帝)와 서왕모와의 만남, 초회왕(楚懷王)과 무산신녀(巫山神女)와의 만남에서 그러한 의미의 흔적을 발견할 수 있다.[171] 도교 전통은 주로 신화를 계승하였기 때문에 우리는 여도사 어현기의 자유연애가 과거 여사제의 신성혼(神聖婚)에서 유래하여 세속화된 모습으로 변형된 것이 아닌가 생각해 볼 수 있다.

성적 방종 그 자체가 삶의 목표로 긍정되는 것은 문제가 있겠으나, 여성의 삶에서 권리의 제약이 주로 성을 억압하는 방식으로 이루어져 왔음을 볼 때 우리는 어현기의 성적 방종을 다른 측면에서 바라볼 필요가 있다. 성적 모험으로 점철된 분방한 삶을 살다가 비극적인 최후를 마친 그녀의 삶의 이면에서 우리는 도교가 여성의 에로티즘에 대해 지녔던 관대한 입장을 확인해 볼 수 있는 것이다.

(3) 여협(女俠), 성적 정체성의 경계를 넘어 – 섭은낭(聶隱娘)의 경우

여협 섭은낭 이야기는 당대의 문인 배형(裴鉶)이 지은 『전기(傳奇)』라는 소설집 속의 단편 「섭은낭」에 담겨 있다. 그 내용을 간추려 보면 다음과 같다.

당나라 중엽 덕종(德宗) 시절에 섭봉(聶鋒)이라는 무인에게 은낭이라는 딸이 있었다. 은낭이 열 살 되던 해에 한 여승이 걸식을 왔다가 은낭을 몰래 훔쳐갔다. 여승은 5년 후 은낭을 돌려보냈는데 그녀는 온갖 무예와 도술에 능통해 있었다. 은낭은 얼마 후 거울 가는 청년과 결혼하

---

171) 이에 대한 논의는 송정화, 앞의 논문, pp.375-376 참조.

고 부부 함께 절도사 유창예(劉昌裔)의 경호원이 되었다. 이후 그녀는 절도사를 해치려고 변신해서 습격해오는 자객들을 무예와 도술로 여러 차례 물리쳤다. 절도사가 병으로 죽은 후 그녀도 사라져서 간 곳을 몰랐다.

중국의 협객 이야기의 모델은 사마천(司馬遷)의 『사기(史記)』의 유협(遊俠) 열전(列傳)으로부터 비롯한다. 협객은 무술 능력을 바탕으로 의로운 일을 행하는 사람을 일컫는데 이들은 대개 중앙 정부의 통제 능력이 약해지는 정치적 과도기나 혼란기에 출현하였다. 협객의 행위는 체력 조건이 갖춰져야 가능한 것이기에 아무래도 남성의 전문 영역으로 여겨졌다. 그래서 그런지 『사기』 유협 열전에도 여성 협객을 찾아볼 수가 없다. 그러나 중국에서 여성이 전쟁에 참가한 예는 더러 있었다. 가령 남북조 시대에 북위(北魏)에서 효녀 목란(木蘭)이 늙은 아버지를 위해 여성임을 감추고 종군했던 일은 「목란사(木蘭辭)」라는 서사시를 통해 길이 찬양되고 있다. 아울러 당이 건국될 무렵 고조(高祖)의 딸 평양공주(平陽公主)는 낭자군(娘子軍)이라는 부대를 조직해서 큰 공을 세우기도 했다.[172] 그런데 북위나 당은 모두 중국의 본 민족인 한족(漢族)이 아닌 주변 유목 민족이 세운 나라들이다. 이를 통해 알 수 있는 것은 유목 민족 여성의 활달한 기질이 당대 여성들의 성격 형성에 큰 영향을 미쳤다는 사실이다. 문학적으로 표현된 중국 최초의 여협 섭은낭은 이러한 배경하에 탄생된다.

「섭은낭」의 작가 배형은 도교에 조예가 깊었던 사람으로 소설집 『전

---

172) 중국에서의 여성 종군의 사례에 대해서는 王子今, 『中國女子從軍史』(北京: 軍事誼文出版社, 1998) 참조.

기』에 실린 작품들은 모두 도교적 취지를 표방하고 있다.[173] 「섭은낭」도 예외는 아니어서 섭은낭을 가르친 여승은 실상 도술사의 성격을 지니고 있다. 섭은낭은 깃발로 변해 적과 싸우기도 하고, 하루살이로 변해 절도사의 몸속에 들어가기도 한다. 그리고 적의 시체에 약을 뿌려 물이 되게 하기도 하고 절도사 아들의 장래를 눈으로 본 듯이 예언한다. 이러한 변신, 예언, 비약(秘藥) 등의 술법은 모두 도교 방술(方術)로부터 유래한 것이다. 섭은낭 남편의 직업이 거울 가는 일이라는 점도 이러한 사실을 시사한다. 거울은 도교에서 요괴를 쫓거나 사악한 기운을 물리치는 데에 쓰는 중요한 도구이기 때문이다.[174]

도술의 세계, 협객의 세계에서 사사로운 감정은 배제된다. 여승이 섭은낭에게 어떤 악당의 목을 베어 오도록 시킨 일이 있었다. 섭은낭이 늦게 그 일을 하고 돌아오자 여승은 크게 노하여 그녀에게 묻는다.

"어찌 이렇게 늦었느냐?" 섭은낭이 대답하였다. "그 자가 어린애를 어르고 노는데 그 정경이 보기 좋아서 차마 당장 손을 쓸 수 없었습니다." 여승이 꾸짖어 말했다. "다음에도 그런 경우가 생기면 먼저 그 아이의 목을 베고 난 후에 그 자를 죽여라."[175]

비정한 킬러의 견지에서 섭은낭의 여성 특유의 다감한 감성은 허용되

---

173) 『傳奇』의 도교적 성격에 대해서는 최진아, 「裵鉶의 傳奇에 대한 試論 및 譯注」(이화여대 중문과 석사논문, 1996) 참조.

174) 정재서, 『도교와 문학 그리고 상상력』(서울: 푸른숲, 2000), pp.230-233.

175) 朱沛蓮 校訂, 『唐人小說』(臺北; 遠東圖書公司, 1983), p.237, 「聶隱娘」; "何太晩如是? 某云,見前人戲弄一兒,可愛,未忍便下手.尼叱曰,已後遇此輩,先斷其所愛,然後決之."

지 않는다. 극단적인 예이나 이처럼 도술의 세계, 협객의 세계에서 중요한 것은 능력의 실현이지 성적 정체성이 아니다. 사실 정도의 차이는 있으나 어떠한 명분하에서도 죄 없는 어린애를 해하는 일은 기본적인 인성(人性)에 반하는 일이지 꼭 여성의 감성이기에 저오감(牴牾感)을 느끼게 되는 일은 아니다. 따라서 섭은낭의 협객으로의 투신이 성적 정체성의 남성으로의 변환을 의미하진 않는다. 그것은 남녀 모두 보편적 인성의 저 편으로 건너감을 뜻한다. 섭은낭은 결혼 상대인 거울 가는 청년도 스스로 선택하여 부모에게 통보하는 형식을 취한다. 그리고 남편과 함께 절도사의 경호원이 되어 사회생활을 함에 있어서도 항상 주도적인 위치를 잃지 않는다.

여협 섭은낭 이야기는 주변 유목 민족 여성의 활달함과 도교의 친여성주의적 성향이 결합하여 이루어낸 결실이다. 우리는 여기에서 협객이라는 특이한 분야에서 성적 정체성의 경계를 넘어 독자적인 삶을 구현했던 도교적 여성 인물의 한 유형을 발견해낼 수 있다.

(4) 기녀(妓女)와 건국의 프로젝트 – 홍불녀(紅拂女)의 경우

기녀 홍불녀 이야기는 두광정의 소설 『규염객전(虬髥客傳)』에 실려 있다. 원래 이 작품의 주인공은 규염객이라는 협객이나 이제 홍불녀를 중심으로 줄거리를 요약하면 다음과 같다.

수양제(隋煬帝) 말년 권신 양소(楊素)의 집에 장씨(張氏)라는 시녀가 있었다. 그녀는 붉은 먼지 털이개를 들고 양소를 모시고 있었으므로 홍불녀라고 부르기로 한다. 그녀는 총명하고 사람을 알아볼 줄 아는 안목을 지녔다. 어느 날 후일 당의 개국공신이 된 이정(李靖)이 양소의 집에 찾아왔는데 홍불녀는 그가 뛰어난 인물임을 알아보고 밤중에 이정의 숙소로 찾아가 함께 도망갈 것을 청한다. 둘은 도망가는 길에 한 우락부락한 사내 규염객을 만난다. 그녀는 규염객이 보통 협객이 아님을 알아보고 남편 이정을 권하여 친하게 지내도록 한다. 규염객은 천하를 노리고 있었는데 이정의 주선에 의해 후일 당태종(唐太宗)이 된 청년 이세민(李世民)을 만나보고 야심을 포기한다. 규염객은 어디론가 떠나면서 많은 재물을 이정에게 주며 이세민의 건국 사업을 도우라고 한다. 그 후 당이 건국되고 이정이 개국공신이 되자 홍불녀 역시 높은 신분이 된다. 어느 날 규염객이 변방 외국의 왕이 되었다는 소식을 듣고 그들은 멀리서 그를 축복해 준다.

소설 『규염객전』의 작자 두광정은 최초의 여선 전기집인 『용성집선록』의 편찬자로 당말의 저명한 도사이다. 따라서 이 소설 역시 도교적 분위기가 농후하다. 그는 도사 출신의 협객 규염객과 신비로운 예지능력을 지닌 홍불녀를 등장시켜 당의 건국에 미친 도교의 힘을 웅변하고자 했다. 홍불녀는 권신 양소의 시녀로서 사실 기녀 계층에 속하는 미천한 신분의 여성이다. 그러나 그녀는 이정을 스스로 찾아가고 규염객을 설득하는 등 적극적인 활동으로 자신의 운명을 개척해나가 미천한 신분에서 최고의 신분으로 상승한다. 도교에는 본래 이러한 평등주의적인 요소가 있다. 『열선전』의 「주가녀」 설화를 보면, 한 신선이 술집에서 술을 먹고 술값 대신 책을 잡히고 간다. 그 책은 신선술에 관한 책이었다. 술집의 주모(酒母)는 그 책대로 도를 닦아 70살이 되었어도 30살의 용모를 간직하였다고 한다. 도를 닦아 신선이 되는 데에 성별, 신분의 차별은 없다. 아마 이것은 도교의 기본 입장이었던 듯하다. 남성 신선들의 경우에도 그들의 신분이 관리로부터 상인, 농부, 어부, 나무꾼, 약장사, 신기료, 거울 가는 사람 등 하층의 각종 직업을 망라하고 있는 것은 이 때문이다. 따라서 『규염객전』에서 기녀 신분의 홍불녀가 후일 왕조의 운명을 결정할 사람들을 충고하고 조정하는 배역을 맡아도 하등 이상할 것이 없는 것이다.

『규염객전』의 세 배역 규염객, 홍불녀, 이정 중에서 공식 역사에 등장하는 인물은 개국공신 이정 뿐이다. 그러나 소설에서 이정의 역할은 미미하다. 그는 홍불녀에 의해 선택되고 그녀의 충고대로 규염객과 교유함으로써 많은 재물을 얻어 당의 건국에 일조를 하게 된다. 소설에서는 또한 그의 병법이 대부분 규염객으로부터 배운 것이라고까지 말한다. 이렇게 보면 이정이 개국공신이 될 계기를 만들어준 것은 결국 홍불녀인 것이다. 도교는 이렇게 공식 역사 보다 그 이면의 잠재적인 힘에 대해 이야기하는 경향이 있다.[176] 이 경향은 억압된 것의 가치를 복원시키려는 모든 운동과 쉽게 손을 잡을 수 있다. 도교와 여성주의는 이러한 취지에서 같은 길을 도모할 수 있다.

일개 기녀로서 국가의 성립에 관여한 홍불녀, 도교는 그녀의 표면상 작아 보이는 그 힘에 주목한다. 여기에 신분과 성의 차별은 없다.

맺는말

지금까지 우리는 도교 역사 속에서 여성이 어떠한 위치를 차지했는지

---

176) 정재서, 『不死의 신화와 사상』, pp.189-190.

에 대해 대략 살펴보고 소설 속에 표현된 도교적 여성 인물을 유형별로 분석하여 도교 속에 내재된 여성주의적 가치를 찾아보고자 하였다.

우리는 우선 도교가 신화의 여신 숭배 전통을 계승하여 역사적으로 여성의 고유한 위상을 보존해왔음에 주목할 필요가 있다. 유교가 가부장 이념으로 여신의 독립된 지위를 하락시켰음에 반해 도교는 여신을 여선으로 계승하여 그 지위를 긍정하였던 것이다.

다음으로 소설 속의 도교적 여성 인물은 네 가지 유형으로 나뉘어 고찰되었다. 개별 유형 분석에서 첫 번째 유형인 여선을 『열선전』과 『신선전』에서 표현된 여선들을 대상으로 살펴보았다. 그녀들은 끊임없이 자기 완성을 추구하는 존재로 확인되었는데, 이는 도교가 여성을 종속적 존재가 아니라 독립된 개체이자 무한한 가능성을 지닌 존재로서 인식하고 있다는 증거이다.

두 번째 유형인 여도사는 『당재자전』과 『삼수소독』에 실린 어현기 이야기를 케이스로 분석하였다. 어현기는 성적 모험 끝에 비극적으로 삶을 마감한 여도사이다. 그러나 우리는 그녀의 삶을 배태한 도교 여성 사제의 자유로운 성애(性愛)의 전통을 숙고함으로써 도교가 여성의 에로티즘에 대해 지녔던 관용의 정신을 음미할 수 있었다.

세 번째 유형인 여협은 『전기』에 수록된 섭은낭 이야기를 고찰 대상으로 삼았다. 협객이라는 특이한 세계에 몸담은 섭은낭의 인생은 성적 정체성의 경계를 넘어 독자적인 삶의 영역을 구축한 경우이다. 도교의 초현실주의는 한 여성으로 하여금 규범적 삶을 단번에 뛰어넘어 일상 저편에 자신만의 터전을 마련하게 하였던 것이다.

네 번째 유형인 기녀는 『규염객전』에 등장하는 홍불녀를 탐구 대상으로 주목하였다. 뛰어난 예지력으로 이정을 도와 당의 개국공신이 되게 하였던 홍불녀의 이야기는 도교가 미천한 존재, 작은 것의 소리에 귀를 기울이고 역사 이면의 힘을 중시한다는 점을 우리에게 알려준다.

결론적으로, 이 글에서의 도교적 여성 유형에 대한 분석을 통해 우리는 도교가 성적 정체성, 에로티즘, 사회의식 등의 여러 측면에서 매우 유연한 사고를 지니고 있으며 오늘의 여성주의를 위해 길어올 내용이 풍부한 문화자산이라는 점을 확인할 수 있었다. 그러나 이 글에서의 논의는 도교를 여성주의로서 인식하는 일단의 가능성을 제시했을 뿐이다. 양자의 창조적인 조우를 위해서는 도교의 본질에 대한 여성주의적 관점에서의 보다 내밀하고도 철저한 탐구가 잇달아야 할 것으로 생각한다.

IV. 고전학으로 보는 오늘

1. 세계화, 당(唐), 오늘의 중국
– 쉐이퍼(E. H. Schafer) 교수를 생각하며

천하대세는 나뉜 지 오래되면 합쳐지고

합쳐진 지 오래되면 나뉜다.

– 『삼국연의(三國演義)』제1회

제국에 대한 관심이 부상하고 있다. 시오노 나나미(塩野七生)는 로마제국에 대한 역사평설을 1992년부터 쓰기 시작한 이래 2006년에 이르러 총 15권에 이르는 대작으로 매듭을 지었고 안토니오 네그리(Antonio Negri)와 마이클 하트(Michael Hardt)는 우리 눈앞에서 구체화되고 있는, 세계를 통치하는 주권 권력을 제국이라고 호칭하면서 그 전복의 방안을 도모하고 있으며 에이미 추아(Amy Chua)는 로마제국 등 역사상 제국들의 흥망성쇠를 고찰한 후 목하 강대국들의 제국으로서의 가능성을 예측한다.[177] 왜일까? 냉전체제가 붕괴되자 미국 독주의 세계화가 가속화되

---

177)관련된 책들은 시오노 나나미, 『로마인 이야기(1-15)』(서울: 한길사, 1992-2006), 김석희 역. 안토니오 네그리·마이클 하트, 『제국』(서울: 이학사,2001), 윤수종 옮김. 에이미 추아, 『제국의 미래』(서울:비아북,2008), 이순희 옮김.

고 그 위력의 편재성을 실감하면서 우리는 과거의 패권국가 곧 제국을 상기하게 되었다. 그러나 이제 제국은 미국만이 아니다. 유럽연합, 중국, 인도 등이 미래의 제국으로 점쳐지고 있다. 그렇다면 이 시기 새로운 제국의 출현은 우리에게 행인가? 불행인가? 네그리와 하트는 우리가 직면하게 될 제국이 엄청난 억압과 파괴의 권능을 휘두를 것이라고 비관적으로 진단하면서 이같은 제국의 전횡에 대한 대중의 효과적인 저항과 대안을 모색한다. 반면 추아는 '팍스 로마나(Pax Romana)' 등 역사상 제국에 의해 장기간, 광대한 공간위에서 이루어진 평화에 주목하면서 현대의 제국 후보 국가들이 과거 제국의 득실로부터 훌륭한 교훈을 얻을 것을 권고한다. 어쨌든 네그리와 하트의 기본 가설대로 "주권이 단일한 지배 논리하에 통합된 일련의 일국적 기관들과 초국적 기관들로 이루어진 새로운 전지구적 주권 형태"[178]를 제국이라고 규정한다면 행이든, 불행이든 제국은 도래하고 있다고 보아야 할 것이다. 그렇다면 제국의 도래를 추동하는 동력은 무엇인가? 그것은 세계화라고 하는 정치, 경제, 사회, 문화상의 탈영토화된 전 지구적 흐름이다. 세계화는 그 과정에서 권력의 기하학이 작용하면서 필연적으로 강대국의 제국화를 촉진하게 된다. 가령 문화 제국주의 담론의 견지에서 본다면 다국적 자본과 거대 대중 매체를 등에 업은 미국 혹은 제1세계의 문화 상품이 일방적으로 흘러가면서 제3세계에 대한 지배를 낳고 결과적으로 세계의 문화적 동종화(同種化)가 이루어지기 때문이다.

최근의 제국 담론에서 중심이 되고 있는 것은 미국이지만 정치, 경제적 대국으로 급부상하고 있는 중국 역시 주목을 받고 있다. 아닌 게 아

---

178) 안토니오 네그리·마이클 하트, 위의 책, p.16.

니라 중국은 북경 올림픽의 모토를 성당기상(盛唐氣象)으로 제정하고 대당(大唐) 제국의 영광을 재현한다는 심중의 의도를 공공연히 내비친 바 있다. 그런데 하고 많은 역대 제국 중에서 하필 당인가? 대판도(大版圖) 위의 유례없는 물질적 번영, 그리고 개방적인 체제로 중원 민족과 이민족이 비교적 화해롭게 공존하면서 어느 때보다도 활발한 상호 교류를 이루었던 당은 중국뿐만 아니라 동아시아의 제도와 문화의 기틀을 마련한 제국의 전범이었기 때문이다. 이 지점에서 우리는 당이 이룩한 제국의 문화 양상을 세계화의 관점에서 바라보고 공통점과 차이점을 살펴보면서 제국의 영광을 가능하게 한 통시적 자질이 있다면 어떠한 것인지 알아볼 필요가 있을 것이다. 아울러 그러한 자질을 미래의 제국을 소망하는 오늘의 중국이 공유하고 있는지에 대해서도 검토해 볼 수 있을 것이다.

당대 문화에 대한 조명을 구상했을 때 내내 뇌리에 떠올랐던 인물은 구미(歐美) 당 연구의 개조(開祖)라 할 에드워드 쉐이퍼(Edward Hetzel Schafer, 1913-1991) 교수였다. 그는 The Golden Peaches of Samarkand: A study of Tang exotics(1963), The Vermilion Bird: T'ang images of the South(1967) 등의 노작에서 당대 문화의 주변에 대한 일방적 전파를 강조하지 않고 오히려 주변문화의 당에 대한 영향을 입증하려 애썼다.[179] 갖가지 엑조틱(exotic)한 정서로 물들어 있는 문화, 이것이 그가

---

179) 쉐이퍼 교수에게는 이 두 책 이외에도 The Divine Woman; Dragon Ladies and Rain Maidens in T'ang Literature(Berkeley: University of California Press, 1973), Pacing the Void : T'ang Approaches to the Stars(Berkeley : University of California Press, 1977), Mirages on the Sea of Time : The Taoist Poetry of Ts'ao T'ang(Berkeley : University of California Press, 1985) 등 당대 문화에 대한 훌륭한 저작들이 있다.

본 당대 문화의 실상이었다. 당대 문화의 혼종성(混種性)과 세계성에 일찍이 주목한 쉐이퍼 교수의 선각(先覺)은 오늘에 이르러 더욱 빛을 발한다. 특히 물질문화의 이미지와 상상력에 근거하여 문학 작품을 중심으로 당대 문화를 천착한 그의 관점은 지금에도 새롭기만 하다.

만리(萬里) 밖 선학(先學)의 업적을 천천히 음미하면서 필자도 그가 느꼈던 탐구의 기쁨을 만끽하고파 당대 문화의 세계로 들어가고자 한다.

1) 당대 문화 탐구의 관점들 – 노스탤지어와 엑조티즘

세계화의 관점에서 당대 문화를 탐구한다고 할 때 우리는 특별히 어떠한 관점에 주목하여야 할 것인가? 세계화는 "세계적 상호 연결성의 심화를 의미하며 움직임과 혼합, 접촉과 연결, 지속적인 문화적 상호 작용 및 교환 등으로 가득 차 있는 세계"를 현시하며 "자본, 사람, 상품, 이미지, 이데올로기의 유동과 문화적 흐름"으로 특징화된다.[180] 이 과정에서 문화 제국주의 담론이 지적한 대로 강대국의 문화적 헤게모니에 의한 문화상품, 기호, 관습 등에 대한 제1세계 중심의 표준화가 진행되는 것이 냉엄한 현실이긴 하지만, 또 다른 견지에서 눈여겨보아야 할 것은 문화의 역류 현상으로 인한 제1세계 문화의 주변화 현상이다. 이것은 제1세계 문화의 혼종성, 다원성 등으로 표현될 것인데, 이러한 특성들의 발현 정도에 의해 제1세계 문화적 정체성의 강도가 좌우되고, 이에 따라 제1

---

180) Jonathan Xavier Inda & Renato Rosaldo,"Tracking Global Flows"*The Anthropology of Globalization: A Reader*(Boston: Blackwell Publishers, 2002), pp.4-5.

세계와 주변부 간의 호혜적 관계성도 점쳐질 수 있을 것이다. 다시 말해 객관적 견지에서 제국 통치의 바람직한 양상은 문화적 차원의 경우 혼종성과 다원성이 어떻게 자유롭게 구현되었는가, 하는 문제와 결부된다.

의심할 여지없이 당대 문화는 당시 동아시아 각국에 압도적인 영향을 미쳤으며 주변부 사람들에게는 제임슨(Fredric Jameson)의 이른바 '현재에 대한 노스탤지어'로서 흠모와 모방의 대상이 되었다. 당풍(唐風)은 바로 그러한 의미에서 '추억이 없는 향수(鄕愁)'였다.[181] 그러나 위에서 주목했듯이 당대 문화는 일방통행의 길을 걸은 것이 아니었다. 당인들은 주변부 문화를 노스탤지어가 아닌 엑조티즘의 시선으로 향유했다.[182] 물론 엑조티즘은 환상과 왜곡으로 가득 차 있긴 하지만, 그것이 당대 문화에게 다양성을 부여하고 탄력을 준 것은 역사적 사실이었다. 그렇다면 세계화의 관점에서 당 제국과 주변부 간의 호혜적 관계성을 살피고자 할 때 주목해야 할 특성은 무엇인가? 그것은 엑조티즘이 이룩한 당대 문화의 혼종성, 다원성이 될 것이다. 이 글에서는 그러한 취지에 따라 당대 문화의 이국적 요소와 세계주의적 경향을 기존에 거론되지 않았던 몇 가지 내용들을 중심으로 검토해보고자 한다.

---

181) '현재에 대한 노스탤지어'라든가 '추억이 없는 향수'는 가령 우리가 서양 명품에 대해 갖는 선망의 감정을 생각해보면 이해가 된다. 이와 관련된 논의는 Arjun Appadurai, "Disjuncture and Difference in the Global Cultural Economy", 위의 책, pp.48-49 참조.

182) *The Golden Peaches of Samarkand: A Study of Tang Exotics* 에서 보이는 쉐이퍼 교수의 기본 관점이다.

2) 당대 문화의 이국적 요소

이백(李白)은 그의 시에서 동방의 이국(異國) 고구려(高句麗)의 가무(歌舞)에 대해 이렇게 노래한 적이 있다.

金花折風帽, 깃털 모양 금장식 절풍모를 쓰고,

白馬小遲回. 흰 색 무용신을 신고 망설이다.

翩翩舞廣袖, 삽시에 팔을 저으며 휠휠 춤을 추어,

似鳥海東來. 새처럼 나래 펼치고 요동에서 날아왔도다.[183]

이백은 고구려의 가무로부터 동이계(東夷系) 종족 특유의 조류숭배와 샤머니즘적 문화요소를 잘 간취(看取)하여 표현해냈다. 당대에는 고구려 뿐만 아니라 수많은 이국 문화가 유입되어 각자의 특성을 현시하며 경합 적인 상태에서 당대 문화의 전모를 이룩하고 있었다. 가령 전기(傳奇) 소설 속에 표현된 아래와 같은 사례들은 당대 문화의 엑조틱한 면모를 잘 보여주는 것들이다.

(1) 호병(胡餅)

두광정(杜光庭)의 「규염객전(虯髯客傳)」에는 호병(胡餅)에 대한 다음과 같은 이야기가 있다.

---

183) 瞿蛻園·朱金城,『李白集校注』, 卷6,「樂府·高句麗」. 번역은 方起東,「唐代의 高句麗 歌舞」『중국학계의 고구려사 인식』(서울: 대륙연구소, 1991), 엄성흠 옮김, p.142에 실린 것을 좇았다.

길을 가다가 영석(靈石) 땅의 여관에 머물렀다. …홀연히 한 사람이 중키에 꼬부라진 붉은 수염을 했는데 절름발이 노새를 타고 왔다. …장씨(張氏)가 건너편에서 불렀다. "이랑(李郎)도 셋째 오빠를 뵈어요." 공(公)이 급히 가서 인사를 하였다. 마침내 셋이 둘러앉았다. 규염객이 "삶는 것이 무슨 고기이오?" 하고 물었다. 장씨가 "양고기인데 아마 다 익은 것 같습니다."라고 대답하였다. 규염객이 "배가 고프네." 하고 말하자 공이 나가서 호병을 사가지고 왔다. 규염객이 허리춤에서 비수를 뽑아 고기를 잘라 함께 먹었다.

(行次靈石旅舍…忽有一人, 中形, 赤髥如虯, 乘蹇驢而來…張氏遙呼, 李郎且來見三兄, 公驟拜之. 遂環坐. 曰煮者何肉, 曰羊肉, 計已熟矣. 客曰飢. 公出市胡餠. 客抽腰間匕首, 切肉共食.)

당의 개국공신 이정(李靖)이 한미했던 시절 수양제(隋煬帝)의 총신(寵臣) 양소(楊素)의 시첩(侍妾) 장씨와 눈이 맞아 도주하던 길에 호걸 규염객을 만나 식사를 하는 장면이다. 여기에서 셋은 양고기와 호병을 밥 대신 먹는다. 호병은 오늘날 호마(胡麻)를 뿌린 소병(燒餠)으로 풀이하고 있으나,[184] 근원을 따지면 중앙아시아 지역으로부터 전래된 먹거리이다. 당대의 호는 서역 민족을 가리키는데, 이들은 대개 납작하게 구워낸 밀가루 떡으로 양고기와 채소를 싸서 먹었다. 이정 일행이 머물렀던 영석(靈石)은 산서성(山西省)에 속한 지역으로 당조(唐朝)가 발흥(勃興)했던 태원(太原)과 가까운 곳이다. 이곳은 당 황실의 출신이 그러했듯이 이미 중앙아시아계 민족이 지배하고 있었다. 따라서 이정 일행이 밥 대신 먹었

---

184) 張友鶴 選注, 「虯髥客傳」『唐宋傳奇選』(臺北: 明文書局, 1984), p.129. 脚注 31: " 燒餠. 燒餠上面有胡麻(芝麻), 故名."

던 호병은 당시 산서성 일대에서 보편화된 외래 음식이었던 것이다. 호병은 중앙아시아의 유목민족 출신인 당 황실이 집권한 후 더욱 일반화되었을 것이다. 이 호병은 중앙아시아에서 당으로 전래된 후 다시 어느 시기엔가 한반도에 유입되었을 것으로 추측된다. 오늘날 우리가 시중에서 흔히 접할 수 있는 '호떡'은 바로 호병의 변형된 형태로서 비록 채소나 고기 대신에 설탕이 들어가긴 했지만, 찌지 않고 직접 구워내는 본래 '구운 떡(燒餠)'의 모습을 간직하고 있는 것이다.

(2) 파사저(波斯邸)

이복언(李復言)의 『속현괴록(續玄怪錄)』에 실려 있는 「두자춘(杜子春)」에는 파사저(波斯邸)에 대한 다음과 같은 이야기가 있다.

두자춘이 자신의 심정을 말하고 친척들의 박대에 분개하였는데 흥분해서 얼굴빛이 변할 정도였다. 노인은 이렇게 말했다. "돈이 얼마쯤이면 풍족히 쓰겠소?" 자춘이 말했다. "3만 전이나 5만 전이면 살아갈 수 있습니다." 노인이 말했다. "아직 안 되오." 자춘이 다시 말했다. "10만 전." "아직 안 되오." "100만 전." "아직 안 되오." "300만 전." "이제 됐소." 그러자 노인은 소매에서 한 꾸러미의 돈을 꺼내주며 말했다. "오늘 저녁은 이것만 드리겠소. 내일 한낮에 서시(西市)의 파사저에서 그대를 기다리겠소. 약속시간에 늦지 않도록 하오." 그때가 되어 자춘이 가니 노인이 과연 돈 300만 전을 주고는 이름도 알려주지 않고 가버렸다.

(春言其心. 且慎其戚之疎薄也. 感激之氣, 發於顏色. 老人曰幾緡則豊用. 子春曰三五萬則可以活矣. 老人曰未也. 更言之, 十萬. 曰未也. 乃言百萬. 亦曰未也. 曰三百萬. 乃曰可矣. 於是抽出一緡, 曰給予今夕. 明日午時, 候子於西市波斯邸, 慎

無後期. 及時, 子春往, 老人果與錢三百萬, 不告姓名而去.)

재산을 탕진한 두자춘에게 어떤 노인이 접근하여 돈을 주겠다고 제의하는 장면이다. 두자춘은 돈을 받은 대가로 도사인 노인을 위해 단약(丹藥) 제조에 협력하게 된다. 그런데 주목해야 할 것은 거금을 건네주는 장소가 파사저라는 사실이다. 파사는 고대 중국에서 페르시아를 지칭했던 말이다. 당대에 페르시아 상인들은 장안에 들어와 거주하였는데 그들은 주로 보석 판매업에 종사하였고 그 상점을 파사저라고 불렀던 것이다. 가령 배형(裴鉶)의 『전기(傳奇)』에 실린 「최위(崔煒)」에서도 주인공 최위가 남월왕(南越王) 조타(趙佗)의 무덤에 들어갔다가 망령(亡靈)들로부터 선물받은 보석 양수주(陽燧珠)를 파사저에 가서 파는 대목이 나온다.[185] 페르시아 상인들은 이곳에서 보석만 판매하는 것이 아니라 거금을 바탕으로 돈을 빌려주고 이식(利息)을 취하는 대금업도 행하였다. 말하자면 파사저는 사금융(私金融)의 장소이기도 했던 셈이다.[186] 놀라운 것은 이러한 전통이 최근까지 대만에 남아 있지 않았나 하는 사실이다. 즉 대북(臺北)에서는 시내의 보석상에서 환전, 대출 등의 금융 행위를 수반하였는데 이는 당대의 파사저에서 유래한 습속(習俗)으로 추정된다.

(3) 곤륜노(崑崙奴)

배형(裴鉶)의 『전기(傳奇)』에 실린 「곤륜노(崑崙奴)」는 흑인 노예 마륵(磨

---

185) 裴鉶, 『傳奇』 「崔煒」: "四女曰, 皇帝有敕, 今與郎君國寶陽燧珠…逐命侍女開玉函, 取珠授煒…乃抵波斯邸, 潛騖是珠."

186) 波斯邸의 경제적 활동에 대한 논의는 近藤春雄, 『唐代小說の硏究』(東京: 笠間書院, 1978), p.375 및 정재서, 『不死의 신화와 사상』(서울: 민음사, 1994), p.265 참조.

勒)의 신비한 행적을 다룬 소설이다. 그중의 한 대목을 보기로 하자.

정승이 말하였다. "이 계집은 죄가 크나 그대가 데리고 산지 해를 넘겼으니 시비를 물을 수 없게 되었네. 그러나 나는 천하 사람을 위해 위험한 인간을 꼭 제거해야 하겠네." 그리고는 갑옷 입은 병력 50명으로 하여금 완전 무장하게 하여 최생(崔生)의 저택을 포위하고 마륵을 생포하도록 하였다. 그러자 마륵은 비수를 쥐고 높은 담을 날아서 넘어가버렸다. …나중에 정승이 두려워하여 매일 밤 집안의 많은 종들로 하여금 칼과 창을 들고 자신을 지키게 하였는데 이와 같이 1년을 하다가 그만두었다. 10여 년 후, 최생 집안의 어떤 사람이 낙양(洛陽)의 저자에서 약을 팔고 있는 마륵을 보았다. 그런데 얼굴빛이 옛날과 다름없었다.

(一品曰, 是姬大罪過, 但郎君驅使逾年, 卽不能問是非. 某須爲天下人除害. 命甲士五十人, 嚴持兵仗, 圍崔生院, 使擒磨勒. 磨勒遂持匕首飛出高垣…後一品悔懼, 每夕多以家僮持劍戟自衛, 如此周歲方止. 後十餘年, 崔家有人見磨勒賣藥於洛陽市, 容顏如舊耳.)

괴력과 뛰어난 무술을 지닌 흑인 노예 마륵은 삼엄한 경계망을 뚫고 정승댁의 시첩을 빼내와 주인 최생의 사랑을 성취해 준다. 윗글은 일이 발각되자 마륵이 도주하는 장면이다. 곤륜노는 흑인 노예를 말한다. 당대에는 지금의 말레이시아 지역에 사는 종족을 곤륜족이라고 불렀는데, 귀족 집안에서 그들을 사거나 고용해서 노비로 썼기 때문에 곤륜노라고 칭하게 된 것이다. 그런데 주목해야 할 것은 곤륜이라는 명칭이다. 신화지리서『산해경(山海經)』에 처음 출현하는 곤륜은 여신 서왕모(西王母)가 거주하는 신성한 산이었는데, 후대에는 도교에 전유(專有)되어 서왕모를 비롯한 신선들과 불사약, 반도(蟠桃) 등이 존재하는 이상향으로 신앙되었다. 이러한 이상향 곤륜의 이미지가 나중에 다시 변방 이역(異域)의 이미지로 보편화되어 남방 이민족을 곤륜족으로 지칭하게 된 것이다. 그러나 곤륜이라는 말이 본래 지녔던 신화, 도교적 신비감이 변방 이역의 이미지에 중첩되어 이민족 곤륜노는 뛰어난 도술을 지닌 신선(神仙), 방사류(方士類)의 존재로 소설 속에서 거듭 태어났다. 소설 말미에서의 여전히 젊음을 간직한 채 약을 팔고 있는 마륵에 대한 묘술(描述)은 신선설화에서의 전형적인 서술로서 마륵을 도인으로 형상화시키고 있는 것이다.[187] 곤륜에 대한 이민족과 도인의 중첩된 이미지는 다른 소설에서도 발견된다. 가령 이복언의 『속현괴록』에 실린 「장로(張老)」에서 또 다른 곤륜노는 신선 장로의 하인으로 등장하고 심지어 색정소설 『육포단(肉蒲團)』에서도 주인공 미앙생(未央生)은 새곤륜(賽崑崙)이라는 이인(異人)을 만나 절륜의 능력을 지닌 남자로 거듭 태어난다.

3) 당대 문화의 세계주의적 경향

자본, 상품, 이데올로기의 유동과 더불어 세계화를 더욱 특징지어주는 요소는 사람의 이동이다. 여행, 이주와 이로 인한 이종간(異種間)의 결합은 영토적 속성을 와해시키고 이에 따라 탈지역적, 세계주의적 관념이

---

187) 磨勒의 도교적 성격에 대한 논의는 정재서, 『도교와 문학 그리고 상상력』(서울: 푸른숲, 2000), p.183 및 최진아, 『전기』(서울: 푸른숲, 2006), p.49 참조. 최진아는 또한 마륵과 같은 당대의 곤륜노를 욕망을 대신 실현시켜주는 '타자'의 관점에서 해석하기도 한다.

생겨난다. 가령 우리는 진홍(陳鴻)의 『동성노부전(東城老父傳)』에 실린 주인공 가창(賈昌)의 다음과 같은 진술로부터 당대의 이러한 징후를 엿볼 수 있다.

지금 북방의 오랑캐들이 수도에 들어와 함께 살면서 아내를 얻어 아이를 낳고 있습니다. 장안의 젊은이들 마음속에는 오랑캐의 생각이 담겨 있습니다.

(今北胡與京師雜處, 娶妻生子. 長安中少年, 有胡心矣.)

서역의 호인(胡人)들, 고구려, 백제의 유민(遺民)들, 신라, 발해, 일본의 유학생, 상인, 승려들이 당을 왕래하거나 거주함으로써 국제도시 장안의 시민의식은 세계를 향해 활짝 열렸다. 이들 중 일부는 당의 관리가 되어 출세가도를 달리기도 하고 일부는 디아스포라(Diaspora)의 처지에서 당의 시민권을 획득하기도 했다. 고구려 유민인 고선지(高仙芝), 백제 유민인 흑치상지(黑齒常之), 신라 문인인 최치원(崔致遠) 등이 당에서 활약할 수 있었던 것은 당시 세계시민의식이 어느 정도 일반화되어 있었기 때문이었다. 아래의 인물들은 당대 문화의 세계주의적 경향을 잘 보여주는 또 다른 사례들이다.

(1) 사타리(沙吒利)

허요좌(許堯佐)의 『유씨전(柳氏傳)』에는 사타리(沙吒利)라는 인물에 대한 다음과 같은 이야기가 있다.

번장(蕃將) 사타리라는 사람이 전에 공을 세웠더니 유씨(柳氏)가 아름나운 것을 몰래 탐지하고는 강제로 납치해 자기 집으로 데려가 오로지 그녀만을 총애하였다.

(有蕃將沙吒利者, 初立功, 竊知柳氏之色, 劫以歸第, 寵之專房.)

천보(天寶) 연간(年間)에 문인 한익(韓翊)이 미인 유씨와 사랑에 빠졌는데 안록산(安祿山)의 난(亂) 때문에 헤어졌다. 후일 유씨가 번장 사타리에게 납치되어 강제로 첩이 된 것을 협사 허준(許俊)이 구출해와 다시 해후했다는 애정 이야기 중의 한 부분이다. 이 소설에서 주목해야 할 인물은 번장 사타리이다. 번장은 당대에 장군으로 기용했던 투항한 이민족의 장수를 말한다. 따라서 사타리는 이민족의 장수로서 당에 귀화하여 전공을 세운 장군이다. 이러한 경우의 인물로는 앞서의 고선지, 흑치상지 등을 들 수 있고 원진(元稹)의 『앵앵전(鶯鶯傳)』에 등장하는 절도사 혼함(渾瑊)도 서역 혼부인(渾部人) 출신이다. 그런데 사타리와 관련하여 상기(想起)되는 것은 백제 8대 귀족 가문 중의 하나인 사택씨(沙宅氏)이다. 사택씨는 백제가 멸망하자 당에 포로로 끌려간 후 사타씨(沙吒氏)로 불리었는데, 이들 중 군직에서 활동한 인물로는 돌궐과의 전투에서 공을 세웠던 사타충의(沙吒忠義, ?-709)가 유명하다.[188] 이로 미루어 『유씨전』에 등장하는 번장 사타리는 백제 귀족의 후예로서 당에서 활약했던 인물임이 분명하다. 백제계 장군이 소설 속에서 중요한 각색으로 등장할 정도로 당대 시민사회에서 이민족들의 활동이 두드러졌음을 알 수 있다.

---

188) 沙宅氏에 대한 자세한 논의는 이도학, 『백제장군 흑치상지 평전』(서울: 주류성, 1996), pp.260-269 참조.

(2) 김가기(金可記)

남당(南唐) 심분(沈汾)의 「속선전(續仙傳)」에는 김가기(金可記, ?-857)에 대한 다음과 같은 이야기가 있다.

김가기는 신라인이다. 빈공과(賓貢科)에 합격한 진사로 천성이 침착하고 도를 좋아하며 사치스러운 것을 숭상하지 않았다. 언제나 호흡법을 행하고 신체를 단련하는 것을 스스로 즐거움으로 삼았다. …2월 25일, 봄 풍경이 아름답고 꽃들이 만발한데 과연 오색구름 속에서 학과 고니가 울고 통소, 생황 등 온갖 악기 소리가 들리더니 깃털 덮개와 옥 바퀴를 한 화려한 수레가 나타났다. 갖가지 깃발이 하늘에 가득 차고 호위하는 신선도 대단히 많은 가운데 하늘로 올라갔다. 늘어섰던 모든 사람, 구경꾼들이 산골짜기를 메웠고 모두 우러러 절하며 경탄해 마지않았다.

(金可記新羅人也. 賓貢進士, 性沈靜好道, 不尙華侈, 或服氣鍊形, 自以爲樂… 二月二十五日, 春景妍媚, 花卉爛漫, 果有五雲, 唳鶴白鵠, 簫笙金石, 羽蓋瓊輪, 幡幢滿空, 仙仗極衆, 昇天而去. 朝列士庶, 觀者塡溢山谷, 莫不瞻禮歎異.)

신라의 혜초(慧超), 의상(義湘), 김교각(金喬覺), 일본의 공해(空海) 등 승려들이 당을 왕래하거나 그곳에 정주(定住)했던 사실들에 대해서는 잘 알려져 있으나 도교 수련가들이 교류했던 일들에 대해서는 아직까지 많이 밝혀지지 않았다. 『속선전』에서는 김가기가 득도하여 신선이 된 사실을 기록하고 있는데 그는 '백일비승(白日飛昇)'이라는, 여러 득선(得仙) 방식 중 최고의 경지를 터득한 도인이었던 것이다.

김가기의 당에서의 수도 활동에 대해서는 조선의 한무외(韓無畏, 1517-

1610)가 지은 『해동전도록(海東傳道錄)』에서도 일부 내용이 전한다. 즉 당 문종(文宗) 연간에 신라인 최승우(崔承祐), 김가기, 승(僧) 자혜(慈惠) 등의 3인이 입당(入唐) 유학 중 천사(天師) 신원지(申元之), 종리권(鍾離權) 등을 만나 내단학(內丹學)을 전수받았는데, 최승우와 자혜는 귀국하였고 김가 기는 당에 남아 있다가 후일 입당한 최치원에게 다시 전수하였다는 내 용이다.[189] 신라인으로서 당에 정착하여 벼슬을 하고 도교 수련을 하다 가 그곳에서 일생을 마친 김가기의 행적은 세계화 시대의 한 표징으로 요즘 거론되는 디아스포라 지식인의 관점에서 생각해 볼 여지가 있다.

최근 김가기가 수련을 행했다는 서안(西安)의 종남산(終南山) 자오곡(子 午谷)에서 그의 득선을 찬미하는 비석이 발견된 바 있다. '신라인김가기마 애비(新羅人金可記磨崖碑)'로 불리는 이 비석은 북송(北宋) 시기에 건립된 것으로 추정되는데, 이를 통해 김가기가 당대는 물론 그 이후에까지 도 교계에서 추앙받는 인물이었음을 알 수 있다.[190]

(3) 이광현(李光玄)

『도장(道藏)』에 실린 『금액환단백문결(金液還丹百問訣)』[191]에는 이광현 (李光玄)에 대한 다음과 같은 이야기가 있다.

옛날에 이광현이라는 사람이 있었는데 발해인이었다. 그는 어려서 부 모를 잃고 형제와 노비 몇 명이 있었으나 집안에 거액의 재산을 소유하

---

189) 『海東傳道錄』의 관련 내용에 대한 소개는 정재서, 『한국도교의 기원과 역사』(서울: 이화여대 출판부, 2006), pp.32-33 및 46-47 참조.

190) 「新羅人金可記磨崖碑」의 성립, 내용 등에 대한 검토는 周偉洲, 「長安子午谷金可記磨 崖碑研究」『仙道의 脈을 찾아서』(서울: 지혜의 나무, 2004), pp.53-77 참조.

191) 정확한 출처는 『道藏』, 132册, 洞眞部, 方法類, 重字號.

였다. 광현이 20세 때에 고향 사람을 따라 배를 타고 산동(山東), 절강
(浙江) 등의 지역을 왕래하였다. 그렇게 무역을 하고 돌아다니다가 항해
중에 한 도인을 만났다. 둘은 한 배에서 조석으로 얘기를 나누었는데
도인은 신라, 발해, 일본 등을 돌아다녔다고 말하였다. 그러자 광현이 도
인에게 물었다. "중국에는 좋은 일이 없습니까? 어째서 바다 건너 돌아
다니십니까?" 도인이 대답했다. "내가 세상에 있는 것은 뜬 구름과 같아
무어라 마음 둔 것이 없다. 그래서 바다 건너 돌아다니는 것이다."…도인
이 말했다. "이 도를 행하면 나처럼 될 수 있다. 나는 지금 이미 100세를
넘었지만 질병을 모른다. 그대가 어찌 나를 알겠는가?" 광현이 재배하고
감사해하며 말했다. "나이 어린 제가 대도를 듣게 된 것은 어찌 도인께
서 마음 써서 은밀한 이치를 가르쳐주신 덕분이 아니겠습니까? 평생 이
도를 간직하고 은덕을 잊지 않도록 하겠습니다." 나중에 동쪽 해안에 배
가 닿자 도인은 신라, 발해에 놀러 가고자 하여 광현과 작별하였다.

(昔李光玄者, 渤海人也. 少孤, 連氣僮僕數人, 家積珠金巨萬. 光玄年方弱冠,
乃逐鄉人, 舟船往來於青社淮浙之間, 貨易巡歷. 後却過海遇一道人, 同在舟中,
朝夕與光玄言話巡歷新羅渤海日本諸國. 光玄因謂道人曰, 中國豈無好事耶. 爭得
過海遊歷. 道人曰, 我於世上喩若浮雲, 心無他事, 是以過海…道人曰, 行此道, 遂
得如斯. 余今已逾百歲, 不識疾病. 汝豈知我乎. 光玄再拜謝曰, 少年小子獲聞大
道, 豈非高人垂念指示秘闇. 終身保持, 佩服恩德. 後至東岸下船. 道人自欲遊新
羅渤海, 告別光玄.)

발해인 이광현은 항해 도중 중국의 100세 도인을 만나 그로부터 신체
를 단련하는 수련법을 배운다. 『금액환단백문결』의 이후 내용에 의하면
이광현은 후일 당으로 들어가서 천하 명산을 유력(遊歷)한 끝에 숭산(嵩

山)에 안착한다. 그리고 그곳에서 도인 현수선생(玄壽先生)을 만나 도교 최상승(最上乘)의 법술인 금단(金丹)의 비법을 전수받아 도서(道書)를 남기게 된다. 이광현의 생존 시기에 대해서는 5대(五代), 북송 등 여러 설이 있으나[192] '쟁득과해유력(爭得過海遊歷)'에서의 '쟁(爭)'은 '즘(怎)'의 뜻을 지닌 의문사로서 당대의 문장에서 특징적으로 사용되던 말이었기 때문에 그를 당대의 발해인으로 보는 것이 옳을 듯하다.[193]

신라인 김가기와 최치원, 그리고 발해인 이광현과 중국의 100세 도인, 이들은 신선이라는 영원한 자유인의 이상을 좇아 나라와 나라를 넘나들었던 중세 유목민적 삶의 주체들이다.

그리고 이광현의 무역 및 구도(求道)를 위한 여행과 중국 정착, 100세 도인의 동아시아 제국(諸國)에 대한 자유로운 유력(遊歷) 등을 통해 우리는 당대에 이른바 '동아시아 지중해', '해상 실크로드'인 황해 루트를 통한 인적 유동이 얼마나 활발했던가를 실감할 수 있다. 아울러 이러한 움직임의 이면에 깔려 있는 당대의 세계시민의식에 대해서도 그 보편성을 확인할 수 있게 되었다.

맺는말

지금까지 당대 문화의 이국적 요소와 세계주의적 경향을 분석해 보았

---

192) 이에 대한 논의는 朱越利,「唐氣功師百歲道人赴日考」『世界宗敎硏究』(北京, 1993), 第3期 및 林相先,「渤海人 李光玄과 그의 道家書 檢討」(이화여대 제54회 한국고대사학회 정기발표회, 2000.5.20.) 참조.

193) 江藍生·曹廣順,『唐五代語言詞典』(上海: 上海敎育出版社, 1997), pp.440-441, '爭' 條 참조.

을 때 타문화에 대한 개방적인 태도, 세계시민의식 등으로 미루어 당 제국과 주변부와의 관계는 비교적 호혜적이어서 '팍스 시니카(Pax Sinica)'의 안온한 상태를 이룩하고 있었음을 알 수 있었다. 시오노 나나미는 로마 융성의 원인을 제도와 개방성에 두고 있고,[194] 추아는 타자를 포용하여 자기화할 수 있는 관용에서 찾고 있는데,[195] 당 제국의 성세(盛世)는 이러한 입장에서 설명이 가능하다. 그러나 중당(中唐) 이후 주변부에 대한 제노포비아(Xenophobia)적 배타 심리 및 그로 인한 폐쇄적인 조치들이 점증하면서 당 제국은 쇠락의 길로 접어들게 된다. 이는 폐쇄성과 불관용으로 인해 제국이 탄력과 생기를 잃은 결과가 아닌가 한다. 두보(杜甫)의 시 「강남땅에서 이구년을 만나(江南逢李龜年)」는 바로 이 쇠락의 시기를 포착한 절창(絶唱)이다.

岐王宅裏尋常見, 기왕(岐王)의 댁에서 늘상 보았고,
崔九堂前幾度聞. 최구(崔九)의 집에서도 몇 번 들었거니.
正是江南好風景, 바야흐로 경치 좋은 이곳 강남땅,
落花時節又逢君. 꽃 지는 시절에 다시 그대를 만났도다!

이 시의 의미심장함은 마지막 구절 "꽃 지는 시절에 다시 그대를 만났도다!"에 있다. '꽃 지는 시절'은 바로 영락(零落)한 두 사람의 신세를 말해준다. 그러나 시인의 감수성은 개인사를 넘어 시대와 세계의 변화를 예감한다. '꽃 지는 시절'은 곧 중당(中唐) 이후 쇠락해가는 당조(唐朝)를 의

---

194) 시오노 나나미, 「역자 후기」 『로마인 이야기(1)』(서울: 한길사, 1992), 김석희 역.
195) 에이미 추아, 위의 책, pp.10-12.

미하며 나아가 그것은 중국 역사를 크게 가름하는 하나의 분수령이 된다. 즉 오늘날의 중평(衆評)에 의하면 이 시기는 명문 대족의 몰락, 정통 문학의 쇠퇴 등 사회, 경제, 문화사적 변동의 큰 갈림길이었다.

두보는 비록 몰락한 시인이지만, 제국 작가로서의 특권적인 시선을 지니고 있음이 여기에서 드러난다. 사마상여(司馬相如)는 일찍이 "시인의 마음은 세계를 포괄한다(賦家之心, 包括宇宙)"고 득의양양하게 선언한 바 있는데, 이는 제국 작가만이 향유할 수 있는 발언이다. 주변부 작가로서는 이렇게 호언(豪言)하기 어렵다. 두보 역시 제국 작가의 전방위적인 시선을 통해 세계사적 변화를 선취(先取)할 수 있었던 것이다.

마지막으로 우리는 세계화 관점에서의 당대 문화에 대한 검토를 바탕으로 오늘의 중국에 대해 진단할 시점에 이르렀다. 대국(大國) 굴기(崛起)의 기치 아래 미래의 대당 제국을 꿈꾸는 중국의 야심은 과연 실현될 수 있을 것인가? 현재 중국은 개혁, 개방 이후 사회주의가 퇴조하면서 생긴 이념적 공백을 메꾸기 위해 전통으로 회귀하고 있다. 이러한 움직임은 중화주의에 기반을 둔 국가주의, 종족주의적 성향으로 나타나고 있고 이에 따라 주변부와 영토, 민족, 역사, 문화 문제 등으로 인한 마찰이 끊이지 않고 있다. 주변부 소국에게는 생존을 위해 지켜내야 할 정체성이 있고 대국에게는 이를 용인할 수 있는 금도(襟度)가 필요하다. 중국이 주변부와 호혜적인 관계를 유지하면서 진정한 제국이 되기를 원한다면 자기중심적 태도를 버리고 좀 더 적극적인 자세로, 한때 '팍스 시니카'를 이룩했던 대당 제국으로부터 관용과 통섭의 미덕을 학습해야 하지 않을까?

2. 생명자본주의에 대한 동양학적 접근

– 도가사상(道家思想)을 중심으로

자본주의는 근대 성립의 토대이자 과학 발전의 중요한 배경으로서 인류의 양적, 물적 진보에 획기적인 역할을 하였다. 그러나 자본주의는 인간소외, 계층 간의 격차, 환경위기 등 많은 폐해를 낳음으로써 줄곧 비판의 대상이 되어왔다. 이를 극복하기 위해 자본주의는 자체 수정의 길을 걷기도 하고, 외부적으로는 마르크스주의 등에 의해 강력한 도전을 받기도 하였으나, 주지하듯이 그 어느 것도 욕망의 무한궤도를 질주하는 자본주의를 어거(馭車)하지는 못하였다. 과연 자본주의는 초신성(超新星)처럼 팽창하여 끝내는 선택의 여지없이 인류를 파멸의 나락으로 몰아넣고야 말 것인가?

그런데 신화를 보면 개체는 극한적인 상황에서 변신을 통해 곤경을 극복하고 승화한다. 인류 역시 역사를 보면 위기의 순간마다 패러다임의 전환을 통해 난국에서 벗어나 새로운 도약을 이룩하였다. 그렇다! 위기의 자본주의는 패러다임의 전환을 필요로 하는 것이다. 대체로 1970년대 이후 기존의 주류 경제학에 대해 변화를 모색하는 패러다임상의 움직임들이 있어왔는데, 근래에 가장 주목받고 있는 움직임으로는 다음과 같은 것들이 있다. 가령 슈마허(E.F. Schumacher)는 『작은 것이 아름답다(Small is beautiful)』에서 성장지상주의를 비판하고 자연과의 조화 속에서 이루어지는 지속가능의 경제학을 선구적으로 제창하였고, 뒤를 이어 폴 호큰(Paul G. Hawken), 에이머리 로빈스(Amory B. Lovins), 헌터 로빈스(L. Hunter Lovins) 등은 『자연자본주의(Natural Capitalism)』에서 슈마허의 구상을 더욱 실천적으로 발전시켜 통합과 복원의 차원에서 물리적 자본과 금융자본만이 아니라 자연자본과 인적 자본도 포함시킨 새로운 형태의 비즈니스 이른바 '차세대 산업혁명'을 예고하였으며, 빌 게이츠(William H. Gates)는 기업이 사회적 책임을 다하여 사회와의 조화를 통해 경제적 불평등을 해소함으로써 지속가능성을 확보할 수 있다는 이른바 '창조적 자본주의(Creative Capitalism)'를 선언하였다.

흥미로운 것은 이처럼 주류 경제학에 반대하여 새로운 패러다임의 자본주의를 모색하는 이들의 관념에 한 가지 공통점이 있다는 사실이다. 그것은 서구의 전통적인 인간중심적, 과학주의적 사고에서 비정통으로 간주되어 왔던 자연친화적, 생태적, 전일적 관념 등인데, 이러한 관념들은 동양권[196]에서는 오히려 정통으로 여겨져 왔던 것들이다. 오늘날 다문화의 호혜적 공존이 지향되고 있는 시점에서 서구 자본주의와 동양사상의 창조적 조우는 시의적절하고 긴요한 모색이라 하지 않을 수 없다.

---

196) 이 글에서 사용하고 있는 '동양'이라는 어휘는 사실 지칭하는 의미 범주가 다소 통속적이고 애매할 수도 있지만 '동아시아'가 정치적, 지역적 구분을 연상시킴에 비하여 사상적, 문화적 내용을 포괄적으로 함의하는 경우가 많으므로 편의상 선택되었음을 밝혀둔다.

최근 국내에서는 이어령(李御寧)이 앞서의 자연자본주의, 창조적 자본주의 등의 개념을 포괄하면서 보다 동양적인 특색을 보여주는 '생명자본주의'를 제창한 바 있다. 생명자본주의의 내용을 간단히 요약하자면 생명이 자원이 되고 감동이 경제력이 되는 자본주의로서 개인이 소유하는 것이 아니라 공유하는 아름다움, 많은 물질을 소비하지 않고서도 감동이라는 가치를 생산하는 자본주의이다.197) 생명자본주의는 자연자본주의나 창조적 자본주의에 비해 더욱 생명의 중요성을 환기하고 심미적, 감성적 가치를 중시했다는 점에서 차이가 있다.198)

　　이 글에서는 문화 간의 교류와 수용 그리고 호혜적 공존을 위한 문화다원주의의 입장을 염두에 두면서 우선 서구 자본주의를 변용 혹은 극복하기 위한 동양권에서의 여러 시도들에 대해 살펴보고자 한다. 이어서 자연자본주의와 창조적 자본주의 및 이들을 포괄한 생명자본주의의 주요 관념을 크게 자연생태의식과 공생의식으로 파악하고 양자의 동양사상적 기반을 주로 도가사상을 중심으로 고찰하고자 한다. 아울러 이 글에서는 편의상 이들 여러 경향들을 기존의 자본주의 대안들에 대한 종합적 성격이 강한 생명자본주의로 통칭(統稱)하여 논구하기로 한다.

---

197) 이어령의 생명자본주의는 주로 강연을 통해 표현되어 왔기 때문에 이 글에서는 관련된 강연 내용을 典據로 삼아 논의를 진행하고자 한다.

198) 남덕우는 이어령의 생명자본주의에 대해 "폴 호큰 등이 주장해 온 자연자본주의와 빌 게이츠가 제시한 창조적 자본주의를 포괄하고 한걸음 더 나아간 개념"이라고 평가한다. 이어령, 「아바타, 아이폰 힘은 생명자본주의」 『중앙일보』(2010.2.24) 참조.

1) 자본주의의 변용과 극복을 위한 시도들 - 동양권의 경우

근대 이후 동양권은 서구 자본주의를 수용하면서도 두 가지 측면에서 비판적 극복을 시도해왔다. 한 가지는 서구 자본주의의 병폐를 시정하자는 측면에서였고, 다른 한 가지는 서구 자본주의를 동양의 가치와 문화에 맞게 변용하자는 측면에서였다. 이러한 시도가 가장 먼저 이루어진 곳은 근대화, 서구화를 동양권의 다른 어느 국가보다도 일찍 추동한 일본에서였다. 일본에서는 에도 시대에 이시다 바이간(石田梅岩, 1684-1744)의 생활철학을 바탕으로 유교에 입각한 상인정신을 확립한 바 있고, 이는 지금까지 일본적 경영의 원류로 존중되고 있다. 가령 그가 제시한 상인정신의 내용을 보면 "상인은 천하태평의 도를 상거래의 형태로 실천하는 자가 되어야 한다.", "상거래시에는 상대방과 상호공존하는 정신을 가져야 한다." 등으로 상업윤리를 강조하고 있음을 볼 수 있다.[199] 메이지 유신 이후 근대적 기업을 일구고 발전시키는 과정에서도 일본의 선각적 경영인들은 기업의 존재의미와 가치를 제고시키는 데에 노력하였다. 그 대표적 인물이 일본 근대화의 대부라 불리는 시부사와 에이치(澁澤榮一, 1840-1931)로 그의 저서 『유교와 주판』은 여전히 일본 기업의 윤리적 기초를 제공하는 고전으로 평가되고 있다. 시부사와는 이 책에서 "부를 이루는 근원은 인의도덕이다. 올바른 도리의 부가 아니면 그것은 영속될 수 없다."라고 하여 사업에 있어서 윤리적 기초가 전제되어야 할 것을 역설하였다.[200] 이 책은 이후 일본 기업이 서구의 기술과 제도를 받아들이

199) 민승규·김은환, 『경영과 동양적 사고』(서울: 삼성경제연구소, 1996), p.17.
200) 시부사와 에이치, 『논어에서 보는 경영의 윤리적 기초(원제: 유교와 주판)』(서울: 삼성경제연구소, 1996), 민승규 역, p.1.

면서 동양적 전통에 기초한 경영 이념을 확립하는 데에 결정적인 기여를 하였다. 가족윤리를 사회에 접목하여 기업은 공동운명체라는 관념, 종신 고용 등 일본식 경영의 특성들은 시부사와의 상술한『논어(論語)』적 경영관에서 비롯된 것이다. 그러나 한때 선망의 대상이었던 일본식 경영도 개방화, 정보화 시대에는 지나친 가족공동체적 의식으로 인한 폐쇄성, 창의적 마인드의 결핍 등의 한계를 드러내고 있다.

한편 일본의 경제적 성공 이후에 한국, 대만, 싱가포르 등 동양의 여러 나라들이 잇달아 발전을 이룩하였고 이들 국가들의 공통적 문화기반이 유교임에 착안, 1970년대부터 일부 서구 학자들에 의해 이른바 '유교자본주의'가 거론되기 시작하였다. 유교자본주의는 이들 여러 나라의 경제 발전이 가속화되면서 1990년대에 이르러서는 이른바 '동아시아 담론'의 중심에 서기도 하였다. 특히 하버드 대학의 두유명(杜維明)을 비롯한 이른바 신유가(新儒家) 학자들은 이미 사멸한 줄 알았던 유학이 자체의 적응 논리를 갖고 서구 자본주의와는 다른 유교자본주의의 방식으로 여전히 생명력을 갖고 있으며 앞으로 서구 자본주의의 폐단을 극복, 21세기의 동양 나아가 세계 정치, 경제, 문화의 새로운 이념적 대안이 될 수 있으리라고 전망한다. 그러나 정경유착, 개발독재 등의 혐의와 대중화권(大中華圈) 부활이라는 정치적 발상과 무관하지 않다는 비판 등이 제기되고 일본 경제의 장기 침체 등과 맞물려 유교자본주의의 시의성(時宜性)은 많이 퇴색되고 있는 실정이다.[201]

국내의 경우 대기업 삼성에서는 1990년대 후반부터 창업주의 정신을 『논어』와 연계시켜 파악하고 크게는 자본주의의 모순에 대한 인식, 구체

---

201) 유교자본주의의 발전 및 한계에 대해서는 정재서, 『제3의 동양학을 위하여』(서울: 민음사, 2010), pp.94-96 참조.

적으로는 대외적 기업윤리의 미확립에 대한 반성에서 사회와의 호혜적 공생의 달성, 기업구성원들의 창조성과 기업가 정신의 발휘를 위해서는 기업윤리가 바로 그 정신적 인프라가 된다는 자각을 갖고 이러한 문제를 해결하기 위해 동양사상에 주목하게 된다. 그리하여 유교 윤리관에 바탕한 '기업가족주의', 불교의 이타행(利他行)에 근거한 기업의 사회적 기여, 도교의 수행법을 활용한 조화로운 기업생활의 추구 등 한국형 경영모델의 개발을 시도하였다.[202]

학계에서 이어령과 경제학자 박우희는 1989년에『한국의 기업정신』이라는 공저를 통해 한국 기업의 '정신(spirit)'에 대해 토론을 나누었고 그러한 문제의식이 심화된 결과 2005년에『한국의 신자본주의 정신』이라는 공저를 다시 출간하였다. 양인은 이 책의 후반부에서 한국의 신자본주의를 지식자본주의, 문화자본주의, 정신자본주의의 세 가지 부분으로 나누고 특히 정신자본주의에 역점을 둔다. 그렇다면 정신자본주의의 내용은 무엇인가? 양인은 이렇게 말한다. "지식, 정신, 문화 그리고 선비, 이 모든 것이 한국의 경제 속에 어우러져 새로운 형태의 자본주의인 '선비 자본주의', 나아가 '사·상(士·商) 자본주의'로 거듭 태어날 때 한국의 자본주의의 미래는 다시금 희망찬 항해를 계속할 것이며…사·상자본주의에 걸맞는 정신이 우리 안에 이미 내재되어 있다는 것이다."[203] 지식산업시대, 정보화시대의 자본주의로서 양인은 과거의 바람직한 지식인인 선비와 상인의 정신을 결합한 사·상자본주의를 제시했던 것이다. 사·상자본주의는 표제만 보면 경영에 유교 이념을 접목한 일본의 경우와 흡사

---

202) 민승규·김은환,『경영과 동양적 사고』(서울: 삼성경제연구소, 1996)에서 이러한 노력이 잘 나타나 있다.

203) 박우희·이어령,『한국의 신자본주의 정신』(서울: 박영사, 2005), p.217.

한 것 같지만, 실제 내용에 있어서는 원효(元曉)의 회통사상(會通思想) 등 유교문화의 근저를 관류하는 한국 토착의 정신을 중시한다는 점에서 차이가 있다. 최근 이어령은 기존의 사·상자본주의에 자연자본주의, 창조적 자본주의 등을 융합하여 범세계적인 패러다임의 차원에서 서구 자본주의를 극복할 대안으로 생명자본주의를 제창하는 데에 이르고 있다.

2) 생명자본주의의 자연생태의식과 도가사상

서구의 정통과학적 견지에서 보면 최근 풍미하고 있는 생태학이라는 학문은 예외적인 것이다. 왜냐하면 오만한 이성을 중심에 둔 입장에서 인간 주변의 자연을 함께 혹은 우위에 두고 고려한다는 사실 자체가 난센스일 수 있기 때문이다. 그러나 동양과 서구의 전근대 시기에 이러한 관념은 보편적이었다. 동양 고전 중에서도 도가의 최고(最古) 경전인 노자(老子)의 『도덕경(道德經)』은 자연생태의식에 관한 보고(寶庫)라 할 수 있다. 노자는 이렇게 말한다.

사람은 땅을 법칙으로 삼고 땅을 하늘을 법칙으로 삼으며 하늘은 도를 법칙으로 삼고 도는 자연을 법칙으로 삼는다.

(人法地, 地法天, 天法道, 道法自然.)[204]

사람, 땅, 하늘, 도, 자연의 순차적 모방관계는 결국 인간은 자연의 이

---

[204] 『道德經』 제25장. 번역은 自譯 혹은 이원섭 역주, 『노자·장자』(서울: 대양서적, 1971)를 참조. 이하의 경우도 마찬가지.

법(理法)대로 살아야 함을 말한 것이다. 이러한 관념은 인간과 자연이 일체가 되어야 한다는 천인합일관(天人合一觀)을 형성하는데 그것은 『장자(莊子)』에서 다음과 같이 표현된다.

하늘과 땅이 나와 함께 살고 만물도 나와 함께 하나가 된다.
(天地與我幷生, 而萬物與我爲一.)205)

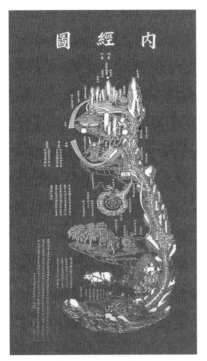

「내경도(內經圖)」, 청대(淸代).
인체와 자연의 상동관계를 표현하고 있다.

---

205)『莊子』「齊物論」. 번역은 自譯 혹은 이원섭 역주, 『노자·장자』(서울: 대양서적, 1971)
를 참조. 이하의 경우도 마찬가지.

다시 『회남자(淮南子)』를 보면 천인합일관에 의해 인체와 자연을 상동 관계로 인식하고 있음을 알 수 있다.

> 머리가 둥근 것은 하늘을 본뜬 것이고, 발이 네모진 것은 땅을 본뜬 것이다. 하늘에 사계, 오행, 아홉 지점, 366일이 있듯이 사람에게도 사지, 오장, 9개의 구멍, 366개의 골절이 있다. 하늘에 비, 바람, 춥고 더움이 있듯이 사람에게도 빼앗고 줌, 기쁘고 슬픔이 있다.
>
> (故頭之圓也, 象天. 足之方也, 象地. 天有四時五行九解三百六十六日, 人亦有四肢五臟九竅三百六十六節. 天有風雨 寒暑, 人亦有取與喜怒.)[206]

자연자본주의에서 취하고 있는, 생명을 부양하는 일에 있어 경제의 방식과 생태의 방식이 별개가 아니라는 입장[207]은 바로 이 천인합일관과 같은 맥락이라 할 것이다. 아울러 슈마허가 메타 경제학의 두 가지 범주, 즉 인간과 자연이 다함께 중요하게 고려되어야 할 것을 역설한 것[208]도 천인관계의 불가분성을 인식했기 때문일 것이다. 이어서 『장자』에서는 천인합일관을 체득한 인간에 대해 다음과 같이 실감나게 묘사한다.

> 공자가 한번은 여량(呂梁)에 간 적이 있었다. 마침 그곳에는 폭포가 있었는데 그 높이는 30길이나 되어 보였고 물방울을 튕기는 그 물은 40리에나 뻗쳐 있었다. 큰 자라나 악어나 고기나 자라도 헤엄칠 수 없을 정도로 물살이 세었다. 그런데 그 사나운 물결 속에서 한 사나이가

206) 『淮南子』「精神訓」.
207) 폴 호큰 등, 『자연자본주의』(서울: 공존, 2011), 김명남 옮김, p.80.
208) E. F. 슈마허, 『작은 것이 아름답다』(서울: 문예출판사, 2010), 이상호 옮김, p.63.

헤엄치고 있는 모습이 눈에 띄었다. 이 사람은 필시 무슨 괴로운 일이 있어서 죽으려 하는 것이려니 생각한 공자는 제자들을 시켜 물결을 따라 내려가 그를 구출하라고 명령했다. 그런데 그 사나이는 수백 보 하류까지 내려가더니 물에서 나와 머리가 흩어진 채로 콧노래를 부르며 둔덕 밑에서 놀고 있었다. 공자는 거기까지 가서 물었다. "나는 처음에 당신을 귀신인가 여겼지만 여기 와 자세히 보니 역시 사람이로군. 어떻게 그리도 헤엄을 잘 치는가? 헤엄치는 데도 무슨 비결이 있는가?" 그 사나이가 대답했다. "천만에! 그런 비결이란 것은 저에게 없습니다. 저는 다만 예전부터 시작했고, 그것이 차츰 천성이 되면서 자랐으며 운명처럼 돼 버린 것뿐입니다. 저는 소용돌이를 따라 물에 들어갔다가 솟아오르는 물결과 함께 떠오르며 물결을 좇아 헤엄칠 뿐 자기의 사사로운 힘을 쓰는 일이 없습니다. 이것이 내가 물에서 자유로이 헤엄칠 수 있는 근거입니다."

(孔子觀於呂梁, 縣水三十仞, 流沫四十里, 黿鼉魚鼈之所不能游也. 見一丈夫游之, 以爲有苦而欲死也. 使弟子竝流而拯之, 數百步而出, 被髮行歌, 而游塘下. 孔子從而問焉, 曰吾以子爲鬼, 察子則人也. 請問蹈水有道乎. 曰亡, 吾無道, 吾始乎故, 長乎成, 成乎命, 與齊俱入, 與汨偕出, 從水之道, 而不爲私焉, 此吾所以蹈之也.)209)

여량의 사나이는 물의 움직임에 몸을 맡길 뿐 작위적으로 움직이지 않았기 때문에 물의 도를 터득하여 격류 속에서도 유연히 몸을 노닐게 할 수 있었다. 인간은 이와 같이 자연과 하나가 된 행동을 통하여 비범

---

209) 『莊子』「達生」.

한 경지에 도달할 수 있다. 호큰 등의 『자연자본주의』에도 비슷한 표현이 있다. "자연자본주의를 실천하는 사람들은 흐름을 거스르는 게 아니라 흐름을 타고 헤엄치는 것이다."[210]라는. 천인합일적 행동은 자연자본주의의 중요한 원칙 중의 하나로 자리 잡았다. 그것은 '생물모방생산(biomimetic production)'이다. 폴 호큰 등에 의하면 "기업들은 생물이나 생태계의 과정을 모방하는 방향으로 변하고 있다. 자연의 생산 및 공학기법을 흉내 내어 원소, 재료, 화합물을 제조하려 한다. …영리한 설계자들은 이미 자연의 제자가 되기를 자처하여 자연의 무해한 화학과정들을 배우고 있는 것이다."[211] 일본에서는 일찍이 도가의 무위자연(無爲自然) 사상에 근거한 자연농법이 고안된 바 있는데, 그것은 근대 과학농법이 낭비적이며 자연계의 생태평형을 파괴한다고 비판하고 불간섭의 원칙 아래 자연의 자기조절 능력에 맡기는 농법이다.[212] 그렇다면 천인합일관이 우주론이자 존재론이었던 동양에서는 재화에 대해 어떻게 인식하고 있는가?

원기(元氣)는 황홀하고 자연스러워 함께 엉기어 하늘이 된다. 이것을 하나라 이름한다. 나뉘어 음을 낳아 땅이 된다. 이것을 둘이라 이름한다. 이리하여 위로는 하늘, 아래로는 땅이 되어 음과 양이 서로 합하여

---

210) 폴 호큰 등, 앞의 책, p.32.

211) 폴 호큰 등, 앞의 책, pp.71~72. 가령 구체적인 예를 든다면 곤충의 감각기능 원리를 응용하여 기능성 물질, 휘발성 물질, 부패 농산물 등을 자동 검출하는 기능을 지닌 최첨단 바이오센서를 만든다든가, 곤충의 행동을 모방한 지능로봇인 로버그(Robug) 즉, 자벌레를 응용한 내시경 로봇, 바퀴벌레의 걸음걸이를 응용한 군사용 탐색 로봇 등을 개발한다든가, 낭비가 전혀 없는 완벽한 구조물인 육각형 구조의 벌집을 비행기 및 건축물 구조에 활용한다든가 하는 일 등이 있을 수 있다. 최영철 등, 『곤충의 새로운 가치 - 21세기 고부가가치 생명산업』(수원: 농촌진흥청, 2011), p.15 참조.

212) 葛榮晉 主編, 『道家文化與現代文明』(北京: 人民大學出版社, 1991), pp.166-182.

사람을 베풀어낸다. 이것을 셋이라 이름한다. 세 가지 근본이 함께 낳아
온갖 사물을 길러낸다. 이것을 재화라 이름한다.

(元氣恍惚自然共凝成一, 名爲天也. 分而生陰而成地, 名爲二也. 因爲上天下
地, 陰陽相合施生人, 名爲三也. 三統共生, 長養凡物, 名爲財.)[213]

윗글에 의하면 재화는 우주의 원초적 기운 즉 원기에서 비롯한 하늘
과 땅의 기운 즉 음양의 두 기운과 사람의 기운 즉 중화기(中和氣)의 3자
가 합쳐져서 생겨난다. 우주에 존재하는 음, 양, 중화의 세 가지 기운이
서로 합쳐지고 통하여 만물을 생육한다는 이론을 삼합상통설(三合相通
說)이라고 한다.[214] 흥미로운 것은 모든 우주적, 인간적 기운의 소산인
만물을 재화로 인식하고 있다는 점이다. 이렇게 보면 재화는 인간과 동
떨어져 존재하는 사물이 아니라 교감 관계에 있는 생동적 실체이고 이러
한 의미는 1차 재화를 가공하여 생산된 물건 곧 2차 재화에까지 확장된
다. 이어령이 애플의 아이폰을 통한 기계와 신체의 교감을 예로 들어 설
명한 생명자본주의[215]는 바로 여기에서 우주론적 근거를 갖는다.

슈마허는 시장에 출현한 적은 없지만 모든 인간 활동의 본질적인 전
제 조건이 되는 것으로서 공기, 물, 토지 그리고 사실상 살아 있는 자연
전부를 재화로서 긍정하고[216] 폴 호큰 등 역시 물, 광물, 석유, 나무, 어
류, 토양, 공기 등 인류가 활용하는 온갖 친숙한 자원을 자연자본이라 총

213) 王明, 『太平經合校』(北京: 中華書局, 1979), p.305.
214) 삼합상통설에 관한 자세한 내용은 윤찬원, 『도교철학의 이해』(서울: 돌베개, 1998),
    pp.122-136 참조.
215) 이어령, 「아바타, 아이폰 힘은 생명자본주의」『중앙일보』(2010.2.24)
216) 슈마허, 앞의 책, P.69.

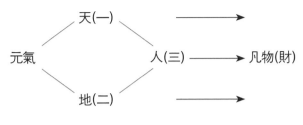

삼합상통설에 의한 재화 형성도식

칭했는데,[217] 윗글에서의 음, 양, 중화의 세 가지 기운이 삼합상통하여 생긴 재화야말로 이에 해당한다 할 것이다. 이 자연자본 혹은 자유재(自由財)에 대해 시인 소동파(蘇東坡)는 명작 「전적벽부(前赤壁賦)」에서 아주 적절하게 묘사한 바 있다.

且夫天地之間,	저 하늘과 땅 사이,
物各有主.	사물은 각기 주인이 있느니.
苟非吾之所有,	진실로 내 소유가 아니면,
雖一毫而莫取.	털끝 하나일지언정 취하지 말지어다.
惟江上之淸風,	다만 강변의 맑은 바람과,
與山間之明月.	산 사이의 밝은 달은.
耳得之而爲聲,	귀로 들으매 소리가 되고,
目寓之而成色.	눈으로 보매 빛깔을 이루나니,
取之無禁,	그것을 취하여도 금함이 없고,
用之不渴.	그것을 써도 다함이 없는지라.

217) 폴 호큰 등, 앞의 책, P.51.

是造物者之無盡藏也,   이것은 조물주의 무진장한 보물로서,

而吾與子之所共樂.   나와 그대가 함께 즐길 것이로다.

그러나 유감스럽게도 산업자본주의 시대에 들어와 소동파가 구가(謳
歌)했던 무진장의 자연자본은 빠르게 고갈되거나 오염되고 있으며, 주지
하듯이 이에 대한 경각심에서 우리는 새로운 패러다임의 자본주의를 모
색하는 와중에 있다.

3) 생명자본주의의 공생의식과 도가사상

명대(明代)의 염정소설(艷情小說) 『금병매(金瓶梅)』의 주인공 서문경(西
門慶)은 희대의 탕아로서 수많은 여인과 음란한 성행을 벌이다 종국에는
비참한 말로를 맞는다. 서문경은 색광이기만 한 것이 아니라 살인, 협잡,
몰인정 등 모든 악의 화신이었는데, 중국소설에서 이처럼 악당이 주인공
이 된 경우는 드문 예에 속한다. 그런데 우리가 서문경의 신분과 관련하
여 주목해야 할 것은 그가 상인이었다는 사실이다. 그는 한약 도매상이
었는데 이를테면 독점재벌이었던 셈이다. 명말에는 자본주의가 흥기하고
개성과 욕망을 긍정하는 새로운 유학인 양명학(陽明學)이 이를 옹호하고
있어 기존의 정통 주자학은 이에 대해 상당한 위협을 느끼고 있었다. 『금
병매』는 이러한 사회, 경제적 상황에서 당시 부상하는 자본가에 대한 보
수 유학의 부정적 인식 및 반감을 표현한 소설로 단순한 색정소설이 아
니라 오히려 유교적 모럴에 충실한 소설이었던 것이다. 흥미롭게도 조선
에도 독점자본을 다룬 소설이 있는데 결말은 완연히 다르다. 실학파(實

學派) 박지원(朴趾源)의 『허생전(許生傳)』이 그것으로 남산골의 빈한한 양반 허생은 아내의 불평에 견디다 못해 공부를 그만 두고 장삿길에 나선다. 그는 장안의 갑부인 변(卞) 부자로부터 1만 냥을 빌린 다음, 삼남(三南) 교역의 중심지인 안성(安城)으로 내려가 모든 과일을 두 배 값으로 사서 저장해두었다가 가격이 폭등하자 열 배의 값으로 판다. 다시 그는 제주도에 들어가 말총을 모두 사들여 엄청난 이익을 본다. 이렇게 해서 번 돈 백만금으로 그는 변산(邊山)의 도적떼들을 회유하여 무인도로 데려가 집을 짓고 농사를 지으며 살아갈 수 있도록 유토피아의 기초를 마련해 준 후 본래의 가난한 서생으로 되돌아간다. 말하자면 허생은 자신이 번 거금을 생활고로 어쩔 수 없이 도적이 된 최하층 빈민을 구제하는 데에 아낌없이 쓴 것이다. 서문경과 허생은 모두 독점을 통해 극도의 이익을 도모하였다. 여기까지 양자는 무한 욕망의 추구라는 자본주의의 속성을 유감없이 발휘한 것처럼 보인다.[218] 그러나 결말에서 서문경은 욕망의 화신이 되어 파멸을 맞았지만 허생은 욕망을 절제하고 자선행위를 통해 소득을 재분배함으로써 본연의 자신을 지킬 수 있었을 뿐만 아니라 새로운 사회를 창건할 수 있었다.

자본주의의 무한증식성, 거대 지향성이 초래한 폐단으로는 부의 편중, 낭비, 비효율 등을 손꼽을 수 있다. 산업의 거대증에 대해 최초로 의문을 제기했던 슈마허는 '불교경제학'을 거론하면서 '소박함(simplicity)'의 정

---

218) 『金甁梅』와 『許生傳』의 성립시기인 명말과 조선 후기에 엄격한 의미에서의 자본주의가 성립되었는가에 대해서는 논란의 여지가 있으나, 여기에서는 자본주의의 특징을 유통과 교환보다 독점으로 보는 페르낭 브로델의 관점을 취하여 서문경과 허생의 致富를 '자본주의적인' 활동으로 간주하였다. 『허생전』에 대한 브로델 관점의 원용에 대해서는 고윤수, 「허생전을 통한 한국 근대화 논쟁의 재검토」 『실학사상연구』 (2002), No.24. 참조.

신에 입각한 적절한 소비패턴으로 인간의 만족을 극대화해야 할 것을 제안한다. 이러한 생활 속에서 사람들은 물질에 대한 압박감이나 긴장감을 느끼지 않게 되고 결과적으로 비폭력의 세상을 구현할 수 있다는 것이다.[219] 그런데 그 유명한 언명 "작은 것이 아름답다(Small is beautiful)"로 집약되는 슈마허의 이러한 구상은 놀랍게도 노자의 『도덕경』에서 이미 집중적으로 묘사된 바 있다.

> 소박함을 지키고 사욕을 적게 한다.
> (見素抱樸, 少私寡欲.)[220]

> 극단을 피하고 사치를 없애며 교만하지 않는다.
> (去甚, 去奢, 去泰.)[221]

욕망을 절제하고 큰 것을 추구하지 않는 이러한 정신은 다음과 같이 작은 규모의 정치, 경제적 공동체를 이상 사회의 모델로 제시하게 된다.

> 나라는 작게 백성은 많지 않게 한다. 온갖 기물이 있어도 쓰지 않게 하고, 백성들로 하여금 삶을 아끼고 멀리 떠돌지 않게 한다. 비록 배와 수레가 있다 한들 타는 일이 없으며, 갑옷과 무기가 있다 한들 사용할 일이 없다. 백성들로 하여금 결승문자를 다시 사용하게 하고, 맛있게 먹고 멋있게 입고 편안하게 살고 즐겁게 지내도록 해준다. 이웃 나라가 바

---

219) 슈마허, 앞의 책, pp.76-78.
220) 『道德經』 제19장.
221) 위의 책, 제29장.

라다보이고 닭 울고 개 짖는 소리가 들리지만 백성들은 늙어 죽을 때까지 서로 왕래하는 일이 없다.

(小國寡民. 使有什佰之器, 而不用. 使民重死而不遠徙. 雖有舟輿, 無所乘之. 雖有甲兵, 無所陳之. 使民復結繩而用之. 甘其食, 美其服, 安其居, 樂其俗. 隣國相望, 鷄犬之聲相聞, 民至老死, 不相往來.) [222]

동진(東晋)의 시인 도연명(陶淵明)은 이러한 상황을 무릉도원(武陵桃源)이라는 자급자족의 촌락공동체로 묘사했다. 물론 현대의 우리들은 이것을 비유로 이해해야 한다. 작은 것이 지니는 편의성, 만족도 등을 이렇게 표현한 것이리라. 그런데 실상 규모의 작음은 적은 욕망에서 비롯되고 적은 욕망은 절제할 줄 아는 마음에서 가능하다.

명예와 몸, 어느 것이 더 가까울까? 몸과 재물, 어느 것이 더 소중할까? 얻는 것과 잃는 것, 어느 것이 더 나쁜 걸까? 이 때문에 너무 아끼면 반드시 크게 소모하게 되고 엄청나게 간직하면 반드시 많이 잃게 된다. 만족할 줄 알면 욕을 당하지 않고 멈출 줄을 알면 위태롭지 않아서 오래도록 보전할 수 있을 것이다.

(名與身孰親, 身與貨孰多, 得與亡孰病, 是故甚愛必大費, 多藏必厚亡. 知足不辱, 知止不殆, 可以長久.) [223]

"만족할 줄 아는 것(知足)"과 "멈출 줄 아는 것(知止)" 즉 욕망을 절제하는 것이야말로 바람직한 상태를 가장 오래 유지할 수 있는 방책이다. 이

222) 위의 책, 제80장.
223) 위의 책, 제44장.

것은 생산증대와 부의 획득을 최고 목표로 삼고 있는 오늘의 자본주의가 파멸에 이르지 않고 지속가능하기 위해 반드시 유념해야 할 금언이다. 아니 이 두 가지 덕목은 단순한 지속가능에 그치지 않고 창조적 발전을 낳게 한다.

> 이러한 도를 간직한 자는 극도의 만족을 추구하지 않는다. 극도의 만족에 도달하지 않았기 때문에 부수고 새로운 것을 이룩할 수 있다
>
> (保此道者, 不欲盈. 夫唯不盈, 故能蔽而新成.) **224)**

그릇이 비어 있기 때문에 물건을 담을 수 있고, 건물이 비어 있기 때문에 거주할 수 있듯이 우리의 창조력은 욕망이 충만된 상태에서가 아니라 마음을 비운 상태에서 나올 수 있다. 허생은 자신이 획득한 백만금에 대한 욕망을 제거함으로써 가난한 사람들을 구제할 신천지를 건설할 수 있었고, 빌 게이츠는 기업이 이익을 사회에 환원함으로써 다시 기업의 발전을 도모할 수 있다는 '창조적 자본주의' 즉 지속가능한 자본주의를 구현할 수 있다고 주장한다. 우리는 자본주의에서 욕망의 절제가 부의 편중을 억제하여 공생의 사회로 나아감을 보게 된다. 그런데 부의 획득에 대한 욕망이 절제되고 나아가 그것이 분배 행위로 이어져야 할 우주론적 당위성을 다음 글은 잘 보여준다.

> 재물이란 천, 지, 중화의 소유로서 사람을 기르는 것이다. 집이란 그저 재물을 우연히 모아둔 곳일 뿐이다. 비유컨대 창고 속의 쥐가 늘 혼자서

---

224) 위의 책, 제15장.

양껏 먹지만 그 큰 창고의 곡식은 본래 쥐의 소유만은 아니다. 왕실 창고의 재물은 본래 한 사람에게만 공급할 것이 아니다. 부족한 경우 언제든지 그곳에서 가져와야 한다. 어리석은 사람들은 이러한 도리를 모르고 평생토록 독점할 수 있다고 생각한다. 만백성이 맡겨두었다가 필요할 때 당연히 그곳에서 의식을 취할 수 있다는 사실을 모르고 있다.

(此財物乃天地中和所有, 以共養人也. 此家但遇得其聚處, 比若倉中之鼠, 常獨足食, 此大倉之粟, 本非獨鼠有也. 小內之錢財, 本非獨以給一人也. 其有不足者, 悉當從其取也. 愚人無知, 以爲終古獨當有之, 不知乃萬戶之委輸, 皆當得衣食于是也.)[225]

재물은 우주의 모든 기운이 만들어 낸 것으로서 개인은 잠시 그것을 맡고 있을 뿐 독점적으로 소유할 수 없다는 관념이다. 이 관념에 의하면 재물은 우주적 기운의 소산이라는 속성상 한 곳에 머무를 수 없고 끊임없이 부족한 곳을 찾아 순환, 유통되어야 세상이 조화로워진다. 바로 여기에서 기업 혹은 가진 자의 사회환원 행위는 우주론적 의의를 지니게 될 것이다.

맺는말

자본주의의 폐해를 치유, 극복하기 위한 시도는 여러 방면에서 이루어져 왔지만, 근래 부상하고 있는 자연자본주의와 창조적 자본주의 그리

---

225) 王明, 앞의 책, p.247.

고 이들의 개념을 포괄한 생명자본주의 등은 사연진화적, 생태적, 전일적 관념을 추구한다는 점에서 미래의 유효한 대안으로 주목받고 있다. 이 글에서는 문화다원주의의 입장을 염두에 두고 이들과 동양사상 특히 도가사상과의 관련성을 살피기에 앞서 동양권에서의 자본주의 변용 및 극복의 사례들을 일본의 경영철학, 유교자본주의, 한국의 신자본주의 등을 통해 그 특성과 한계 등에 대해 개괄하였다. 이어서 생명자본주의를 중심으로 자연생태주의, 공생의식 등의 차원에서 『도덕경』, 『장자』, 『회남자』, 『태평경』 등 도가 경전과의 사상적 상응 관계를 탐구한 결과 오늘날 풍미(風靡)하고 있는 생명자본주의 등의 기본 정신이 이들 경전에 풍부히 내재되어 있음을 확인할 수 있었다.

근 1세기 전에 막스 베버(Max Weber)는 중국에서의 자본주의 발달을 저해한 주인(主因)으로 유가와 도가 등 동양사상의 비합리성을 지적한 바 있었다. 그런데 동양사상이 탈근대의 이 시점에서 도리어 자본주의를 구원하기 위해 새롭게 음미되고 있다는 사실은 아이러니하기만 하다. 최근 탈영토화된 전지구적 흐름이 가속화되어가고 있는 시점에서 문화적 획일화의 추세가 지배적인 것 같지만 도처의 다양한 문화적 저항도 거세지고 있으며 동시에 주목해야 할 것은 문화의 역류 현상으로 인한 제1세계 문화의 주변화 현상이다.[226] 생명자본주의는 제1세계 문화의 혼종화, 다원화 등의 추세와 맞물려 등장하였으며 이러한 현상은 앞으로 세계인의 삶을 규정짓는 큰 흐름이 될 것이다.

창조력과 상상력의 콘텐츠, 디지로그의 위력이 더욱 커질 것이다. 이제

---

226) Jonathan Xavier Inda & Renato Rosaldo, "Introduction" *The Anthropology of Globalization: A Reader*(Boston: Blackwell Publishers,2002), pp.15-25.

부터는 생명자본주의 시대에 대비해야 한다. 생명자본은 지엽적인 대안이 아니라 아예 자본주의의 패러다임 자체를 뒤바꾸는 개념이다.[227]

이어령의 이와 같은 천명은 도가사상의 함의를 풍부히 지닌 생명자본주의가 이제 미래의 움직일 수 없는 대안임을 강조하고 있다. 물론 생명자본주의는 앞으로도 많은 검증을 거쳐야 하며 만능의 대안은 아닐 것이다. 그러나 인류는 매 시대의 고비마다 적절한 진단과 과감한 처방으로 위기를 돌파해 왔다. 우리는 이 시대의 도전적 과제에 대해 어떻게 응전해야 할 것인가? 신고(辛苦)의 과정이었지만 경이적인 속도로 근대를 달성한 우리에게는 앞으로 근대 극복, 즉 자본주의의 발전적 극복이라는 과제가 주어져 있다. 이를 위해 우리에게 친숙한 과거의 유산을 슬기롭게 활용한다면 근대의 후발(後發) 주자였던 우리는 오히려 탈근대에 대해 선구적인 역할을 할 수 있을 것이다.

---

227) 이어령, 「생명이 자원, 감동이 경제력인 생명자본주의 시대 대비해야」『경향신문』
    (2011.1.4).

3. 오래된 미래

– 동아시아 문화공동체를 향하여

서울의 동대문 밖에는 삼국시대의 영웅 관우(關羽)를 모시는 동묘(東廟)가 있다. 조선 선조(宣祖) 때 일본의 침략으로 일어난 임진왜란(壬辰倭亂) 당시 조선을 돕기 위해 명(明) 신종(神宗)의 명을 받은 장군 이여송(李如松)이 구원병을 이끌고와 평양성을 탈환하였고, 이에 감사하여 선조가 명군이 숭배하는 군신(軍神) 관제(關帝)의 사당을 건립하도록 한 것이 오늘의 동묘인 것이다. 동묘는 조선 시대에는 화려한 위용(威容)을 자랑하였으나 근대 이후 한국과 대륙의 관계가 단절되면서 퇴락한 상태에 놓여 있다가 최근 보수, 복구되고 있는 중이다. 한중 우호의 기념물인 동묘의 변화는 한중 관계의 추이(推移)를 상징적으로 보여준다.

근대 이전 한중간(韓中間)의 관계는 왕조 교체기의 동란(動亂) 상황을 제외하고는 중화제국(中華帝國)을 중심으로 한 동아시아 세계질서 내에서 비교적 안정되고 우호적인 관계를 지속해왔다고 볼 수 있다. 임진왜란 당시 명의 조선 파병은 중국역사상 예외적 사건으로서 중국의 한국에 대한 특별한 관심을 표현한다. 조선 역시 이에 대한 응답으로 명과의 의리를 지키기 위해 청(淸)과 적대적 입장을 취했다가 병자호란(丙子胡亂)이라는 미증유의 재난을 겪었을 정도로 당시 조선과 명은 신의의 관계에 있었다.[228]

그러나 근대 이후 한국과 중국은 외세의 침입, 문화의 극변(劇變) 등 격랑(激浪) 속에서 자존(自存)을 모색하느라 서로를 돌아볼 겨를이 없었고, 이러한 와중에서 과거의 신의는 퇴색하고 변질되어 갔다. 특히 냉전 시기에 양국은 이데올로기의 차이로 인해 국가 간의 교류가 완전히 단절되는 극심한 적대관계를 형성하기까지 하였다. 물극필반(物極必反)이라고나 할까? 마침내 중국이 개혁, 개방 정책을 취하고 1992년에 양국이 수교를 한 이후 한중 관계는 정치, 경제, 문화 등 각 방면에서 급격히 밀접해졌다. 현재 정치적, 경제적 교류가 더욱 확대되고 있는 추세에서 문화적 교류는 민간 교류의 증가와 더불어 가일층 심화되고 있는 상황이다. 오랜 기간 관계 단절을 겪었던 양국 간의 교류 회복은 과거의 유구한 역사적 관계를 돌아볼 때 당연한 귀결이며 반드시 호혜적(互惠的)으로 발전시켜나가야 할 과제라 할 수 있다. 그런데 최근 유감스럽게도 이러한 기대에 의구심을 품게 하는 일련의 문화갈등 양상이 양국 간에 전개되고 있다. 물론 거시적으로 통찰할 때 한중 양국의 호혜적 발전 관계는 필연적인 귀결인 만큼 최근의 사태는 정상화 과정에서 겪기 마련인 과도기적 현상이라 할 것이다. 이 글에서는 문화갈등 양상을 과도기적 현상으로 규정하면서도 여전히 그것이 한중 양국 관계에 부정적 영향을 미치는 현재적 사안(事案)임을 중시, 그 현상을 기술하고 원인을 분석하여

---

228) 일례로 유학자 尤庵 宋時烈은 神宗의 은혜를 기리는 萬東廟를 건립하였는데 이 사당은 조선 말기 高宗 때까지 존속하였다.

극복할 수 있는 방안을 모색하고자 한다.

특별히 필자는 이 사안과 본의 아니게 연루되어 심각한 폐해를 경험한 입장에서 보다 폐부에서 우러난 소회(所懷)와 사색을 진술하고자 한다. 필자가 주장했다고 중국의 인터넷상에서 떠돌았던 소위 "중국신화는 한국에서 기원했다(中國神話源自韓國)"라든가 "조조는 알고 보니 한국사람이다(曹操原來是韓國人)"라는 등의 유언(流言)229)은 상식에서 크게 벗어난 황당한 말들이었다. 필자는 처음에 이러한 유언들을 믿고 수많은 중국인이 격노했다는 사실에 충격을 받았다. 그러나 곧이어 황당한 말들임에도 불구하고 중국인이 격노하게 된 근거가 무엇인가에 대해 반성적으로 숙고하게 되었다. 내용의 황당성 여부를 떠나 현실적으로 중국인이 격노하게 된 데에는 반드시 그와 같은 오해를 초래한 내재적 원인이 있을 것이라는 문제의식에서 이 글은 출발하고 있다. 그리고 여기에서 나아가 한중 문화갈등이라는 현안(懸案)을 동아시아 문화공동체라는 미래지향적, 거시적 차원에서 풀어보고자 하는 것이 필자의 의도이다.

---

229) 이들 流言과 관련된 사건들의 경위는 다음과 같다. 2007년 가을 필자는 한국에서 「잃어버린 신화를 찾아서 – 중국신화 속의 한국신화」라는 논문을 발표한 바 있었다. 필자는 중국신화학계의 통설에 따라 중국신화가 華夏系, 東夷系, 苗蠻系 등 여러 종족들의 신화에 의해 다원적으로 형성되었고, 이 중 동이계 신화의 일부 내용에서 한국신화의 원형을 찾아볼 수 있다는 취지의 발표를 하였다.(이 논문은 후일 『中國語文學誌』(2007), 제25집에 실렸다.) 그런데 논문 발표 직후 중국의 인터넷상에 필자가 "중국신화는 한국에서 기원했다"라고 주장했다는 왜곡된 기사가 대서특필되고 이에 대한 비난이 물 끓듯 하였다. 필자는 「效答客難」이라는 해명 글을 『人民網』과 『文匯報』 등에 발표하고, 2008년 초 『亞洲週刊』과의 인터뷰를 통해 이들 인터넷상의 기사가 완전히 왜곡된 것임을 밝혔다. 그 후 필자에 대한 비난이 소강상태에 있는 것 같더니 2010년 正月 홀연 인터넷상에 필자가 "조조는 알고 보니 한국사람이다"라고 주장했다는 날조된 기사가 실리고 필자에 대한 비난 여론이 다시 들끓기 시작하였다.(이 기사의 날조 과정에 대해서는 樂云의 環球博客, 「一則'反韓'假消息是如何出爐的?」 참조.) 이러한 왜곡과 날조의 과정 속에서 필자는 한중 문화갈등의 양상이 얼마나 심각한 상태에 이르렀는지를 실제로 체험하게 된 것이다.

1) 한중 문화갈등의 정황

최근 세계의 문화는 획일화를 향해 나아가면서 동시에 지역적 차이성을 부각시키는 지역화도 병존하는 이른바 지구지역화(glocalization)의 추세에 있다. 이 과정에서 국가와 국가 간 문화의 교류에는 문화접변(文化接變, acculturation)의 현상이 자연적으로 수반되고 타문화의 수용 혹은 변용(變容)과 아울러 정체성의 문제가 제기된다. 한중 문화갈등은 크게는 이러한 세계 문화의 획일화 및 지역화의 움직임 속에서 발생한 현상으로 볼 수 있다. 그러나 오랜 역사를 통해 집적된 양국 간의 문화 교류와 이로 인해 형성된 상호 문화인식이 현재 진행되고 있는 세계화의 이면에서 영향을 미치고 있음을 간과해서는 안 될 것이다.

한국과 중국 간의 문화 교류는 1990년대 이후 한국 측의 경우 오랜 기간 격절(隔絶)되었던 대륙문화에 대한 소개가 서적 수입, 번역, 출판 등을 통해 활발히 이루어지고, 중국 측의 경우 드라마, 영화, 음악 등 대중문화를 중심으로 한 한류(韓流)의 유입으로부터 본격화된다. 교류 초기 한중 국민 간의 상호 인식은 상당히 우호적이었고 상대국에 대한 기대감에 차있었다. 양국민 간의 호감에 균열이 생기기 시작한 것은 2000년대 중반에 들어서였는데 그 결정적 사건으로는 2004년에 고구려 역사를 중국사에 편입시키려 한다는 중국사회과학원(中國社會科學院)의 학술연구 내용이 한국 언론에 집중적으로 보도되어 한국인의 민족주의를 크게 자극한 이른바 '동북공정(東北工程)' 사태와 2005년에 한국에서 강릉(江陵) 단오제(端午祭)를 유네스코에 세계무형유산으로 등록시켰다는 소식에 중국인들이 크게 충격을 받고 분개한 이른바 '단오절(端午節)' 사태의 두 가지를 꼽을 수 있다. 이후 한국 드라마 「대장금(大長今)」 비판을 계기로 반한류(反韓流)의 움직임이 표면화되고, 2007년 1월 장춘(長春) 동계 아시안 게임에서 한국 여자선수단의 백두산 세레머니, 2008년 4월 북경 올림픽 성화 봉송(奉送) 당시 서울에서의 중국 유학생과 한국 시민의 충돌, 2008년 5월 사천(四川) 대지진에 대한 한국 네티즌의 악플 사건 등은 문화 갈등은 아니지만 중국에서의 한국에 대한 여론을 크게 악화시켰다. 특히 2006년 이후 중국의 인터넷 상에서 이른바 '문화원조논쟁(文化元祖論爭)'이 끊이지 않고 제기되어 네티즌들의 감정을 크게 격앙시켰다. 인터넷상의 '문화원조논쟁'은 2006년 한국이 한의(漢醫)를 한의(韓醫)로 개명하고 『동의보감(東醫寶鑑)』을 유네스코에 등록시킨 것을 비판하는 데에서 출발하였으나, 나중에는 중국의 네티즌 스스로 '공자(孔子)', '손중산(孫中山)', '조조(曹操)', '이시진(李時珍)', '서시(西施)' 등의 역사상 저명인물이 한국인이라든가 '중국신화', '풍수지리', 『삼국연의(三國演義)』 등의 문화유산이 한국에서 유래하였다는 등의 기사를 날조하여 일반 대중의 반한(反韓) 정서를 더욱 조장시키기도 하였다.[230]

2010년 초 중국 주재(駐在) 한국대사관에서 필자와 관련된 기사들("중국신화가 한국에서 기원했다.", "조조는 알고 보니 한국사람이다" 등)을 비롯 중국 인터넷상에서 떠도는 소위 '한국 원조'를 주장하는 기사들이 사실무근한 요언임을 공식적으로 천명하고 언론 보도의 자제를 촉구한 이후 인터넷상의 소동은 진정되는 추세에 있으나 여전히 불씨가 재연(再燃)될 소지는 남아 있다.

---

230) 이상의 사건들에 대한 정리는 李鼉, 「중국내 反韓流 및 反韓 感情의 형성에 대한 고찰 – 중국 언론의 보도와 네티즌 반응을 중심으로」(2009), 경희대학교 대학원 언론정보학과 석사학위 논문, 申英美, 「중국내 反韓 情緖의 현황과 動因 – 인터넷 공간을 중심으로」『中蘇研究』(2010/2011 겨울), 제34권 제4호 등 참조.

2) 한중 문화갈등의 원인

한중간에 문화갈등이 이처럼 다양하게 발생한 원인에 대해서는 직접적 동기가 된 근인(近因)과 간접적 동기가 된 원인(遠因)의 두 가지 측면에서 살펴 볼 수 있다. 먼저 근인과 관련하여 유상철의 다음과 같은 언급을 들어보자.

한중 양국 국민의 정서적 갈등이 문제화되기 시작한 시점에 대해 한국 언론 매체는 중국의 동북공정에 대해 연속 보도하였을 때로 거슬러 올라가야 한다. 2004년부터 한국의 언론 매체들은 잇따라 "중국은 고구려 역사를 빼앗았는가?"와 같은 주제에 대해 연속 보도했으며 한국인들의 중국에 대한 감정은 급격하게 악화되었다. 내가 알기로 중국내 언론 매체는 이 문제에 대해 이렇다 할 보도가 없으며 중국인들 역시 자연히 이 문제에 대해 별다른 반응을 보이지 않고 있다. 이에 반해 중국의 한국에 대한 혐오 감정은 2005년에 시작되었다. 그 해 유네스코는 한국의 강릉단오제를 세계무형유산으로 지정했다. 중국 내에서는 이에 대해 "한국이 중국의 전통 명절을 빼앗다"와 같이 보도했으며 중국인의 감정 또한 격렬해졌다.[231]

유상철의 분석은 정확하다. 한국 측의 경우 중국에 대한 반감이 발생했던 직접적 계기는 2004년 중국사회과학원의 '동북공정'이었던 것이다. '동북공정'은 과거 중국에 대한 한국의 호감을 일시에 악감으로 바꾸어

---

231) 2009년 4월 북경에서 거행된 '한중민간우호논단'에서의 중앙일보 중국연구소 소장 유상철의 주제 발표 일부 내용. 李龍, 위의 논문 pp.26-27에서 재인용.

놓은 큰 사건이었다. 근대 이후 한동안 관계가 단절되었다고는 하지만 한국인은 중국에 대해 대국으로서의 경외감(敬畏感)을 갖고 있었고 대륙 문화에 대해서는 향수를 느끼고 있었다. 특히 한국의 일부 좌파 지식인들은 중국식 사회주의에 대해 일종의 유토피아적 환상을 갖고 있어서 정치적으로 중국에 대해 상당한 우호의식과 기대감을 지니고 있었다.[232] 그런데 고구려 역사를 중국사에 편입시킨다는 '동북공정'의 구상은 한국사의 체계를 근본적으로 뒤흔드는 발상으로서 한국의 존립과 정통성을 위협하는 엄청난 사건이 아닐 수 없었다. 이에 대해 중국정부는 학술연구에 불과할 뿐 정치적 의도와 무관하다는 성명을 발표하였으나, 결국 이 사건으로 인해 한국 내에서는 중국의 패권주의에 대한 경계심이 강화되었고, 잠재되어 있던 한국의 민족주의적 성향이 표면으로 부상하게 되었다. 이후 자기방어적인 차원에서 한국 드라마와 스포츠, 인터넷상에서 중국에 대한 감정적 차원의 민족주의가 표출되는 부작용을 낳게 되었다.[233]

중국 측에서는 2005년 한국의 강릉 단오제 유네스코 세계무형유산 등록이 한국에 대해 문화 침탈자로서의 적대감을 갖게 한 큰 사건이었다. 중국인은 중국이 동방문화의 근원지일 뿐만 아니라 역사적으로 한국 등 주변 국가에게 문화를 전수해 준 문화대국이라는 긍지를 지니고 있었다. 특히 단오절은 충신 굴원(屈原)을 기념했던 고유한 민속인데 한국이 교활하게 유네스코의 등록을 선취(先取)했다는 사실에 대해 문화

---

232) 이러한 경향은 1970~1980년대에 高潮에 달했다. 이들은 문화대혁명에 대해서도 긍정적 인식을 지녔다.

233) 「대조영」, 「주몽」, 「태왕사신기」 등 한국의 민족주의적인 역사의식을 담은 드라마들이 주로 동북공정 사태 이후 제작되었다.

를 침탈당했다는 분노감을 느끼고 자존심에 큰 상처를 입었다. 근대 이후 중국은 사실 많은 고유문화가 명목상 남에 의해 선점(先占)되는 경우를 겪었다. 가령 중국에서 토착화된 선종(禪宗) 불교가 일본에 의해 '젠(Zen)'으로 세계에 알려졌다든가 차(茶)가 '재패니스 티(Japanese Tea)'로, 바둑(碁)이 '고(go)'로 알려진 것 등이 그러한 예이다. 강릉 단오제는 시행 날짜가 단오일에 불과할 뿐 실제 내용은 중국의 단오절 행사와 완연히 다른 한국의 토착 민속행사라는 사실이 밝혀졌음에도 중국인의 한국에 대한 반감과 문화 침탈에 대한 우려감은 가시지 않았고, 이 사건 역시 중국인의 잠재된 국가주의를 자극하여 특히 인터넷상에서 한국에 대해 문화적 공격을 표출하는 계기가 되었다.

'동북공정'과 '강릉 단오제의 유네스코 등록'이 양국 간 문화갈등을 본격적으로 촉발시킨 도화선이 되었다면, 이 사건들의 이면 혹은 주변에서 작동하는 간접적인 원인들이 무엇인지 알아볼 필요가 있다. 한중 문화 갈등을 고찰한 많은 학자들의 견해를 종합해 보면 몇 가지 원인이 공통적으로 지적된다. 첫째, 최근 양국 국민들 사이에서 팽배되고 있는 민족주의다.[234] 중국이 전통적으로 지니고 있는 주변국에 대한 대국의식은 근대 이후 동아시아에서의 주도적 지위를 상실하면서 많은 상처를 입었다. 그러나 개혁, 개방 이후 경제가 급속도로 발전하면서 중국의 정치, 경제적 위상은 날로 높아가고 이에 따라 과거에 실추되었던 대국으로서의 자존심을 되찾게 되었다. 한당(漢唐) 성세(盛世)라는 제국의 영광을 재현하려는 중국의 욕망은 더 큰 발전을 추동하는 힘이 됨과 동시에 배타

---

234) 申英美, 「중국내 反韓 情緖의 현황과 動因 - 인터넷 공간을 중심으로」『中蘇硏究』(2010/2011 겨울), 제34권 제4호, pp.134-135, 王軍, 「網絡民族主義, 市民社會與中國外交」『世界經濟與政治』(2010), 第10期 등 참조.

적 국가주의라는 부작용을 낳기도 하였다.[235] 한편 한국의 경우 사정은 다르지만 역시 민족주의가 온양(溫養)되어왔다. 역사적으로 주변의 강국들에 의해 숱한 침략을 경험한 한국이 자존(自存)을 지탱해온 정신적 자산 중의 하나는 단일민족이라는 상상적 공동체 의식에 기반한 강력한 민족주의였다. 이러한 민족주의는 최근 한국 경제 역시 선진국의 대열에 들어서면서 더욱 고양되어 지나친 자긍심이 타민족에 대한 우월감으로 표현되고 있다. 결국 양국의 민족주의 정서가 충돌하면서 문화갈등이 빚어진 것으로 볼 수도 있다. 하지만 인터넷상에서 특히 청년층이 주도하고 있는 민족주의는 한중 모두 청년 고용(雇用)이 불안한 경제 현실에서 나타난 일종의 도피심리로 보는 시각도 있다. 가령 다카하라 모토아키(高原基彰)는 다음과 같이 진단한다.

한중일 세 나라에 공통적인 것은 청년층이 처한 곤란한 입장이라고 할 수 있다. 1970년대 서구의 경험과 마찬가지로 성장을 중시하는 체제를 변혁하는 데에는 많은 청년 실업자가 양산된다. 곧 '불안'이 청년층으로 가장 집중되는 것이다. 이러한 상황에서 고도성장형과 개별불안형이라는 서로 다른 두 유형을 구분하지 않음으로 해서 내셔널리즘이 불안에 몰린 청년들의 도피로가 되는 동시에 그 불안이 움트는 자신의 생활 문제와 유리된 일종의 사이비 문제가 되어버린다. …동아시아의 대립관계는 평면적인 내셔널리즘 간의 천편일률적인 대립이라고 해석되기 일

---

235) 여기에는 중국정부의 복고주의적인 방침이 크게 작용하였다. 중국정부는 시장경제 도입 이후 서구화에 따른 이념의 혼란을 우려하여 통치이념으로 유교사상을 복권시키면서 문화정체성을 강조하기 시작했고, 그 결과 중화민족주의는 중국 젊은이들에게 애국심으로, 보편적인 정서로 자리 잡아 강한 중국의 건설, 중국 전통문화에 대한 자부심으로 표현되고 있다. 신영미, 위의 논문, p.134.

쑤였으나 특히 청년층에게 내셔널리즘은 새로운 의미를 띠기 시작했다.[236]

긍정할 만한 분석이라고 생각한다. 그러나 민족주의는 단기간의 경제상황보다 장구한 역사, 문화적 환경에서 배태된다는 사실을 여전히 무시할 수 없을 것이다.

둘째, 양국 문화에 대한 상호 무관심과 무지의 결과로 보는 견해이다. 근대 이전 양국은 정치적으로는 책봉과 조공의 지배-종속 관계를 취하였으나, 문화적으로는 동아시아 어느 나라보다도 밀접한 교류 관계에 있었다. 가령 연행록(燕行錄)이라든가 사행시(使行詩) 같은 자료들을 보면 양국의 지식인이 상대방의 문화에 대해 관심과 이해가 깊었고, 이를 바탕으로 두터운 신뢰감이 있었던 것임을 알 수 있다. 그러나 근대 이후 한중 양국 간의 관계 단절은 양국 문화에 대한 몰이해를 심화시켰고,[237] 그 결과 갖가지의 문화갈등이 발생했다고 볼 수 있다. 사실 문화갈등을 크게 촉발시켰던 '동북공정'이나 '단오절' 사태 같은 경우도 양국의 학자와 관련 전문가가 상대국의 역사와 민속을 충분히 고려하고 사전에 협의를 했더라면 극한상황을 피해갈 수 있었던 문제였다.

셋째, 한중 양국 모두 정치적, 문화적으로 피해의식이 강한 탓에 사소한 사안도 크게 확대될 소지가 있었다. 한중 양국은 근대 이후 외세로부

---

236) 다카하라 모토아키(高原基彰), 『한중일 인터넷 세대가 서로 미워하는 진짜 이유』(서울: 삼인출판사, 2007), 丁浩錫 역, pp.270-271.

237) 필자는 한중 교류 초창기에 북경의 한 저명대학 교수가 한국인의 姓이 金, 李, 崔, 鄭 등 중국인과 동일한 성으로 이루어졌다는 사실을 근거로 한국인의 대부분이 중국 이민이라고 주장하는 것을 들은 적이 있다. 이러한 예는 한국 지식인의 경우도 마찬가지였을 것이다.

터 침탈을 경험한 뼈아픈 역사를 지니고 있다. 이 때문에 조금만 상대방의 자존심을 건드려도 방어기제(防禦機制)가 발동하여 심각한 문제로 발전할 가능성이 있었다.[238] 한국 관광객이 만주의 고구려 고분이나 백두산 정상에서 태극기를 꽂고 만세삼창을 하는 행위는 중국인에게는 일본에게 만주 땅을 실함(失陷)당했던 만주사변의 치욕을 떠올리게 하는 일이 되어 한국을 경계하고 적대시하는 감정을 품게 될 수도 있다. 마찬가지로 중국 유학생들이 서울에서의 성화 봉송 때 외국의 실정법을 무시하고 집단행동을 감행했던 일은 한국인으로 하여금 대국주의의 횡포를 느끼게 하여 중국에 대한 선린으로서의 의식을 손상시킬 수도 있다.

넷째, 최근 문화가치가 국가 브랜드로 직결되고 경제적으로는 문화산업에 막대한 영향을 미치는 현실에서 누가 문화표준(文化標準, cultural standard)을 선점하느냐는 국가 경제력을 좌우하는 중요한 사안이 되었다.[239] 「대장금」에 대한 비판과 한류의 유입에 대한 경계심, 문화원조논쟁의 배후에는 상술한 문제의식이 깔려 있다고 볼 수 있다. 이러한 문제의식은 실제적인 차원에서는 자국의 문화산업에 대한 보호주의로 표현되어 상대방 문화상품을 제약하는 조치로 이어지게 된다. 「대장금」의 대륙 유행 이후 2005년부터 중국의 방송, 영화계 종사자들이 자국 산업과 작품을 보호하기 위해 한국 텔레비전 드라마의 수입과 방영에 대해 제한을 가해야 한다는 주장을 하거나, 최근 할리우드 영화 「쿵푸 팬더」의 상영에 대해 일부 지식인과 연예인이 중국의 고유한 문화를 왜곡했다는

---

238) 蔡建, 「如何抵禦中韓民間寒流」, 『國際先驅導報』(2008. 12. 1).

239) 김기덕, 「미디어 속의 韓中日 젊은이들 - 인터넷에서는 지금 무슨 일이 일어나고 있는가?」, 『제2회 한중일 문화 국제 심포지엄 발표논문집』(서울: 한중일 비교문화연구소, 2009), p.70, 조영남, 「한중 관계의 발전과 규범 충돌: 현황과 과제」, 『한국정치연구』(2010), 제19집 제2호, pp.180-181 등 참조.

이유로 거부 운동을 펼친 것 등을 그 사례로 들 수 있다.

다섯째, 신문, 방송, 인터넷 등 양국 언론 매체의 절제되지 않은 원색적, 선동적 보도는 사안을 왜곡하거나 악화시키는 데에 큰 작용을 하였다. 언론은 현실을 재구성 혹은 재현하는데 이 과정에서 국가나 집단 간의 갈등을 증폭시키기는 하여도 이들 사이의 상호 이해나 화해를 도모하는 경우는 드물다는 분석 결과가 제시되고 있다.[240] 사실 언론 매체의 자제와 최소한의 검증만 지켜졌더라도 확대되지 않고 피해나갔을 사안들이 얼마든지 있었다. 예컨대 사천 지진 당시 한국 네티즌에 의한 악플은 중국인을 크게 분노하게 했으나 실상 절대 다수의 한국인은 동정과 염려의 메시지를 보냈었다. 중국의 일부 사이트에서 극소수의 철없는 한국 초등생 및 중등생에 의해 저질러진 악플만을 골라 게시함으로써 문제를 확대시켰던 것이다. 어느 나라에든 있는 철없는 악동(惡童)들의 장난에 양국민 간의 감정이 악화되었다는 것은 실로 안타깝고 어처구니없는 일이었다. 아울러 이른바 문화원조논쟁과 관련된 '공자(孔子)', '손중산(孫中山)', '조조(曹操)', '이시진(李時珍)', '서시(西施)' 등의 역사상 저명인물이 한국인이라든가 '중국신화', '풍수지리', 『삼국연의(三國演義)』 등이 한국에서 기원했다는 등의 날조 사건도 언론 매체의 보다 신중한 보도 자세만 있었더라면 대다수 국민의 감정을 자극하지 않고 조기에 종식될 수 있었을 것이다.[241]

마지막으로 우리는 이 모든 원인의 근저에 있는 양국 간 문화인식(文

---

240) 백선기·김강석, 「미디어의 '고대 역사 인식'에 대한 보도 경향 차이와 이데올로기 갈등」 『기호학연구』(2009), pp.423-424.

241) 반한감정의 경우 실제 현실에서는 피부로 느낄 정도가 아닌데 인터넷상에서 과장되고 증폭된다는 시각도 있다. 홍제성, 「中 反韓感情, 과장된 측면 크다」 『연합통신』 (2008.8.29) 참조.

化認識)의 문제에 대해 사유해 볼 필요가 있다. 최근의 문화갈등은 주로 유형, 무형의 전통 문화유산의 귀속을 둘러싸고 벌어지고 있다. 고대에 공존했던 동아시아의 다양한 문화는 중국이라는 거대한 무대에서 통합과 재창조를 거친 후 다시 확산되어 동아시아 각 민족이 공유하는 자산이 되었다. 가령 신화, 유교, 불교, 도교 등의 문화는 중국, 한국, 일본, 월남 등에서는 공유문화의 성격을 띠고 있으며, 한자 또한 공동문자로서 기능해왔다. 따라서 과거 동아시아 문화권에서 이들 공유문화에 대해 귀속 문제는 별로 존재하지 않았다. 근대 이후 배타적 국민, 국가 개념이 대두하면서 문화의 귀속을 따지고 갈등이 발생하게 되었다. 현재의 한중 간 문화갈등은 보다 근원적인 차원에서 볼 때 전근대에서 근대로 넘어오면서 일변(一變)된 문화인식의 발로(發露)이기도 한 것이다.

3) 한중 문화갈등의 극복 방안

이미 원인이 밝혀졌기 때문에 극복 방안을 마련하는 일은 어렵지 않다. 앞서의 원인들과 관련하여 세 가지 극복 방안을 모색해 볼 수 있을 것이다.

첫째, 민족주의적인 감정을 자제하고 상대국에 대해 호혜적인 마음을 갖도록 노력해야 할 것이다. 한국인은 종래 단일민족이라는 믿음 위에서 타민족에 대해 비교적 배타적인 태도를 지녀왔다.[242] 그리고 근대화라는 물질적 성공을 이룩한 이후 일부 한국인들은 타인을 배려하지 않고

---

242) 중국의 학자도 이와 같은 시각을 갖고 있다. 王生, 「試談當代韓國民族主義」 『現代國際關係』(2010), 第2期, pp.36-41 참조.

오만불손한 이른바 천민자본주의적(賤民資本主義的)인 행태를 보여왔다. 자본주의 발전 단계에서 나타나는 이러한 심성(心性)의 타락 현상은 일본인 역시 1960~1970년대에 '경제적 동물(economic animal)'이라는 모욕적인 별칭(別稱)으로 불릴 정도로 경험했던 일이었다. 한국인은 이러한 행태를 적극 반성하고 타민족에 대해 겸허해야 하며 중국은 경제 발전 과정에서 이러한 일본, 한국 등의 나쁜 선례를 거울삼아 과오를 반복하지 않기를 희망한다. 아울러 중국의 대국주의는 주변의 작은 나라들로 하여금 정체성의 위기를 느끼게 하는 일이므로 중국 역시 주변국과 관련된 역사, 문화 문제 등을 다룰 때에는 상대방을 배려하는 신중한 태도가 요청된다 할 것이다.

둘째, 한중 양국은 상대방 문화에 대한 깊고 넓은 이해에 도달하도록 힘써야 할 것이다. 한국과 중국은 유(儒), 불(佛), 도(道) 삼교를 중심으로 공통의 문화적 기반을 지니고 있으나 종족, 풍토 등의 차이로 인해 각자의 고유한 내용도 적지 않다. '단오절' 사태는 바로 이 공통성 속의 차이성을 인식하지 못한 데서 빚어진 오해였다. 한중 양국은 근대 이후 각자 서구화에 매진(邁進)하다 보니 오히려 이웃나라의 문화에 대해 더 무지한 상태에 이르렀다.[243] 상대방 문화에 대한 이해가 깊고 넓어질수록 문화갈등의 소지(素地)가 감소하게 될 것인데 이를 위해 양국 학술계와 문화계 간의 교류를 더욱 활성화시켜야 할 것이다.

셋째, 언론 매체는 공정한 전달 방식에 의해 여론을 형성해야 한다는 책임감을 갖고 임해야 하며 결코 사실을 왜곡하거나 과장함으로써 문제를 확대시키지 않도록 해야 할 것이다. 특히 인터넷상에서의 유언비어

---

243) 崔丁云, 「東北亞 문화, 이데올로기의 문제와 한중 관계」 『세계정치』(1992), p.163.

조작 및 유포 행위는 국가 간의 우호를 해칠 뿐만 아니라 개인의 명예와 인권을 침해하는 범법 행위이므로 양국 정부에 의해 엄히 단속되어야 할 것이다.[244)]

상술한 세 가지 방안은 한중 문화갈등이라는 현상에 대응한 현실적 처방이라 할 것이다. 그러나 보다 근원적인 처방은 근대 이후의 배타적, 폐쇄적 문화인식을 지양(止揚)하고, 반 퍼슨(Van Peursen)의 이른바 "문화는 동사(動詞)"라는 인식에 입각한 유연하고 관대한 문화인식을 함양하는 일이다. 이러한 문화인식은 새로운 것이 아니라 근대 이전 동아시아 세계에서 공유했던 관념이었다. 일찍이 헌팅턴(S. Huntington)은 향후 세계가 8개의 문명권으로 나뉘어 각축을 벌일 것으로 예상한 바 있다. 헌팅턴의 가설은 서구의 패권을 전제로 타 문명과의 갈등을 예상했다는 점에 문제가 있지만, 미래의 세계 구도를 과거의 문명권 간의 역학관계로 이해한 점은 선견(先見)이라 할 것이다. 아닌 게 아니라 최근 유럽은 유럽연합(EU)을 결성하였는데, 이것은 헬레니즘(Helenism)과 헤브라이즘(Hebraism)이라는 유럽 문명의 양대 요소를 공유하고 있다는 유럽 제국(諸國)의 문화적 공동인식을 기반으로 가능한 일이었다. 한국과 중국 그리고 일본, 월남 등 동아시아 제국은 과거 유, 불, 도 삼교를 바탕으로 문화적 공동인식을 지니고 있었다. 최근 지역화가 강화되고 있는 추세에서 동아시아 정치공동체, 경제공동체의 논의가 일어나고 있는데, 이에 앞서 동아시아 문화공동체의 인식이 공유되어야 할 것으로 생각된다. 동아시

---

244) 학교에서 인터넷과 관련된 기초 人性 교육도 국가 차원에서 강구될 필요가 있다. 김기덕, 「미디어 속의 韓中日 젊은이들 – 인터넷에서는 지금 무슨 일이 일어나고 있는가?」 『제2회 한중일 문화 국제 심포지엄 발표논문집』(서울: 한중일 비교문화연구소, 2010), pp.76-77.

아가 궁극적으로 지향해야 할 문화공동체의 입장에서 한중 양국이 공통의 문화기반을 확인하고 아울러 공통성 속의 차이성을 존중한다면 문화갈등의 문제는 자연스럽게 해소될 것으로 예상된다.[245)

맺는말

이 글에서는 먼저 최근 한중간의 현안이라 할 문화갈등의 양상에 대해 약술(略述)하고 그 원인을 진단하였다. 갈등이 표면화된 직접적인 계기는 2004년의 '동북공정'과 2005년의 '강릉 단오제 유네스코 등록' 사건으로 파악하였고, 잠재적인 원인으로는 민족주의의 팽배, 상대국 문화에 대한 무지, 근대 이후의 피해의식, 문화산업 방면의 경쟁의식, 언론 매체의 왜곡 보도 등을 거론하였다. 아울러 보다 근원적으로는 근대 이후 공동체적 문화인식을 상실한 데에서 양국 간의 문화갈등이 빚어진 것으로 판단하였다. 이 글에서는 이러한 원인들을 인지하고 향후의 극복 방안을 모색해 본 결과 감정적 민족주의의 자제, 상대국 문화에 대한 넓고 깊은 이해 도모, 언론 매체의 객관 보도 등의 처방을 제시하였고, 궁극적으로는 동아시아 문화공동체를 지향하는 입장에서 과거의 유연하고 관대한 문화인식을 회복할 것을 제안하였다.

동아시아 고대 문화의 역사를 살펴보면 중국은 주변의 다양한 문화를 수용하고 그것을 자신의 문화와 융합하여 새로운 문화를 재창조한 후 다시 주변에 확산시켜왔으며, 주변 역시 토착문화와 중국문화를 융합하

---

245) 정재서, 「동아시아로 가는 길 – 한중일 文化遺傳子 지도 제작의 의미와 방안」『중국어문학지』(2009), 제31집, p.119.

여 나름의 재창조를 이룩한 후 다시 그것을 중국에 환원하는 과정을 반복해온 순환의 노정이었다. 문화생태학적 순환 혹은 문화적 환류(還流)라고 부를 수 있는 이 현상은 유럽의 지중해와는 지정학적(地政學的) 구조가 판연히 다른 중국 대륙이라는 독특한 자체 완결적 지형에서 배태된 것이다. 중국과 주변과의 이러한 문화적 순환 구조에서 근대 이후의 배타적, 독점적 문화인식은 성립되지 않는다. 중국은 주변의 문화적 고유성과 정체성을 무시해서는 안 되며 주변은 중국의 통합적 역량과 과거 동아시아 문화에서의 선도적 위상을 존중해야 한다. 이것이 오늘날 문화갈등의 상황에 처한 한중 양국이 동아시아 고대 문화의 역사로부터 배워야 할 지혜이다.

결론

이 책에서는 중국 고전서사가 문학, 철학, 종교, 여성 등 각 분야에서 기약한 바의 의미를 어떻게 효과적으로 구현하고 있는지 신화, 소설서사를 중심으로 사례 분석을 통해 살펴보고 그러한 의미들이 오늘의 현안에 대해서도 어떠한 처방적 힘을 갖는지 고위금용(古爲今用)의 입장에서 타진해보았다.

먼저 제1부 〈문학과 철학 사이〉에서는 고대의 뛰어난 사상가이자 스토리텔러인 갈홍(葛洪)과 안지추(顏之推)를 각기 그들의 주저인 『포박자(抱朴子)』와 『안씨가훈(顏氏家訓)』을 중심으로 문학과 철학의 긴장 혹은 길항 관계, 유교와 도교적 처세관의 차이와 공통점 등을 다루었는데 일견 대립적 양자를 공유 혹은 본말일체(本末一體)로 융합하는 이들의 통섭적 입장은 난세에 유효했을 뿐만 아니라 오늘에도 귀감(龜鑑)으로 삼을 만하다.

제2부 〈신화와 문화 사이〉에서는 중국신화를 바탕으로 한국 신종교의 거인 강증산(姜甑山)의 사상과 한국신화에 표현된 인간/자연 교응(交應)의 천인합일관(天人合一觀)을 고찰하였고 『수신기(搜神記)』에 담긴 시애설화(屍愛說話)를 통해 네크로필리아(Necrophilia)의 중국문화적 의

미를 탐구해보았다. 그 결과 강증산은 해원(解怨)의 종교철학을 수립함에 염제(炎帝) 신농(神農) 신화와 선양(禪讓) 신화를 주체적으로 전유(專有)하였고 한국신화와 중국신화는 자연관에 있어서 천인합일관의 중심 취지를 공유하고 있음을 알 수 있었다. 아울러 중국 시애설화의 성황을 복고주의, 의고주의라는 근본적 문화 심태(心態)의 측면에서 이해할 수 있었다.

제3부 〈서사 속의 여성들〉에서는 『열녀전(列女傳)』, 『수신기』에서 효녀의 전범으로 등장하는 제영(緹縈)과 이기(李寄), 도교서사 속의 여주인공인 어현기(魚玄機), 섭은낭(聶隱娘), 홍불녀(紅拂女) 등에 대한 분석을 통해 여성의 효, 성 정체성, 에로티즘 등에 관한 제반 문제를 고찰해 보았다. 분석에 따르면 여성의 효와 사회, 경제적 약자의 희생이라는 폭력적 현실은 무관하지 않았고 이러한 구조는 외양을 바꾸어 지속되고 있었다. 아울러 고대 가부장제의 엄혹(嚴酷)한 상황에서도 도교의 친여성주의적 성향은 여성들로 하여금 다양한 개성과 재기(才技)를 발휘하게끔 기능하였는데 도교는 이로 인해 오늘의 여성주의에서 참고할 만한 문화적 자산으로서의 가치를 지닌다.

끝으로 제4부 〈고전학으로 보는 오늘〉에서는 글로벌 시대의 중국이 성당(盛唐) 제국으로부터 배울 수 있는 교훈이 무엇인지, 도교서사적 상상력이 생명자본주의에 대해 어떠한 기여를 할 수 있을 것인지, 한중 문화갈등의 원인은 무엇이며 그 해결 방안은 무엇인지 등, 당대(當代)의 현안을 두고 중국 고전서사로부터 얻은 지혜의 현대적 변용 가능성에 대해 탐색하였다. 그 결과 성당 제국의 개방성과 포용성이 대국으로 굴기(崛起)하려는 현대 중국이 지녀야 할 덕목임을, 도교의 자연생태주의와 공생의식이야말로 생명자본주의가 모토로 삼아야 할 취지임을, 아울러 상호간 문화의 이해와 과거 문화공동체 의식의 복원이 한중 문화갈등 해소의 첩경임을 확인할 수 있었다.

상술한 논의들은 비록 개별적으로는 고립된 주제인 것 같지만 각 모둠별로는 느슨하게나마 중국 고전서사 의미화의 분야별 검토 단위를 이루고 있고, 나아가 전서(全書)의 차원에서는 고왕금래(古往今來), 서사를 통한 중국 고전학과 오늘의 대화라는 일관된 취지를 견지하고 있다. 이러한 의미에서 이 책 또한 한국 동양학의 힘을 예증하고자 하는 오랜 소회(所懷) 246)의 실천적 산물로 읽혀지기를 바라며 말미(末尾)를 맺고자 한다.

---

246) 정재서, 『동양적인 것의 슬픔』(서울: 살림, 1996) 「서문」: "이 책에 실린 글들이 단순한 이론적 구성체라면 독자들은 아마 곧 공허감에 빠질 것이고 나는 독자들을 기만했다는 책임을 면하기 어려울 것이다. 그러나 독자들이 이 책으로부터 어떤 '힘'을 느낀다면 그것은 독자들의 즐거운 몫이 될 것이다. 이 힘의 느낌은 중요하다. 나는 우리의 동양학 특히 고전학이 그간의 고립무원한 글쓰기에서 벗어나 이제는 실제적으로 힘을 예증하는 방향으로 나아가야 한다고 생각해왔다."

中文提要

中國古典敍事的文化地形與當代意義
–以神話·小說敍事爲中心

鄭在書(韓國 梨花女大 中文系 教授)

本書以神話與小說敍事爲中心通過個案分析而考察中國古典敍事在文學、思想、宗教、女性等各方面如何體現自己的意味體系，以及這些意味對當代面臨的問題有什麼意義。首先, 在第一部〈文學與哲學之間〉以葛洪和顏之推爲中心探討文學與哲學之間的葛藤，儒家與道家的處世觀之異同等的問題，我們可以看出他們兩人的本末一體觀念對亂世有效適實。在第二部〈神話與文化之間〉從中國神話的角度來考察姜甑山思想的形成和韓國神話中的天人合一觀念。我們可以確認姜甑山積極地接受神農神話及禪讓神話而樹立解寃思想，並且韓中神話共同具有人/自然交應觀念。還有，分析『搜神記』當中的屍愛故事之後, 我們得出這種結論：屍愛故事的成立跟復古主義的文化心態息息相關。在第三部〈敍事中的女性們〉以『列女傳』、『搜神記』、『傳奇』等爲研究対象對緹縈、李寄、魚玄機、聶隱娘、紅拂女等進行研究，探討女性之孝，性的認同，性愛主義等的問題。通過探討，我們可以清楚女性之孝跟暴力具有相關性，以及道家具有親女性主義的傾向等。最後，在第四部〈以古典學看今日〉探究從中國古典敍事得到的知慧為當代面臨的問題提供哪些有益的啟示。我們可以相信盛唐的開放及包容精神就是走向世界大國的中國應該學習的品德，並且道家的自然生態主義可以成為生命資本主義的理論根據，還有回復東亞文化共同體意識就是解決韓中文化葛藤的有力方案等。本書試圖畫中國古典敍事裏面之屈曲的文化地形，而且通過敍事學追求中國古典學與當代之間的不斷對話。

본문 출처

1. 「동아시아 문화담론과 성」『중국어문논총』(2002), 제23집.

2. 「지구화 과정에서의 성 평등을 위한 전통의 재발견」『중국어문학지』(2002), 제12집.

3. 「세계화·당(唐)·오늘의 중국」『중어중문학』(2008), 제43호.

4. 「생명자본주의에 대한 동양학적 검토-도가사상을 중심으로」『다문화와 평화』(2011), 제5호.

5. 「오래된 미래, 동아시아 문화공동체를 향하여-한중 문화갈등의 극복 방안」『중국어문학지』(2011), 제37집.

6. 「갈홍(葛洪), 도인인가? 문인인가?-포박자(抱朴子)의 문학성 탐구」『도교문화연구』(2014), 제41권.

7. 「顔之推의 사상 및 처세관-葛洪과의 비교를 통하여」『중국어문학지』(2014), 제49집.

8. 「강증산(姜甑山)의 중국신화 수용과 그 의미」『중국학』(2015), 제52호.

9. 「중국 시애설화(屍愛說話)의 유형 및 문화적 의미」『도교문화연구』(2015), 제43권.

참고문헌

1. 原典 및 譯書

『廣博物志』.

『老子』.

『論語』.

『道藏』.洞眞部. 方法類. 重字號 .『金液還丹百問訣』.

『孟子』.

『北齊書』.

『書經』.

『詩經』.

『莊子』.

『周易』.

『竹書紀年』.

『晉書』.

干寶.『搜神記』.

葛洪.『神仙傳』.

瞿蛻園·朱金城.『李白集校注』.

羅泌.『繹史』.

魯迅.『노신문집』(서울: 일월서각, 1985), 竹內好 譯註, 김정화 옮김.

魯迅.『魯迅全集』.

杜光庭.『墉城集仙錄』.

班固.『漢書』.

裴鉶.『傳奇』.

司馬遷.『史記』.

笑笑生.『金甁梅』.

蘇軾.「前赤壁賦」.

蕭統.『增補六臣註文選』(臺北: 華正書局, 1979).

顏之推.『譯註 顏氏家訓(1,2)』(서울: 전통문화연구회, 2011). 정재서·노경희 역주.

楊明照.『抱朴子外篇校箋(上下)』(北京: 中華書局, 1991).

吳春榮·喩克非,『中國歷代才女傳記選注』(天津; 百花文藝出版社, 1996).

王建章.『歷代仙史』.

王明.『太平經合校』(北京: 中華書局, 1978)..

王明.『抱朴子內篇校釋』(北京: 中華書局, 1988).

王勃.「滕王閣序」.

王利器.『顏氏家訓集解』(北京: 中華書局, 2007).

王充.『論衡』.

魏伯陽.『周易參同契』.

劉安.『淮南子』.

劉向.『古列女傳』(四部叢刊 史部).

劉向.『列女傳』(예문서원, 1996), 이숙인 옮김.

劉向.『列仙傳』.

李昉.『太平廣記』.

李昉.『太平御覽』.

李復言.『續玄怪錄』.

張友鶴 選注.『唐宋傳奇選』(臺北: 明文書局, 1984).

정재서 역주.『山海經』(서울: 민음사, 1985).

趙道一.『歷世眞仙體道通鑑』.

朱沛蓮 校訂.『唐人小說』(臺北;遠東圖書公司.1983)

蒲松齡.『聊齋誌異』.

郝懿行.『山海經箋疏』.

黃淸泉.『新譯列女傳』(臺北; 三民書局, 1996).

『典經』(驪州: 대순진리회출판부, 2010).

단학회 연구부.『桓檀古記』(서울: 코리언 북스, 1998).

朴提上.『符都誌』(서울: 기린원, 1989), 金殷洙 譯解.

朴趾源.『許生傳』(서울: 신원문화사, 2003). 구인환 엮음.

北崖.『揆園史話』(고양: 한뿌리, 2005). 고동영 역주.

鄭樂勳 編.『溫城世稿』.

鄭寅普.『詹園鄭寅普全集』(서울: 延世大學校出版部, 1983).

2. 研究書

葛榮晉 主編.『道家文化與現代文明』(北京：人民大學出版社, 1991).

江藍生·曹廣順.『唐五代語言詞典』(上海: 上海教育出版社, 1997).

康正果.『重審風月鑑: 性與中國古典文學』(瀋陽: 遼寧教育出版社, 1998).

戴扬.『东北亚区域合作的历史制度分析』(北京:中经文通图书有限责任公司, 2009).

麥谷邦夫·吉川忠夫.『周氏冥通記研究(譯註篇)』(濟南: 齊魯書社, 2010), 劉雄峰 譯.

傅斯年.『夷夏東西說』(서울: 우리역사연구재단, 2011). 정재서 역주.

徐旭生.『中國古史的傳說時代』(北京: 科學出版社, 1962).

沈鍾.『中國歷代賢女傳』(武漢: 湖北人民出版社, 1997).

楊儒賓.『儒家身體觀』(臺北: 中央研究院, 1996).

吳光正.『中國古代小說的原型與母題』(北京: 社會科學文獻出版社, 2002).

王國良.『魏晉南北朝志怪小說研究』(臺北: 文史哲出版社,1984).

王利器.『葛洪論』(臺北: 五南圖書出版公司, 1997).

王子今.『中國女子從軍史』(北京: 軍事誼文出版社, 1998).

王孝廉.『中國的神話世界』(北京: 作家出版社, 1991).

袁珂.『中國神話大詞典』(成都: 四川辭書出版社, 1998).

魏志江.『中韩关系史研究』(廣州: 中山大学出版社, 2006).

劉寧元.『中國女性史類編』(北京: 北京師範大學出版社, 1999).

劉大杰.『中國文學發展史』(臺北: 華正書局, 1984).

劉瑛.『唐代傳奇研究』(臺北: 正中書局, 1982).

李劍國.『唐前志怪小說史』(天津: 南開大學出版社, 1984).

李豊楙.『六朝隋唐仙道類小說研究.』(臺北: 藝文圖書, 1986).

林梅村.『漢唐西域與中國文明』(北京: 文物出版社, 1998).

張葉·張國雲.『綠色經濟』(北京: 中國林業出版社, 2010).

程薔·董乃斌.『唐帝國的精神文明』(北京: 中國社會科學出版社, 1996).

諸大建 .『生態文明與綠色發展』(上海：上海人民出版社, 2008).

朱易安.『女媧的眼睛』(上海: 上海人民出版社, 1999).

陳東原.『中國婦女生活史』(上海: 上海書店, 1987)

陳飛龍.『葛洪之文論及其生平』(臺北:文史哲出版社, 1980).

詹石窗.『道教與女性』(上海: 上海古籍出版社,1990).

近藤春雄.『唐代小說の研究』(東京: 笠間書院, 1978).

小南一郎.『中國の神話と物語り』(東京: 岩波書店, 1983).

Ahmad, Aijaz. *In Theory: Classes, Nations, Literatures*(London; Verso, 1992).

Ching, Julia & Guisso, R. W. L. *Sages and Filial Sons*(Hong Kong: The Chinese University Press, 1991).

De Woskin, Kenneth. *Doctors, Diviners, and Magicians of Ancient China: Biographies of Fang-Shih*(New York; Columbia Univ. Press, 1983).

Derrida, Jacque. *Of Grammatology*(Baltimore; The Johns Hopkins Univ. Press, 1976).

Eberhard, Wolfram. *The Local Cultures of South and East China*(Leiden: E. J. Brill, 1968).

Fromm, Erich. *The Heart of Man*(New York: Harper & Row Publishers, 1968).

Geertz Clifford, *The Interpretation of Cultures*(New York; Basic Books Inc., 1973).

Hall David L. and Ames Roger T. *Anticipating China*(Albany; State Univ. of New York Press, 1995).

Ho, Ping-ti. *An Inquiry into the Indigenous Origins of Techniques and Ideas of Neolithic and Early Historic China, 5000-1000 B.C.*(Chicago: The University of Chicago Press. 1975).

Kaltenmark, Maxime. *Le Lie-Sien Tchuan*(Univ. de Paris Centre detudes Sinologique de Pekin, 1953).

Ko, Dorothy. *Teachers of the Inner Chambers: Women and Culture in Seventeenth-Century China*(Stanford; Stanford University Press, 1994).

Lewis, Mark Edward. *Sanctioned Violence in Early China*(Albany: State University of New York Press, 1990).

Plaks, Andrew. *Chinese Narrative*(New Jersey; Princeton Univ. Press, 1977).

Schafer, Edward H. *Mirages on the Sea of Time : The Taoist Poetry of Ts'ao T'ang*(Berkeley : University of California Press, 1985)

Schafer, Edward H. *Pacing the Void :T'ang Approaches to the Stars*(Berkeley: University of California Press, 1977).

Schafer, Edward H. *The Divine Woman*(Berkeley; The University of California Press, 1973)

Schafer, Edward H. *The Divine Woman: Dragon Ladies and Rain Maidens in T'ang Literature*(Berkeley: University of California Press,1973).

Schipper, Kristofer. *L'empereur Wou des Han dans la Le.gende Taoiste*(Ecole Francaise Dextreme-Orient, 1965).

Sullivan, Ceri and White, Barbara. *Writing and Fantasy*(New York; Wesley Longman, 1999)

Tambiah, Stanley Jeyaraja., *Magic, Science, Religion, and the Scope of Rationality*(Cambridge: Cambridge Univ. Press, 1990).

Watson, Rubie S. *Marriage and Inequality in Chinese Society*(Berkeley;

University of California Press, 1991).

Widmer, Ellen & Sun Chang, Kang-i. *Writing Women in Late Imperial China*(Stanford; Stanford University Press, 1997).

Xavier Inda, Jonathan & Rosaldo, Renato. *The Anthropology of Globalization: A Reader*(Boston: Blackwell Publishers, 2002).

Zhang, Longxi. *The Tao and the Logos: Literary Hermeneutics, East and west*(Durham; Duke Univ. Press, 1992).

Zhang, Yingjin. *China in a Polycentric World*(Stanford: Stanford University Press, 1998).

E. F. 슈마허. 『작은 것이 아름답다』(서울: 문예출판사, 2010). 이상호 옮김.

강금숙. 『여성의 글, 여성의 삶』(서울: 국학자료원, 1999).

고어 평화재단 편. 『깨어있는 자본주의: 지속가능한 미래혁신 프로젝트』(서울: 에이지 21, 2010). 이수경 역.

金基鳳. 『역사를 통한 동아시아 공동체 만들기』(서울: 푸른 역사, 2006).

김미현. 『한국여성소설과 페미니즘』(서울: 신구문화사, 1996)

김우준·김예경·최운도. 『동북아 문화공동체에 대한 한중일 시각 비교와 협력방안모색』(서울: 경제·인문사회연구원, 2006).

김헌선. 『한국의 창세신화』(서울: 길벗, 1994).

다카하시 모토아키(高原基彰). 『한중일 인터넷 세대가 서로 미워하는 진짜 이유』(서울: 삼인출판사, 2007), 丁浩錫 역.

東方文學比較硏究會. 『韓中日 三國의 列女傳 考察』(제83차 학술발표회 논문초록집, 1998).

르네 지라르. 『폭력과 성스러움』(서울: 민음사, 1993), 김진식·박무호 옮김.

막스 베버. 『儒敎와 道敎』(서울: 문예출판사, 1990), 이상률 역.

미셸 푸코. 『성과 권력』(서울: 인간사, 1989), 박정자 옮김.

민승규·김은환. 『경영과 동양적 사고』(서울: 삼성경제연구소, 1996).

박우희·이어령. 『한국의 신자본주의 정신』(서울: 박영사, 2005).

백원담.『동아시아의 문화선택, 한류』(서울: 펜타그램, 2005).

서강대학교 동양사학연구실.『한중관계 2000년: 동행과 공유의 역사』(서울: 소나무, 2008).

서대석.『한국의 신화』(서울: 집문당, 1997).

서대석·박경신 역주.『서사무가(1)』(서울: 고대 민족문화연구소, 1996).

슬라보예 지젝.『삐딱하게 보기-대중문화를 통한 라캉의 이해』(서울: 시각과 언어, 1995), 김소연·유재희 옮김.

시부사와 에이치.『논어에서 보는 경영의 윤리적 기초(원제: 유교와 주판)』(서울: 삼성 경제 연구소, 1996). 민승규 역.

시오노 나나미.『로마인 이야기(1-15)』(서울: 한길사, 1992-2006). 김석희 역.

실비아 월비.『가부장제 이론』(서울: 이화여대 출판부, 1998), 유희정 옮김.

岸邊成雄.『중국여성사회사』(서울: 일월서각, 1992), 천이두 옮김.

안토니오 네그리·마이클 하트.『제국』(서울: 이학사,2001). 윤수종 옮김.

梁啓超.『중국고전학 입문』(서울: 형성사, 1995), 이계주 옮김

에이미 추아.『제국의 미래』(서울: 비아북, 2008). 이순희 옮김.

영산 원불교대학교.『여성·종교·생명 공동체』(정산종사 탄생 100주년 기념 학술세미나 논문초록집, 1999).

움베르토 에코. 조형준 옮김.『글쓰기의 유혹』(서울: 새물결, 1994).

윤광봉·유영대.『고전소설의 이해』(서울: 문학과 비평사, 1991).

윤찬원.『도교철학의 이해-태평경의 철학체계와 도교적 세계관』(서울: 돌베개, 1998).

이도학.『백제장군 흑치상지 평전』(서울: 주류성, 1996).

이배용 외.『우리나라 여성들은 어떻게 살았을까(1)(2)』(서울: 청년사, 1999).

李符永.『韓國民譚의 深層分析』(서울: 集文堂, 1995).

이종민.『한국과 중국, 오해와 편견을 넘어』(서울: J & C, 2006).

이화여대 한국여성연구원.『동아시아의 근대성과 여성』(한·중·일 국제학술대회 논문 초록집, 1999).

이화여대 한국여성연구원.『유교문화 속의 결혼과 가족; 한·중 여성 비교연구』(이화여

대·북경대 학술교류협정 기념학술대회 논문초록집, 1996).

임재해 외.『한국 신화의 정체성을 밝힌다』(서울: 지식산업사, 2008).

임지현 외.『우리 안의 파시즘』(서울: 삼인, 2000).

장 프랑수아 리오타르.『포스트모던적 조건』(서울: 서광사, 1992), 이현복 역.

재닌 M. 베니어스.『생체모방』(서울: 시스테마, 2010). 최돈찬Rosaldo이명희 역.

田汝康.『공자의 이름으로 죽은 여인들』(서울: 예문서원, 1999), 이재정 옮김.

全寅初.『中國古代小說硏究』(서울: 연세대 출판부, 1985).

정문길 외 편.『발견으로서의 동아시아』(서울: 문학과 지성사, 2000).

정재서,『동양적인 것의 슬픔』(서울: 살림, 1996).

정재서.『도교와 문학 그리고 상상력』(서울: 푸른 숲.2000)

정재서.『동아시아 상상력과 민족 서사』(서울: 이화여대 출판부, 2014).

정재서.『앙띠 오이디푸스의 신화학』(서울: 창작과 비평사, 2010).

정재서.『이야기 동양신화』(서울: 김영사, 2004).

정재서.『제3의 동양학을 위하여』(서울: 민음사, 2010).

정재서.『한국도교의 기원과 역사』(서울: 이화여대 출판부, 2006).

정하영 외 편역.『한국 민중의 문학』(서울: 박이정, 1999).

조엘 도르(Joel Dor).『라캉 세미나·에크리 독해(1)』(서울: 아난케, 2009), 홍준기·강
    웅섭 옮김.

조혜정.『한국의 남성과 여성』(서울: 문학과 지성사, 1988).

중국소설학회.『중국소설사의 이해』(서울: 학고방, 1993).

陳鼓應.『莊子新論』(서울: 소나무, 1997), 최진석 옮김.

진관타오 외.『중국문화의 시스템론적 해석』(서울: 천지출판사, 1994), 김수중 역.

진형준.『상상적인 것의 인간학』(서울: 문학과 지성사, 1992).

질베르 뒤랑.『상상계의 인류학적 구조들』(서울: 문학동네, 2007), 진형준 옮김.

질베르 뒤랑.『상상력의 과학과 철학』(서울: 살림, 1997), 진형준 옮김.

최영철 등.『곤충의 새로운 가치-21세기 고부가가치 생명산업』(수원: 농촌진흥청,

2011)

최진아. 『전기』(서울: 푸른숲, 2006).

최진원. 『韓國神話考釋』(서울: 성균관대학교 출판부, 1994).

크리스 위던. 『여성해방의 실천과 후기 구조주의 이론』(서울: 이화여대 출판부, 1993), 조주현 옮김.

폴 호큰 등. 『자연자본주의』(서울: 공존, 2011). 김명남 옮김.

피터 우벨. 『욕망의 경제학』(서울: 김영사, 2009). 김태훈 옮김.

한국여성문학회. 『동아시아의 근대성과 신여성 문학』(한중일 국제학술대회 논문초록집, 2000).

헤이즐 핸더슨. 『그린 이코노미: 지속가능한 경제를 향한 13가지 실천』(서울: 이후, 2009), 정현상 역.

홍태한. 『서사무가 바리공주 연구』(서울: 민속원, 1998).

3. 硏究論文

江迅. 「拨开中韩网络"祖宗争夺战"的迷雾」 『世界报』(2008.1.9), 第6版.

高红艳. 「当代中韩关系(民间)中的敌对情绪原因及应对策略」 『安徽文学』(2008), 第12期.

顧頡剛. 「莊子和楚辭中崑崙和蓬萊兩個神話系統的融合」 『中華文史論叢』(1979). 제2기.

李国强. 「"东北工程"与中国东北史的研究」 『中国边疆史地研究』(2004), 第14卷 第4期. 歐陽斌. 「高句麗之爭的歷史懸案」 『鳳凰週刊』(2004), 第2期.

朴光海. 「中韩文化交流的现状及问题」 『当代亚太』(2007), 第7期.

石源华. 「中韩民间文化冲突的评估'解因和应对」 『当代韩国』, (2009), 夏季号.

楊儒賓. 「同情的誤解:試評李約瑟在中國之科學與文明中(1)(2)(3)」 『哲學與文化』(1983). No.10.

楊仁立. 「苟全性命于亂世的立身之道-簡評'顏氏家訓'」 『黔南民族師專學報(哲社版)』(1994), 第1期.

楊海帆.「'顏氏家訓'文學思想研究」(河北大學 碩士學位論文, 2006).

王 明.「論太平經的思想」『道家和道教思想研究』(北京;中國社會科學出版社, 1984).

王军.「网络民族主义'市民社会与中国外交」『世界经济与政治』(2010), 第10期.

王力波.「'顏之推'文章觀形成之思想淵源別探」『中國海洋大學學報(社會科學版)』
(2003), 第3期.

王生.「试谈当代韩国民族主义」『现代国际关系』(2010),第2期.

王玲莉.「'顏氏家訓'的人生智慧及其現代價值」『廣西社會科學』(2008), 第10期.

于國慶.「大順眞理會九天上帝信仰與道教普化天尊信仰比較研究」『대순사상논총』
(2013), 제21집.

袁 珂.「仙話-中國神話的一個分枝」『民間文藝季刊』(1988), 제3기.

魏志江.「对于所谓"孙中山是韩国人"等假新闻的思考」『亚太经济时报』(2008,8).

李鵬輝.「'顏氏家訓'的人文關懷及現代啓示」『山西師大學報(社會科學版)』(2005), 第1
期.

赵博渊.「碰撞中的中韩民族主义」『双周刊』(2008), 第11期.

周雲劍.「從'顏氏家訓'看顏之推的文化人格」『遼寧行政學院學報』(2008), 第3期.

朱越利.「唐氣功師百歲道人赴日考」『世界宗教研究』(1993). 第3期.

曾永勝.「'顏氏家訓'思想研究」(湖南師範大學 碩士學位論文, 2001).

陳東霞.「從'顏氏家訓'看顏之推的思想矛盾」『松遼學刊(社會科學版)』(2005), 第3期.

陳方竟.「中國根柢全在道教-魯迅對浙東民間文化的理性批判」『魯迅研究月刊』(1993),
제7기.

蔡建.「如何抵御中韩民间寒流」『国际先驱导报』(2008.12.1).

詹石窓.「'大順典經'的公事考論」『대순사상논총』(2014), 제23집.

邢黎鵬.「由'顏氏家訓'談顏之推的和諧觀」『河池學院學報』(2009), 第3期..

內山知也.「仙傳の展開」『大東文化大紀要』(1974).

大淵忍爾.「'抱朴子'研究序說」『岡山大學法文學部學術紀要』(1956).

山田利明.「'太平廣記'神仙類卷第配列の一考察」『東方宗教』(1972), No. 43.

石島快隆. 「葛洪の儒家及び道家思想の系列とその系譜的意義について」 『駒澤大學研究紀要』(1959).

Allan, Sarah. "Shang Foundation of Modern Chinese Folk Religion", *Legend, Lore, and Religion in China*(San Francisco; Chinese Materials Center, 1979).

Giradot, N. J. "The Problem of Creation Mythology in the Study of Chinese Religion", *History of Religions*, 1976.

Jameson, Fredric. "Third-World Literature in the Era of Multinational Capitalism", *Social Text*, No.15. Fall, 1986.

Schafer, Edward H. "The Table of Contents of T'ai-p'ing-kwang-chi", *Chinese Literature*, Vol. 2, No. 2. 1980.

Smith, Thomas E. Ritual and the Shaping of Narrative, Univ. of Michigan, 1992.

Yu, Ying-shih. "Life and Immortality in the Mind of Han China", *Harvard Journal of Asiatic Studies*, Vol. 25, 1965.

Zurcher, Erick. "Buddhist Influence on Early Taoism", *T'oung Pao*, Vol. LXVI, Livr. 1-3. 1980.

姜宗姬. 「'搜神記'世界觀研究〉(이화여대 중문과 석사학위논문, 1993).

고윤수. 「'허생전'을 통한 한국 근대화 논쟁의 재검토」 『실학사상연구』(2002), No. 24.

고정갑희. 「성 장치와 여성주의 문화론」 『여성이론』(1999), 겨울호.

金元東. 「중국 중세 仙境설화의 전개(1)」 『동아문화』(1995), 제33집.

金芝鮮. 「종교문화적 의미로서의 志怪 텍스트 읽기」 『중국어문논총』(1995), 제9집.

김기덕. 「미디어 속의 한중일 젊은이들- 인터넷에서는 지금 무슨 일이 일어나고 있는 가?」 『제2회 한중일 문화 국제 심포지엄 발표논문집』(서울: 한중일 비교문화연구소, 2009).

김문용. 「최한기 자연학의 성격과 지향」 『민족문화연구』(2013), 제 59호.

김성환. 「한국 선도의 맥락에서 보는 증산사상」 『대순사상논총』(2009). 제20집.

김세서리아. 「한국의 유교 문화와 여성」『철학과 현실』(1999), 42號.

김일권. 「조선시대 민속문화 관련 類書류 편찬물 현황과 특성」『역사민속학』(2010), 제 32호.

김혜숙. 「아시아적 가치와 여성주의」『哲學硏究』(1999), 第44輯.

김혜숙. 「유가적 관계중심성과 자아의 분열」『哲學硏究』(1998), 第67輯.

김혜숙. 「음양 존재론과 여성주의 인식론적 함축」『한국여성학회지』(1999), 第15卷.

노경희. 「顔之推文學論硏究」(서울대 중문과 석사학위논문, 1983).

노인숙. 「顔氏家訓』의 유학적 특징」『동양철학연구』(2009), 제60집.

박경안. 「고려시대 巫敎의 자연관 추이」『동방학지』(2011), 제 154호.

박용기. 「연암 박지원의 경제사상과 직업윤리」『한국전문경영인학회지』(1999), 제2집 제1호.

박재인. 「설화 '죽은 처녀 겁탈하고 복 받은 머슴' 속 屍姦과 發福의 인과관계에 대한 분석」『겨레어문학』(2012), 제45집.

박호진. 「멕시코 사신 숭배(Culto a la Santa Muerte)의 성격과 盛行의 정신분석학적 원인 분석」『중남미연구』(2009), 제28권.

백선기·김강석. 「미디어의 '고대 역사 인식'에 대한 보도 경향 차이와 이데올로기 갈 등」『기호학연구』(2009).

徐亨. 「在韓 중국인의 반한 감정에 관한 연구」(한국외국어대학교 국제지역대학원 한국 학과 석사학위논문, 2010).

宋倫美. 「'搜神記'硏究」(성균관대학교 중문과 석사학위논문, 1989).

송정화. 「신화 속의 처녀에서 역사 속의 어머니로」『중국어문학지』(2001), 제9집.

송효섭. 「텍스트 이론과 바리공주 읽기」『한국고전연구』(1998), 第4輯.

申英美. 「중국내 반한정서(反韓情緖)의 현황과 동인(動因) -인터넷 공간을 중심으로」 『中蘇硏究』(2010/2011 겨울), 제34권 제4호.

신진호. 「중국내 한류에 관한 고찰: 최근의 한중 언론보도를 중심으로」『중국어문학 논집』(2005), 제34호.

윤경우. 「중국의 '한류' 수용과 저항: 중국 문화 正體性의 국제 문화 관계학적 含意」 『한국과 국제정치』(2006), Vol.22, No.3.

윤천근. 「풍수의 자연학」 『동서철학연구』(2001), 제 22호.

이경원. 「대순진리회의 상생이념에 관한 연구」 『신종교연구』(2005), 제13집.

李景河. 「'바리공주'에 나타난 여성의식의 특징에 관한 비교고찰」(서울대 대학원 국문
　　과 석사학위논문, 1997).

李曼. 「중국내'반한류'및'반한감정'의 형성에 대한 고찰: 중국 언론의 보도와 네티즌의
　　반응을 중심으로」(경희대 언론정보학과 석사학위논문, 2009).

이상화. 「중국의 가부장제와 공·사영역에 관한 고찰」 『여성학논집』(1998), 第14·15合
　　輯.

이숙인. 「'차이'해석의 유교적 특성」 『儒教思想研究』(1999), 第12輯.

이숙인. 「女性倫理觀 形成의 淵源에 관한 研究」 『儒教思想研究』(1993), 第6輯.

이숙인. 「유교의 관계 윤리에 대한 여성주의적 해석」 『한국여성학』(1999), 第15卷.

이어령. 「생명이 자원, 감동이 경제력인 생명자본주의 시대 대비해야」 『경향신문』
　　(2011.1.4).

이어령. 「아바타, 아이폰 힘은 생명자본주의」 『중앙일보』(2010.2.24).

이은선. 「유교와 페미니즘, 그 관계맺음의 해석학」 『儒教思想研究』(1999), 第12輯.

李仁澤. 「한·중 교류 현황과 전망」 『중국학』(2007), 제29집.

이종문. 「'에밀리를 위한 장미' 연구 : 요크너퍼토퍼 세계로의 입문」 『영미문학』(2006),
　　제6권

林相先. 「渤海人 李光玄과 그의 道家書 檢討」(이화여대 제54회 한국고대사학회 정기
　　발표회, 2000.5.20).

張貞海. 「神仙·道教 전통속의 龍의 의미」 『중국소설논총』(1997), 제6집.

장필화. 「아시아의 가부장제와 公私 영역 연구의 의미」 『여성학 논집』(1996), 第13輯.

정재서, 「이문열, '황제를 위하여'에 대한 전통소설론적 접근-소설문법의 다원화를 향
　　하여」 『중국소설논총』(1998), 제7집.

정재서, 「중국소설의 理念的 定位를 위한 試論」 『중국소설논총』(1994), 제3집.

정재서. 「'산해경'의 시적 變容-도연명에서 황지우까지」 『중국학보』(1998), 제38집.

정재서. 「'太平經'의 成立 및 思想에 관한 試論」 『한국문화연구원논총』(1991), 제59집.

정재서. 「葛洪文學論硏究-'抱朴子·內外篇'의 통일성에 입각하여」(서울대 중문과 석사학위논문, 1981).

정재서. 「동서양 창조 신화의 문화적 변용 비교연구」『중국어문학지』(2005), 제17집.

정재서. 「동아시아로 가는 길 – 한중일 文化遺傳子 지도 제작의 의미와 방안」『중국어문학지』(2009), 제31집.

정재서. 「동양학, 글쓰기의 기원과 행로」『상상』(1998), 여름호.

정재서. 「한국 도교의 고유성」『한국 전통사상의 특성 연구』(서울: 한국정신문화연구원, 1995).

정천구. 「한중관계의 쟁점 분석」『중국학』(2005.12).

조영남. 「한중 관계의 발전과 규범 충돌: 현황과 과제」『한국정치연구』(2010), 제19집 제2호.

周偉洲. 「長安子午谷金可記磨崖碑硏究」『仙道의 脈을 찾아서』(서울: 지혜의 나무, 2004).

지병근. 「동북아 공동체 형성의 인식론적 장애 요인: 한국에서의 反日 反中 의식」『한국과 국제정치』(2008), 제24권 제3호.

차선근. 「중국 초기 민간도교의 '解寃結'과 대순진리회의 '解怨相生' 비교연구」『종교연구』(2011). 제65집.

崔丁云. 「동북아 문화, 이데올로기의 문제와 한중 관계」『세계정치』(1992).

崔眞娥. 「唐代 愛情類 傳奇 硏究」(연세대 중문과 박사학위논문, 2002)

崔眞娥. 「裵鉶의 '傳奇'에 대한 試論 및 譯註」(이화여대 중문과 석사학위논문, 1996)

황병기. 「자연학과 易 상관성에 대한 다산의 해체와 인문역학」『철학연구』(2004), 제28호.

찾아보기

중국 고전서사의
문화지형과 현대 의의

1판 1쇄 발행 | 2015년 12월 31일

지은이 | 정재서
주 간 | 정재승
교 정 | 홍영숙
디자인 | 배경태
펴낸이 | 배규호
펴낸곳 | 책미래

출판등록 | 제2010-000289호
주 소 | 서울시 마포구 공덕동 463 현대하이엘 1728호
전 화 | 02-3471-8080
팩 스 | 02-6353-2383
이메일 | liveblue@hanmail.net

ISBN 979-11-85134-30-7 93130

국립중앙도서관 출판시도서목록(CIP)

중국 고전서사의 문화지형과 현대 의의 : 신화·소설서사를
중심으로 / 지은이: 정재서. -- 서울 : 책미래, 2015
    p. ;   cm

참고문헌과 색인수록
ISBN 979-11-85134-30-7 93130 : ₩20000

중국고전[中國古典]
서사문학[敍事文學]

820.9-KDC6
895.109-DDC23   CIP2015036147